光明社科文库

# 行走三下乡 聚力青春路

## 大学生社会实践工作管理与研究

王一钦　葛士新◎主编

光明日报出版社

图书在版编目（CIP）数据

行走三下乡，聚力青春路：大学生社会实践工作管理与研究 / 王一钦，葛士新主编. --北京：光明日报出版社，2020.3

ISBN 978 - 7 - 5194 - 5581 - 1

Ⅰ.①行… Ⅱ.①王…②葛… Ⅲ.①大学生—社会实践—调查报告—中国 Ⅳ.①G642.45

中国版本图书馆 CIP 数据核字（2020）第 017433 号

行走三下乡，聚力青春路：大学生社会实践工作管理与研究
XINGZOU SANXIAXIANG，JULI QINGCHUNLU：
DAXUESHENG SHEHUI SHIJIAN GONGZUO GUANLI YU YANJIU

主　　编：王一钦　葛士新

责任编辑：史　宁　　　　　　　　责任校对：李小蒙
封面设计：中联学林　　　　　　　责任印制：曹　净

出版发行：光明日报出版社
地　　址：北京市西城区永安路 106 号，100050
电　　话：010-63139890（咨询），010-63131930（邮购）
传　　真：010 - 63131930
网　　址：http：//book.gmw.cn
E - mail：shining@ gmw.cn
法律顾问：北京德恒律师事务所龚柳方律师

印　　刷：三河市华东印刷有限公司
装　　订：三河市华东印刷有限公司
本书如有破损、缺页、装订错误，请与本社联系调换，电话：010-63131930

开　　本：170mm×240mm
字　　数：305 千字　　　　　　　印　　张：17
版　　次：2020 年 3 月第 1 版　　印　　次：2020 年 3 月第 1 次印刷
书　　号：ISBN 978 - 7 - 5194 - 5581 - 1

定　　价：98.00 元

# 序

习近平总书记在全国高校思想政治工作会议上提出："社会是个大课堂。青年要成长为国家栋梁之材，既要读万卷书，又要行万里路。社会实践、社会活动以及校内各类学生社团活动是学生的第二课堂，对拓展学生眼界和能力、充实学生社会体验和丰富学生生活十分有益。"① 共青团主导的"三下乡"社会实践活动，是大学生社会实践的主要形式。自 1997 年由中宣部、中央文明办、教育部、团中央、全国学联正式启动以来，"三下乡"社会实践活动在全国各高校蓬勃开展，数以百万计的大学生利用暑假寒假进社区、赴农村、上街头、下工厂，宣传党的基本理论、基本路线、基本方略，参与脱贫攻坚、乡村振兴，开展调查研究、社会观察，宣传和弘扬社会主义核心价值观，成为大学生展示自我、施展才华，服务基层、服务群众的重要平台。

"三下乡"社会实践活动是共青团为党育人、为国育才的重要阵地，对于服务高校立德树人根本任务，培养社会主义事业建设者和接班人具有不可替代的重要作用。"三下乡"社会实践活动是大学生健康成长的必由之路，通过深入基层和深入群众，通过社会实践和生产劳动，大学生不仅能涵养优秀品格、提高实践能力、历练强大心智，更能坚定理想信念、厚植家国情怀，培养实践能力、奉献精神和社会责任感。

《行走三下乡，聚力青春路——大学生社会实践工作管理与研究》一书是全国大学生"三下乡"社会实践的经验总结，是大学生高质量参与社会实践的实用指南，应该说具有以下几个特点。

一是科学性。该书从学理的角度，以大学生社会实践体系的构成、大学生社会实践的发展、大学生社会实践的深远意义为切入点，科学阐释了"何为大学生社会实践"，随后从"三下乡"社会实践的发展沿革、"三下乡"社会实践的体系、"三下乡"社会实践的显著特色三个方面，进一步阐释了"三下乡"

① 习近平在全国高校思想政治工作会议上的讲话 [N]. 人民日报，2016－12－09 (1).

社会实践的意蕴。

二是实用性。该书从"三下乡"社会实践的学理阐释、"三下乡"社会实践团队的酝酿准备、"三下乡"社会实践的组织实施、"三下乡"社会实践的成果固化四大方面，系统概括了"三下乡"社会实践应如何理解、如何准备、如何组织实施以及如何固化实践成果。

三是育人性。该书以"第二课堂成绩单"制度为主要抓手，以"三下乡"社会实践为重点研究对象，以培育德智体美劳全面发展的新时代青年为目标，育人功能在每一章都得到很好地体现，有效满足了大学生的成长成才需求，对新时代实践育人工作具有重要意义。

该书的主编王一钦有着数学、心理学、管理学等多学科背景，擅长社会实践领域，近几年带领的大学生社会实践团队共获得国家级荣誉40余项。2016年，王一钦同志在全国学校共青团研究中心挂职期间也主攻社会实践方面工作，为这部著作的撰写奠定了坚实的基础。该书的主编葛士新是南开大学的思想政治教育专业的博士研究生，有着丰富的社会实践的理论和实践经验，其作为副主编的两本著作《"一带一路"推进中的生态文明建设——基于河西走廊地区的实证研究》和《长征沿线革命老区"精准扶贫"的现状与对策研究》，已分别于2016年和2017年由光明日报出版社和新华出版社出版。

《行走三下乡，聚力青春路——大学生社会实践工作管理与研究》一书不可避免的存在诸多不尽完善之处。但我相信，该书的出版必将为高校共青团开展大学生"三下乡"社会实践活动提供有益参考，必将为大学生朋友高质量开展"三下乡"社会实践活动提供有效指南。由衷地希望，新时代"三下乡"社会实践活动能够深入贯彻落实习近平总书记关于青年工作的重要思想，坚持以学生为中心，追求高质量发展，成为培养担当民族复兴大任的时代新人的重要阵地和第二课堂。

秦涛

全国学校共青团研究中心常务副主任

2019年8月

# 编委会

# 目  录
## CONTENTS

# 第二辑　事预则立
## ——"三下乡"社会实践的酝酿筹划

# 第三辑　行者无疆
## ——"三下乡"社会实践的实施

# 第四辑　春华秋实
## ——"三下乡"社会实践的成果固化

第一辑 **01**

**从"心"认识三下乡**

# 第一章

# 何谓大学生社会实践

大学生社会实践活动是推动新时代大学生思想政治教育的主要工具，是教育环节中引领大学生走向社会锻炼的关键部分，也是当代大学生主体将课堂理论运用到社会课程的重要手段。研究大学生社会实践的有关问题，要先弄清楚什么是大学生社会实践？它的内容和形式都有哪些？怎么演变成"三下乡"社会实践？研究大学生社会实践的意义在哪里？带着些许疑问，让我们从"心"认识社会实践，正确把握大学生社会实践的体系、发展历程及重要意义。

## 一、大学生社会实践的体系构成

大学生社会实践在我国高等教育体系中有着十分重要的地位，是大学生展示自我、施展才华的最佳平台，习近平同志在全国高校思想政治工作会议上提出："社会是个大课堂。青年要成长为国家栋梁之材，既要读万卷书，又要行万里路。社会实践、社会活动以及校内各类学生社团活动是学生的第二课堂，对拓展学生眼界和能力、充实学生社会体验和丰富学生生活十分有益。"① 大学生参与社会实践活动，有助于大学生走进社会、认识社会、了解社会，对于培养大学生优秀品格、提高实践能力、历练强大心智、增强社会责任感具有重要的现实意义。这不仅有利于提高大学生的综合素质，还有利于进一步实现高校的教育目标。大学生社会实践的内容与形式，是构成大学生社会实践体系的基础。

### （一）实践育人——大学生社会实践的宗旨

引领大学生在社会实践中成长成才，是指教育者在精心组织大学生社会实践活动和帮助指导大学生全面提高综合能力的过程中所起到的积极作用。人的能力不是与生俱来的，能力的形成和发展来源于人们认识世界和改造世界的现实活动，有赖于后天的教育、社会实践和个人的勤奋努力，有赖于在实践中不断吸取集体的智慧和力量。高校通过社会实践活动实现实践育人的效果，不断

---

① 习近平在全国高校思想政治工作会议上的讲话［N］. 人民日报，2016 – 12 – 09（1）.

在实践中培养人、锻炼人，大学生的实际能力的形成和发展需要在实践中不断去培养和锤炼。社会实践是大学生成长成才、提升综合素质的有效资源载体，其重要意义主要体现在以下三个方面。

1. 有助于大学生掌握和应用专业知识

"读万卷书，不如行万里路。"学习理论的目的在于实践，只有付诸行动，认真实践，所学知识才不会成为空洞的教条理论。大学生社会实践是一种社会化实践，通过实践有利于加强大学生对专业知识的理解，从而查找专业知识的不足，促进专业知识的创新。社会实践是专业理论知识与创新思维的融合剂，学科专业知识学习是大学生的基本任务，由知识储备生成创新思维是专业学习的目标之一。许多大学生在专业知识与创新思维间存在盲区，解决"盲区"的最好媒介就是相应的社会实践，社会实践促使学科专业知识在实际应用中不断得以修正，促进知识储备在实践环境中转化为专业能力与专业成果。坚持理论学习、创新思维与社会实践相统一，坚持向实践学习、向人民群众学习，使学有所用、用有所成、学用相长，是大学生成长成才的必由之路。

2. 有助于大学生提高和促进全面发展能力

学习是终身的能力和素养，理论知识的学习只是其中一小部分，动手能力、沟通能力、社会适应能力也是全面素养的考量标准，实践素质、专业素质、政治素质、道德素质是综合素质的多维标准。新时代的人才培养，通过社会实践，有助于培养学生全方位的素质，在实践中感知人的巨大潜力，在实践中获得人的巨大能量，拒绝演变成"最大的悲剧"——"我们最大的悲剧是：千千万万的人们活着然后死去，却从未意识到存在于他们身上的巨大潜力"。[1] 大学生社会实践活动是大幅度增强综合素质的杠杆。通过深化课堂理论知识学习、培养实操动手能力、促进个人的社会化发展来帮助大学生由校园顺利稳步进入社会，成为安稳转向职场的阶梯。

3. 有助于大学生增强团队合作和社会交往能力

人在与社会交往的过程中，能够体现其社会性和个体性。大学生参与社会实践活动，是将多个分散在各个学校、学院、专业、班级的不同个体，聚集在同一主题下的实践团队，由个人力量共同促成的团队力量，团队合作精神和社会交往能力是必备的素质。首先，团队合作精神。高校的社会实践团队大多是以团体实践的形式进行，同学们因为同一个实践任务，组建成一个实践团队，具有整体性、集体性、合作性的特点。形成团结互助的社会实践团队，有利于

---

① 王通讯. 人才潜能开发学 [M]. 北京：中国社会科学出版社，2011：11.

实践团队在合作中形成合力。从最初组建团队的"破冰"状态，到深入实践的共同体验，再到实践成果荣誉的获得，都是互帮互助、团队集体的智慧和实践结晶，离不开每一个人的努力，因此目标的一致性是团队合作的最大优势。其次，社会交往能力。作为新时代高校大学生，大多都拥有较好的文字语言能力，可是社会交往的语言需要大学生在实践中不断摸索。通过与团队成员的交流与沟通，通过实践过程中的相处和共事，可以让大学生学会换位思考，关注他人优点，理性分工协作，共同完成实践任务，在与人交往中体验"交往"的艺术魅力和"尊重"的可贵品德。

（二）与时俱进——大学生社会实践的内容

大学生社会实践活动在高等教育中具有特殊的教育功能，有其不可替代的作用。社会实践是提高大学生人文素质的主阵地，是课堂教学的延伸和走向社会的过渡桥梁，是高校培养和提高大学生实际动手能力的重要手段。

1. 大学生社会实践的基本内涵

开展大学生社会实践活动之前，要先厘清"大学生社会实践"的内涵。近年来国内许多学者对于其概念进行界定，有的学者认为，大学生社会实践活动是指按照高等教育培养目标，对在校大学生进行有组织、有计划、有目的、深入实际、深入社会的一种贯彻思想政治教育、培养综合素质的教育活动；有的学者认为，大学生社会实践是大学生运用专业知识，深入社会、服务社会、理论联系实际的活动过程；① 还有学者提出，大学生社会实践是大学生根据自身的优势或知识储备，深入社会、服务社会、理论联系实际的活动过程，是一种学习型、成长性和社会性的实践。② 我们认为，社会实践是指大学生在校或假期期间，有目标、有计划地面向社会、深入社会、认识国情、积累经验、增长见识等一系列的物质以及精神活动的总称，是大学生能够在活动期间充分发挥主观能动性，利用知识储备与自身优势，走入社会、贴近群众、服务于人的过程。对于国家而言，社会实践是学生了解社会、走进社会、理解社会的方式；对于高校而言，社会实践是学生放下课本、走出课堂、联系生活的有效途径；对于学生而言，社会实践是学生增强本领、积攒经验、提高素质、奉献社会的良好渠道。

---

① 张宏亮，柯柏玲. 大学生社会实践存在的主要问题及对策分析［J］. 思想政治教育研究，2014（1）：134—136.

② 胡树祥，吴满意. 关于大学生社会实践活动内涵的新界定［J］. 中国高等教育，2009（2）：42—44.

2. 大学生社会实践内容的基本特征

明晰大学生社会实践的内涵，我们需要明确参与大学生社会实践究竟是怎样的社会实践活动，它具有哪些内容、应具备哪些形式，以便帮助我们更好地理解社会实践，发挥其应有的实践作用，达到社会实践期望的活动效果。

大学生社会实践的内容是丰富多元的，本着灵活多样、注重实效的原则，可以跟学科专业相关，可以结合社会热点焦点，也可以融入个人兴趣爱好，总之要根据社会实际需求来开展不同内容的社会实践活动。从社会实践的内容来看，大学生可以结合专业所长、发挥科技文化智力优势，开展科研攻关、技术服务、产品开发、调查访问、勤工助学、社区援助、挂职锻炼、知识培训、便民服务、志愿服务等内容形式多样化的活动。[①] 大学生社会实践活动的内容，具备以下三个特征。

（1）大学生社会实践是一种学习性的实践。学习是学生的天职，任何实践活动的首要作用都是要能促进大学生的学习与发展。实践的过程是不断学习的过程，学习的过程也是帮助实践不断完善和发展的过程，二者是有机统一、相互促进的。

第一，学习性实践是一种以学习知识为主的活动。"实践"一词早在马克思《关于费尔巴哈的提纲》中就被鲜明强调："社会生活在本质上是实践的。凡是把理论引向神秘主义的神秘东西，都能在人的实践中以及对这种实践的理解中得到合理的解决。"[②] 换言之，生活中、学习中、工作中遇到的所谓的"理论"和"神秘东西"，我们都可以在实践中找到通俗的、简单的、易懂的答案和方法，因为实践就是一个不断学习的过程，这是马克思通过新的唯物主义世界观得出的重要结论，也是我们在实践中不断学习知识、运用知识解决问题的有效途径。

实践观点也是马克思主义哲学的核心观点，理论与实践的统一是马克思主义的一个基本原则。人的思维的真理性是一个实践问题，只有通过实践才能不断深化认识，检验其真理性，进而指导新的实践，如此循环。作为当代大学生，作为新时代中国特色社会主义事业的建设者和接班人的培养对象，面对新境遇、新情况、新问题，应当用全新的眼光"实践"地看世界，使唯物主义更加辩证和深刻，使课本知识更加简易、清晰，积极做新时代的奋斗者。习近平在十八届中央政治局第二十次集体学习时的讲话中指出："学习掌握认识和实践辩证关

———————————

　① 　W. I. B. 贝弗里奇. 科学研究的艺术［M］. 北京：科学出版社，1979：33.

　② 　马克思恩格斯选集（第 1 卷）［M］. 北京：人民出版社，2012：135—136.

系的原理,坚持实践第一的观点,不断推进实践基础上的理论创新。"① 理论的创新需要实践的积累,在实践中才能"学习"新的理论,新的理论才能指导新的实践,新的实践最终决定新的认识,成为大学生认识事物的源泉、动力、目的和归宿。倘若在实践中"不学习",或一味照搬课本,或脱离实际,则容易形成错误的认识,错误的认识会导致错误的实践,这是认识对实践的反作用效果。

第二,学习性实践是一种以应用知识为主的活动。列宁这样说过:"实践高于(理论的)认识,因为它不但具有普遍性的品格,而且还具有直接现实性的品格。"②"直接现实性"是实践具备的显著特点。而大学生社会实践所要研究或者解决的,常常是"现实"生活中的某种社会现象或者某个社会问题,通常又要比实际社会中的某种现象或问题更为具体,更为集中,也更为明确。重在"应用知识",目的在于施展大学生的才华,提升大学生的综合素质,培养大学生的创造力和实践能力。

以应用知识为主的学习性实践活动表现有两方面。一方面,在社会实践中,社会实践的选题要具有一定的现实意义,要注重其实际用途和实用价值。换句话说,选题至少是"值得去做的",一定要具有某种价值,这样才能得到实践单位或实践地等相关部门的支持和协助。另一方面,大学生作为实践活动的主体,要在实践活动中锻炼分析现实问题的能力。因而在社会实践开展的分工合作中,要充分考虑"我的知识背景是什么?""我有哪些理论能力?""我的特长和爱好是什么?"等大学生自身特有的问题,抓住实践主体的特点,结合自身的专业特长与兴趣爱好,将自身特长与具体实践活动相挂钩,发挥优势,达到锻炼培养的目的。如此一来,大学生不仅能够在实践中发挥特长优势,形成团队成员的优势互补,达到社会实践的预期效果,还能够有效反思、找准自身能力的薄弱环节,在实践活动中重点锻炼和培养,真正地全面增长才干,提高综合素质。

第三,学习性实践是一种以创新知识为主的活动。怎样能"创新知识"?首先,要具备问题意识。"我们要在迅速变化的时代中赢得主动,要在新的伟大斗争中赢得胜利,就要在坚持马克思主义基本原理的基础上,以更宽广的视野、更长远的眼光来思考和把握国家未来发展面临的一系列重大战略问题,在理论上不断拓展新视野、作出新概括。"③ 这是习近平在"7·26"省部级主要领导

---

① 习近平主持十八届中共中央政治局第二十次集体学习 [EB/OL]. 新华网, 2015-01-24.

② 列宁, 黑格尔. 列宁全集(第55卷)[M]. 北京: 人民出版社, 1990: 183.

③ 习近平在省部级主要领导干部"学习习近平总书记重要讲话精神,迎接党的十九大"专题研讨班开班式上发表重要讲话强调——高举中国特色社会主义伟大旗帜,为决胜全面小康社会实现中国梦而奋斗 [N]. 人民日报, 2017-07-28 (1).

干部研讨班上发表的重要讲话，始终贯穿着一个鲜明的理念：问题意识。在大学生社会实践活动中，首先要找到与学科专业相关、与社会现实问题相关、贴近自身实际需要的社会实践选题，而后带着问题去深入了解社会，思考社会现实问题，运用所学的理论知识去厘清、分析、判断思想困惑，再通过社会实践中的耳闻目睹、亲身践行，全面提高自身的思想素质和理论素养，培养分析问题和解决问题的能力，激发学习兴趣和增长才干的本领，对他人、对集体、对社会和国家有强烈的责任感和使命感。其次，有了思想，要见行动。大学生社会实践就是要在实践中不断开拓视野，增长才干，在实践中了解社会，学习新经验，研究新问题。因此，创新意识要随着时代的发展而不断更新，打破现有的思维模式，要具备某种新的东西，具有与众不同的地方，提出某种新的思路，研究某种新的见解，利用有限的课堂将理论知识在特定的实践环境中去改进或创造新的理论、方法及途径。例如，面对发明创造有比较强的兴趣或者科技竞赛有一定基础的同学，可以深入实践中去完成自己的科技创造。当代大学生要具备活跃思维和创新的魄力，不盲目赶"热门"和"一窝蜂"，不盲目"照搬"和"追捧"，要做出"人无我有"和"人有我新"的研究来，这是每个大学生不懈追求的美好梦想，也是每个大学生为实现中国梦所增添的强大青春能量之所在。

（2）大学生社会实践是一种成长性的实践。大学生社会实践是青年学生练就过硬本领的"大熔炉"。大学生需要在这个"大熔炉"中磨练自我，增长才干，在亲身参与中认识国情、了解社会。

第一，成长性实践是大学生的学业深化活动。大学生社会实践活动必须要促进学业发展，结合学校的学科优势与学生的专业特色是比较直接和有效的入手点。一来有利于塑造高校社会实践团队的"独一无二"性，如果社会实践成果良好，可以形成"品牌效应"；二来有利于调动大学生对专业的学习兴趣，激发其参与社会实践的热情，提高社会实践的活动效果。

与专业相关、紧扣学业的成长性实践活动开展起来相对灵活多变，应充分考虑不同学生在不同阶段的专业课程、学习环境及实践地点等方面的吻合度。诸如针对刚入学的大学生来说，应该多注重团队合作精神的培养、艰苦奋斗、热爱劳动、无私奉献品格的塑造。再如，针对法律专业的学生，其社会实践内容要与国家法律政策和高校的法律人才培养目标相挂钩，要结合法律知识开展社会实践，不断促进实践内容的创新。总之，参与社会实践活动是大学生个人成长成才的必由之路，结合学科优势和个人专业促进学业深化，有助于大学生把专业知识实践化，把书本知识社会化，全面提高大学生的综合素质，将个人发展与国家命运紧密结合起来。

第二，成长性实践是大学生一种精神完善的活动。美国精神分析派心理学家埃里克森（E. H. Erikson）认为自我同一性是一种对于我是谁，我将走向何方，我在社会中处于何种地位的稳定连续感。① 大学生在参与社会实践活动的过程中，应不断地询问，"我是谁?""我将去什么地方参与社会实践?""我在社会实践中要做什么具体工作?""我想要在社会实践中有什么收获?"等，这些问题都是大学生在参与社会实践活动中遇到心理冲突和矛盾时不断思考的问题。对这些问题的思考和回答就是认识自我的过程，也是获得自我同一性的过程，更是一次精神完善的过程。

发现问题、分析问题、解决问题，是开展大学生社会实践活动的重要动力。兴趣是提高大学生参与社会实践的热情保障，爱好是帮助大学生完成实践报告的质量标准。大学生社会实践是一项艰巨又复杂的活动，从前期活动的策划准备、到中期活动的亲身体验、再到后期活动的成果固化，前前后后需要耗费大量的时间与精力。"学生的实践过程是智力因素与非智力因素交互作用、真理和价值相互融合的过程，在这种'体知合一'的环境中获得的知识总是感同身受的，甚至是刻骨铭心的。"② 在参与社会实践活动前，充分考虑自身的学习兴趣，满足自身实践的精神需求，是保障社会实践成果质量水平的关键要素。如果学生对社会实践活动不感兴趣，就会失去在实践过程中的乐趣，一味地被动地接受任务，吸引力、责任心的缺乏会导致实践质量的下降，从而影响社会实践活动的研究成果和实践效果。因此，这是一场"精神完善"的社会实践活动。

第三，成长性实践是大学生成为优秀人才的活动。习近平总书记强调"实现中华民族伟大复兴的中国梦，需要一代又一代有志青年接续奋斗。"如何接续奋斗? 要以"国家富强、人民幸福"为己任，要"胸怀理想""志存高远"; 在哪里接续奋斗? 要"积极投身中国特色社会主义伟大实践中"; 要接续奋斗多久? 要"为之终生奋斗"。新时代，面对新希望、新期许，我们需要成为时代新人。不仅要有信念、有梦想，还要有奋斗、有奉献，在实现中国梦的伟大实践中创造自己的精彩人生，在大学生社会实践中不断锤炼自我、塑造自我、完善自我。

---

① 陈君，李壮.  "思想道德修养与法律基础"课主题实践教学模式的探索［J］. 学校党建与思想教育，2015（506）：56.

② 教育部高等学校社会科学发展研究中心. 大学生思想政治教育前沿问题研究［M］. 北京：高等教育出版社，2012：19.

　　知识就是力量，知识能力水平是施展力量的魔法棒。每个人都有擅长的领域，每个人都有独特的爱好，介于知识水平差距、专业领域不同，大学生在参与社会实践活动时，要选择能够发挥自己特长、学有所思、学有所感的社会实践选题，尊重自己的兴趣与专业。带着课堂上对思想、道德和法律相关知识和理论的学习和思考，深入社会实践活动中去践行、去领悟，这样才能投入激情与热情，发挥能力与能量，以此保证社会实践的活动效果，提升社会实践报告的质量。杜威（Dewey）认为"兴趣总是一些隐藏着的能力的信号，重要的事情是发现这种能力。"① 只有投身自己感兴趣的实践活动，才能挖掘自身隐藏的潜力，最终让自己成为一个真正优秀的人。

　　（3）大学生社会实践是一种社会化的实践。马克思说："社会生活在本质上是实践的。"他在《关于费尔巴哈的提纲》一文中深刻揭示了实践在人类社会生活中的重要地位。习近平总书记在全国教育大会上强调"坚持中国特色社会主义教育发展道路，培养德智体美劳全面发展的社会主义建设者和接班人。"② 劳动是人类社会实践最基本的方式，"实践"和"社会"是脱离不开的，实践是人类生活的本质，能够指导人们认识世界、改造世界，而人的实践活动构成了社会生活，人们的社会实践活动需结成一定的社会关系才能实现，实践从来都不是个人活动。

　　第一，社会化实践是大学生职业定位与选择的准备活动。在明确做出选择之前，首先要在实践中得出结果。2019 年 2 月 2 日，习近平总书记走基层问民生，实地调研老百姓的人居环境改善等情况，调查研究是我党一以贯之的优良传统。习近平总书记调研有四个鲜明特点，一是调研要"始终坚持"和"不断加强"，因为总有新任务、新矛盾、新问题不断地出现；二是调研应有"自选动作"，要有明确的目的，带着问题下去；三是将基层、群众、重要典型和困难的地方作为调研重点，因为人民群众的社会实践是获得正确认识的源泉，是检验和深化我们认识的根本所在。

　　大学生参与社会实践也是如此。在实践中，大学生一方面需要寻找自身认识和社会现实之间的差距，进一步发展新的思想认识，发挥主观能动性，用新的思想认识指导新的实践，再通过社会实践了解社会发展规律，进一步了解社

---

① 杜威. 我的教育信条［M］//吕达，刘立德，邹海燕. 杜威教育文集（第 1 卷）. 北京：人民教育出版社，2008.

② 习近平在全国教育大会上强调 坚持中国特色社会主义教育发展道路 培养德智体美劳全面发展的社会主义建设者和接班人［EB/OL］. 央视网，2018 – 09 – 10.

会生活。另一方面，通过在实践中接触人民群众的真实社会环境，了解社会职业需求的信息变化，调整自身的职业选择、职业定位、职业规划。

第二，社会化实践是大学生学习扮演劳动者角色的准备活动。社会实践活动能够让大学生走出"象牙塔"，不做"温室里的花朵"。在不同的社会实践活动中，找准社会位置，演好社会角色。诸如针对大学生的劳动与艰苦奋斗教育，可以通过务农等形式扮演"劳动者"，明晰劳动者身上具备的吃苦耐劳、发愤图强、热爱劳动的精神；针对爱国主义教育，可以通过理论宣讲等形式扮演"宣讲者"，增强大学生的爱国主义情怀，帮助大学生树立正确的世界观、人生观和价值观；针对专业技能教育，可以通过论坛志愿者等形式扮演"服务者"，培养大学生的实际工作能力和与人际交流的能力；针对红色教育，通过走访革命基地等形式扮演"考察者"，提升优秀前辈的渲染力，增强实现伟大复兴中国梦的使命感等。

在不同的社会实践活动中，树立新时代楷模，坚定理想信念。通过资料整理和实践调研，大学生会在心中树立新时代的楷模形象，通过不同"劳动者"的楷模角色，引领大学生坚定理想信念，树立家国情怀。例如，用生命诠释何为人民检察官的周会明，总是在最需要他的地方释放他的最大能量，一直像牦牛一样勤劳奉献；将研发新药作为生命支撑的药理学家王逸平，精益求精，科研上从未停步，十年攻关，造福了 2000 多万名患者；为民服务"不下班"的优秀人民警察吕建江，总是想群众所想，把群众小事当大事，急百姓所急，为民服务延伸上网，难自己所难，不忘初心、本色不改；还有愿做留守孩子的留守老师司万平、义务普法的"故事王"潘恒球、一心为农的姚建民等，这些社会中不同角色的新时代楷模，都会在当代大学生投身社会实践中给予"榜样的力量"，使大学生在实践中的"社会角色"里，坚守岗位，不忘初心，勇于实践，力做榜样。

第三，社会化实践是大学生学习社会化生存的准备活动。课堂教育是大学生获得知识的基本途径，社会实践活动是巩固知识的必要手段。课堂教育可以利用社会实践交互、开放、包容的特点，将枯燥的、缺少趣味性和难以理解的"灌输教育理论"，变为大学生积极参与的、互动性较强的"平等对话"，让大学生在社会实践中获得真知，在实践中获得社会化的教育，在实践中辨析"理论"与"应用"的差别，在实践中加深对理论的认识，完善自己的知识结构和实际操作能力，以此提升实践教学的质量和实效性。同时大学生在实际的社会实践活动中，要学会综合运用所学知识，在实践中举一反三、融会贯通。社会是一个大课堂，很多问题单靠"一个知识点"或者某一方面的知识是难以解决的。社会实践的锻炼能够促进大学生综合运用所学知识，充分考量一切有益于实践活动的有效因素，形成合力，引导和帮助大学生健康成长，顺利通往社会大课堂。

大学生社会实践活动与一般人类的实践都是改造世界的客观物质活动，都是人类实践活动的重要组成部分。大学生在社会实践活动中受教育、长才干，懂得"劳动最光荣、劳动最崇高、劳动最伟大、劳动最美丽"的道理，全面提升自我、完善自我，为社会做出应有的贡献。

（三）开拓创新——大学生社会实践的形式

大学生社会实践活动是社会实践内容和手段相融合的深度创新，是各种实践要素集成的结果。开展大学生社会实践活动，既要注重实践内容的丰富化，也要注重实践形式的多样化、自由化。如习近平曾经在梁家河插队，那也是一种社会实践。2016 年习近平在全国高校思想政治会议上说："我在梁家河插队，实际上就是在上社会大学，向群众学习，向实践学习，那段经历让我受益匪浅。"① 大学生社会实践的内涵是丰富的，形式也是多样的。主要包括教学计划内的实践教学和教学计划外的社会实践这两个部分。

1. 教学计划内的实践教学

习近平强调"社会实践、社会活动以及校内各类学生社团活动是学生的第二课堂"，利用好"第二课堂"，能够丰富大学生的校园生活，充实大学生的社会体验，拓展大学生的能力和眼界。教学计划内的实践教学形式主要包括课程与毕业设计、教学实验与参观、专业学习与拓展、军事训练、公益劳动、生产见习等。主要特点包括以下三个方面。

（1）政策支持。中共中央、国务院在《关于进一步加强和改进大学生思想政治教育的意见》中指出，要坚持课内与课外相结合，集中与分散相结合，确保每一个大学生都能参加社会实践。② 进入新时代，我国意识形态领域的斗争日益复杂，高校思想政治理论课面临着多元化社会思潮和网络意识形态的挑战与冲击。中宣部"05"新方案明确指出"高校思想政治理论课所有课程都要加强实践环节。要建立和完善实践教学保障机制，探索实践育人的长效机制。"由此可见，大学生参与社会实践是高校贯彻理论联系实际原则、搞活第二课堂的重要途径，对师生了解社会和感悟社会，具有重大的生活实际意义。

---

① 张潼. 习近平点赞中国青年［EB/OL］. 中国青年网，2017 – 10 – 12.

② 中共中央国务院. 关于进一步加强和改进大学生思想政治教育的意见［N］. 光明日报，2004 – 10 – 15.

（2）网络冲击。对于在"网络中长大"的当代大学生，传统的课堂教育已经不能满足信息化时代的需求，网络教学平台的建设运行及运用也必不可少。既要进行线下说理性教学，也要开展网上生动性教学，为大学生的思想政治教育工作搭建一呼百应的网络格局。线上线下的联合互动，有利于促进实践教学改革，深化课堂理论理解，提高学习兴趣和热情。因此，要将思想政治理论课教学第一课堂、学生社团活动与实践教学第二课堂、网络实践课堂贯通对接。

（3）优化课堂。实践教学是高校思想政治理论课教学的关键一环。一方面，思想政治理论指导教学实践，思想政治理论是教育实践工作者智慧的结晶，是人类教育经验的总结、概括与升华；另一方面，思想政治理论课的实践教学来自思想政治理论，是思想政治理论的源泉。实践是检验真理的唯一标准，缺乏丰富的社会实践，思想政治理论就成了无源之水、无本之木。党的十九大也明确指出，要深入学习贯彻习近平新时代中国特色社会主义思想，充分发挥中国特色社会主义教育的育人优势，培养担当民族复兴大任的时代新人。

实践教学是思想政治理论课课堂教学的实践延伸，通过实践活动，使学生加深理解、吸收、消化和巩固所学的思想政治理论，更加自如地运用理论的视角来观察世界，分析问题，解决思想困惑，[1] 以弥补理论课堂教学的不足与缺陷。思想政治理论课实践教学根植于生活和实践的土壤，让大学生在生活体验和感性认知中加深对理论的学习，把知识内化为能力和素质。

2. 教学计划外的社会实践

恩格斯认为把从事实践活动作为能力发展的基本途径。积极参与教学计划外的社会实践活动比课堂知识理论更容易施展大学生的能力，对于大学生的综合素质提升和创造力的培养具有巨大的作用。教学计划外的社会实践形式更加多元、丰富，大学生可以根据现实社会生活、课堂理论发展、个人特定经历、文献资料研究、兴趣专业特长以及已有的实践项目成果等来选择适合自己的实践形式。学术界对大学生社会实践的分类展开了讨论。

早在 2005 年，冯艾、范冰主编的《大学生社会实践导读》一书中，将大学生社会实践分为学术实践、学生社团和志愿服务三大类型。其中，教学实习、调研科创、大学生创业组成了学术实践的三大部分，社团与校园文化、大学生自我管理、勤工助学是学生社团的主要形式，并以志愿服务地点为划分，认为志愿服务在社区能够拓展社会功能，在农村能够发展农村经济教育，在城市可以弘扬城市精神。

---

① 卢黎歌. 试论高校思想政治理论课教材体系的转化［J］. 教学与研究，2009（11）：91.

　　徐国峰、于兴业主编的《大学生社会实践理论与应用》一书中认为，大学生社会实践活动应该分为教学实践类、服务实践类、科创实践类、调查实践类、公益实践类这五个类别。教学实践类是一种由教学部分主管的教学性社会实践；服务实践类包括假期社会实践活动、志愿服务、挂职锻炼、科技文化卫生"三下乡"活动、便民服务等形式的活动，主要是利用在校大学生的假期时间将所学理论知识应用到为人民服务的实践中去；科创实践类包括大学生自主创业、各类科技文化和创业活动、研究训练营等，目的是利用大学生的专业所长参与到科技创新的活动中去；调查实践类包括调查研究、走访参观、社会考察等，是指大学生按照一定的要求和目的，对某种社会现象和问题进行实地走访和调查的活动；公益实践类，包括爱心捐款、公益创业或劳动、环境保护等，目的是利用大学生在课堂里的所学到社会上去做一些对公众有益的事情。

　　刘晓东主编的《大学生社会实践理论与实务》一书中认为团队实践和个人实践是大学生社会实践的基本形式，其中团队实践是主要组织形式，具有内容丰富、精力集中、团队配合等特点。调研研究、公益服务和职业发展是三个基本内容类型。个人实践具有结合返乡、减少开销成本、灵活自由、易于调整安排等特点。书中将大学生社会实践分为三种类型实践。一是参观考察、社会调查等形式的调查研究型实践；二是社会服务、生产劳动。文化、科技、卫生"三下乡"活动，科教、文体、法律、卫生"四进社区"活动等形式的公益服务型实践；三是学习参观、科技发明与研究、勤工助学、挂职锻炼与预就业实习等形式的职业发展型实践。

　　杨化主编的《改革开放以来大学生社会实践研究》一书中认为，大学生社会实践根据不同的划分标准，可以划分为四种类型。以参与时间为划分标准，包括课堂实践、课后实践和假期社会实践；以大学生社会实践的内容划分，包含政治教育类社会实践、教学类社会实践、文体类社会实践、志愿服务类社会实践、自主创业类社会实践；以大学生社会实践的范围为划分依据，可以分为校内大学生社会实践和校外大学生社会实践；以大学生社会实践的组织主体为划分依据，可以分为学校组织的社会实践和自发组织的社会实践。

　　刘煜、姜华帅在《大学生社会实践导论》中将大学生社会实践的内容分为大学生学术研究活动、社团活动与志愿服务活动等三个部分。① 第一部分是大学生学术研究活动。作为能够挖掘大学生学术潜力、充分发挥个人聪明才智的学术研究活动，教育性、科学性、实践性和创新性是大学生学术研究规范的特

---

① 刘煜. 大学生社会实践导论［M］. 杭州：浙江大学出版社，2017：25.

征，实验教学、专业实习、科技创新、社会调查、创业实践是大学生学术研究活动的主要类型。开展大学生学术研究活动，不仅有利于提高大学生的理论知识应用水平，还有利于促进大学生相互学习交流，更有利于推动学术事业的发展与繁荣。第二部分是大学生社团活动。作为大学生自发组织起来的群众团体，管理的自主性、组织的开放性、目标的统一性和活动的多样性是其鲜明特征。从内容的角度出发，理论学术类、社会公益类、文体娱乐类和实践应用类是其主要的社团类型。社团的建立对个人和社会都有重要的影响，不仅有利于大学生实践能力的培养、全面发展的实现、大学生心理的调节，促进社会化进程，还有利于丰富校园文化建设，具有社会教化的作用，以此推动社会公益服务的发展，促进社会民主化的进程。第三部分是大学生志愿服务活动。"奉献、友爱、互助、进步"是大学生走出课堂、走向校园、自愿参与服务社会的志愿者精神。公益性、自愿性、公众性、组织性是志愿服务有别于有偿服务和强制性劳动服务的四大特征。当前各高校比较流行的大学生志愿服务大体包括互助或自助型志愿服务、慈善型志愿服务、参与型志愿服务等。大学生参与志愿服务，不仅能够提升大学生的综合素质，还能够推动高校的校园文化建设。

陈源泉编写的《大学生社会实践手册——走进乡土乡村 50 问》一书认为，社会实践的主要方法包括专题研究、生产实习、服务"三农"这三种形式，既包括了学校组织的专题性实践题目，也包括了企业、农村等生产单元参与具体的生产实践，还包括科技文化"三下乡"、农村学校支教、政策宣讲等内容。

综上，我国大学生社会实践无论从内容上还是形式上都呈现出多样化发展的态势。首先，活动内容类型多样，各具特色。主要涵盖以服务社会为主要内容的青年志愿者活动、以契合国家发展大事为主要内容的主题活动、以提高学生科学素养与就业能力为主要内容的综合社会实践活动、以锻炼自身能力为主要内容的学生自发组织或是主动参与的活动等。其次，活动形式设计广泛，自主性强。既包括学校、院系、班级、社团等组织的活动，如"三下乡"社会实践、青年志愿者服务、社会调查、产学研项目合作等，也包括学生自发组织或主动参加的活动，如兼职家教、勤工俭学、企业实习、自主创业等。最后，活动时间自由灵活，注重价值。除了传统的寒暑假时间，现在也重视充分利用周末、节假日、课余生活、实践教学课堂等时间。例如，清明节期间，一些大学生自发组织到烈士陵园扫墓、献花等。校内实践活动，如社团活动、勤工俭学等开展得如火如荼；许多高校还拓建了一批校外实践基地，为大学生参与校外社会实践（如义务支教、社会调查、社会兼职等）、深入了解社会提供了广阔平台。值得一提的是，当前大学生网络社会实践发展力度缺失，仍存在较大开发空间。因此以下几个活动形式，仍需注意以下几点。

一是社会考察，"互联网+时代"、人工智能技术给社会带来了多种多样的信息和知识，增加了大学生对热点新闻的关注和关心，同时也改变了大学生的生活、游戏、交友、学习、交流等方式，关注社会热点焦点问题的学生可以选择实地考察、综合调查、走访参观等社会考察实践方式，来抓"热点"，不失时机地开展社会实践。

二是创新创业与科技文化服务，针对创新能力较强，想开展创业实践的学生可以选择与创新创业知识相关的科技开发、技术咨询、知识培训、助理研究等科技文化服务实践方式，帮助拓展自己的思路，完成创业梦想，正如习近平总书记所说："在激烈的国际竞争中，惟创新者进，惟创新者强，惟创新者胜。"①

三是志愿服务，包括法律援助、扶贫帮困、支教扫盲、大型赛事活动的协办等。随着时代的发展，志愿服务的范围也在不断扩大，从关爱社会残障人士、看望孤寡老人、维护社区环境等固有形式，到做社会公益、生态环境保护、扶贫地区开发、抢险救灾等领域的重点服务项目。当前，已形成了"大中专学生志愿者暑期文化科技卫生'三下乡'活动""青年志愿者扶贫接力计划""大学生志愿服务西部计划""青年志愿者一助一长期服务结对服务计划""海外志愿服务活动"以及"保护野生动物志愿服务活动"等诸多在社会上有影响力和知名度的项目。

四是勤工俭学，有家庭资金困难的同学，还可以选择做家教等勤工俭学实践形式，不仅能缓解经济压力，还能培养专业素质，提升综合能力。

### 二、大学生社会实践的发展沿革

社会实践，是一个不断发展的概念，在不同的历史条件下具有不同的时代特征，它是实现大学生"受教育、长才干、做贡献"目标的实践舞台，是培养和教育大学生、实现实践育人职能的有效形式，也是贯彻党的教育方针、全面落实高等教育总体目标的必然要求。回顾建国70年来大学生社会实践漫长而艰辛的发展历程，总结历史经验，立足新时代契机，对加强和改进大学生社会实践活动具有重要意义。

---

① 习近平在欧美同学会成立100周年庆祝大会上的讲话［EB/OL］. 中国共产党新闻网，2013－10－21.

（一）感知家国——改革开放以前的大学生社会实践

1949—1966 年，是大学生社会实践活动的探索起步时期，也是借鉴与吸纳外来先进经验的时段。我国是以工农联盟为基础的人民民主专政的社会主义国家，新中国成立之后，为促进全国教育事业的发展，先后成立了中央人民政府教育部、社会教育司等机构。1949 年 12 月，在北京召开了新中国第一次全国教育工作会议，坚持以"工农"为主体，提高工农干部的文化水平，坚持"教育为工农服务，为生产建设服务"的方针，使工农干部成为新中国的骨干力量。同时强调新中国教育建设"以老解放区教育经验为基础，吸收旧教育某些有用的经验，特别是，要借助苏联教育建设的先进经验"①。为促进高等教育事业的发展，提升思想政治理论课的实效性，1950 年，教育部下发的《关于高等学校政治课教学方针、组织与方法的几项原则》将大学生社会实践活动正式纳入教学计划。根据当时的国内、国际形势，高校大学生就是在土地改革、抗美援朝等政治运动和社会实践活动中锻炼，在实践中深化爱国主义、为人民服务的思想，在实践中提高思想觉悟和综合素养。

早期的大学生社会实践活动，大都经历过上山下乡、学工学农学军、招工进厂等形式的社会锻炼，在劳动中感受社会每一成员的角色。就像毛泽东同志早期的社会实践活动，也是采用"走出书斋，游学考察"的方式接近工人，感受工人力量，他在《讲堂录》里写道："闭门求学，其学无用，欲从天下国家万物而血脂，则汗漫九垓，遍游四宇尚已。"② 他认为，不仅要在家里读有字之书，也要到社会这个大课堂去读无字之书。放下书本、走出书斋，到社会的各个角落里，与人民畅谈感受，体验民众生活，才能体会到社会实践这个大课堂的丰富多彩。

早期的大学生社会实践活动从教学计划的安排上加以确定，在制度建设上也做了许多有益的探索。一是将实习作为一个必要的环节列入教学计划。从1950—1954 年，先后颁布了《关于实施高等学校课程改革的决定》《学生实习指导委员会暂行组织规程》《高等学校与中等技术学校学生实习暂行规程》等，明确指出要"有计划地组织学生的实习和参观，并将其作为教学的重要内容"，并对实习的具体方案做了详细的规定。二是把生产劳动作为教育过程的重要组成部分，将教育与生产劳动相结合。1958 年 9 月，《中共中央、国务院关于教育

---

① 许建钺．高等教育与社会实践——大学生参加社会实践的研究［M］．北京：教育科学出版社，1993：54.

② 李锐．毛泽东的早期革命活动［M］．长沙：湖南人民出版社，1980：49.

工作的指示》中规定"在一切学校中，必须把劳动列为正式课程"；三是提倡和开展勤工俭学活动和半工半读。1958 年，共青团中央发布了《关于在中学生中提倡勤工俭学的决定》，第一次明确指出勤工俭学是具体实现脑力劳动的知识分子和体力劳动的工农相结合的重要途径，但受"左"倾思潮和后来"文化大革命"的影响，片面地强调劳动，忽视了基本理论知识的学习，对教育事业造成了不良影响，半工半读也未能坚持下去。

　　总的来看，早期的大学生社会实践有三个特点：其一，政治因素影响。建国初期的政治运动对大学生社会实践活动影响较大；其二，政府主导作用。早期的大学生社会实践活动更多的是由政府的主导才积极开展的，缺乏一定的主观能动性；其三，指导原则突出。"教育与生产劳动相结合"是早期的大学生社会实践活动的指导原则。建国初期，让"天之骄子"们充分体验社会生活，加深了他们与工农群众的感情，知民心、懂民情，培养了他们热爱劳动、重视劳动、吃苦耐劳的精神，在实践中磨练意志，在紧密联系群众中脚踏实地，增强了思想素质和学习工作能力。正是这一代青年学生的迅速成长，成为了中国特色社会主义事业的中坚力量，正是这些探索和经验，才为新时期的大学生社会实践活动提供了有益的借鉴。

　　（二）百花齐放——改革开放时期的大学生社会实践

　　1966—1976 年，是大学生社会实践活动的停滞阶段，1977—1979 年，是大学生社会实践活动的拨乱反正阶段。1978 年，邓小平在全国教育工作会议上再强调"各级各类学校对学生参加什么样的劳动，怎样下厂下乡、花多少时间，怎样同教学密切结合都要有恰当的安排。"① 此后大学生社会实践活动逐渐恢复。改革开放以后，立足新的历史时期，大学生社会实践活动从形成到全面展开，从深化发展到创新发展，大致分为五个阶段。

　　1. 萌芽阶段（1980—1982 年）

　　改革开放初期，我国面临着巨大的变革，农村经济体制改革改变着农村原有的面貌，城市经济体制改革开始着手试点，人们的生活水平不断提高，经济建设取得了一定成就，人们的思想观念也在发生着变化。详见表 1。

---

　　① 教育部，中央文献研究室. 毛泽东，邓小平，江泽民论教育［M］. 北京：中央文献出版社，2002：143.

表1 新时期大学生社会实践的"萌芽阶段"

| 阶段 | 时间 | 事件 | 内容 | 意义 |
|------|------|------|------|------|
| 萌芽阶段 | 1978年4月 | 邓小平：全国教育工作会议 | 各级各类学校对学生参加什么样的劳动，怎样下厂下乡、花多少时间、怎样同教学密切结合都要有恰当的安排 | 教育部重申学生参加生产劳动的规定 |
| | 1980年 | 清华大学、北京大学：提出倡议 | "振兴中华，从我做起，从现在做起""团结起来、振兴中华" | 在全国大学生中引起了强烈的反响 |
| | 1980年 | 全国高校：思想付诸实践 | "学雷锋，送温暖"活动 | 引导学生从思想付诸到实践，活动范围由校园扩大到社会 |
| | 1982年 | 文明礼貌月 | "人民送我上大学，我献知识为人民"咨询服务活动 | 北京、上海、辽宁等地大学生纷纷走上街头，用行动开展各种文明礼貌服务活动 |
| | 1982年 | 北京大学：百村调查 | 北京大学150余名农村大学生，就农村实行家庭联产承包制以来各方面的情况进行调查研究，调查报告157篇 | 初步认识国情，在实践中感受改革开放带来的广泛影响 |

1980年，教育部重申了要求大学生在校学习期间必须参加两周的生产劳动的规定，一大批大学生们踊跃投入到现代化建设的伟大实践中，以清华大学提出的"振兴中华，从我做起，从现在做起"和北京大学提出的"团结起来、振兴中华"为代表的倡议在全国大中小学生中引起了强烈的反响。为引导大学生将理论思想付诸社会实践，许多学校因势利导，将"学雷锋，送温暖"这一校园活动逐步扩展到社会活动。1982年，我国开展的第一个"文明礼貌月"活动，影响范围在不断扩大，北京、上海、辽宁等地的大学生纷纷走上街头，为人民"献知识"，做人民的"咨询员"。同年寒假期间，以北京大学牵头的各院校155名家在农村的大学生进行"百村调查"，详细了解实行家庭联产承包责任制以来各方面的情况，共写出调查报告157篇。这些活动使大学生亲身感受到了改革开放给社会主义建设带来的蓬勃生机，大学生社会实践活动从此拉开了序幕。

2. 推广阶段（1983—1986年）

1983年3月，来自北京64所不同高校的数万名大学生，放下课本，走向街头，为广大人民提供法律咨询、理发修车、医疗服务等；同年 10 月，团中央、全国学联联合发出《关于纪念"一二·九"运动 48 周年开展"社会实践活动周"的通知》，首次提出"大学生社会实践活动"的概念，得到了全国各地高校团组织和大学生的积极响应；1984 年 5 月，时任团中央书记处第一书记的胡锦涛同志在辽宁召开"大学生社会实践现场观摩经验交流"会，并提出"受教育、长才干、做贡献"的指导方针，进一步倡导和推动大学生社会实践活动。此后中宣部、国家教委、各级党政部门及党组织都对大学生社会实践活动给予了大力地支持和有效地指导。详见表 2。

表 2　新时期大学生社会实践的"推广阶段"

| 阶段 | 时间 | 事件 | 内容 | 意义 |
|---|---|---|---|---|
| 推广阶段 | 1983 年 | 邓小平为景山学校题词 | "教育要面向现代化、面向世界、面向未来" | 高度概括了我国教育方针的时代特征和时代要求 |
| | 1983 年 3 月 | 北京 60 多所高校 | 法律咨询、免费理发、修车和医疗服务等 | 社会实践形式丰富多样，得到广泛开展 |
| | 1983 年 10 月 | 团中央全国学联发出《纪念"一·二九"运动 48 周年开展"社会实践服务周"的通知》 | 社会实践活动，是近年来高等院校中涌现出的一种思想教育的有效形式，是共青团和学生会在适应改革方面迈出的可喜一步。用知识做桥梁，把学校和社会连接起来，在可能的条件下组织学生走向社会，向人民学习，为社会服务，这是促进大学生健康成长的重要措施 | 文件第一次提出了"大学生社会实践活动"的概念，标志高校社会实践开始逐步向正规化方向迈进 |
| | 1984 年 5 月 | 在辽宁沈阳召开首次"大学生社会实践现场观摩经验交流会" | 胡锦涛提出"受教育、长才干、做贡献"的社会实践活动方针 | 对我国社会实践活动的开展有深远意义 |

纵观这两个历史时期的大学生社会实践活动，从孕育到形成推广的过程中，充分体现了高校社会实践在格局形成时期的缓慢积累过程。实践范围上，由"社会实践周""社会实践建设营"到"社会实践基地建设"，实践地域在不断扩大，学生开始步入社会；时间范围上，相对自由，平时、周末、寒暑假都是大学生社会实践的最佳选择；实践形式上，通过调查研究、义务劳动、咨询服

务、技术培训、参观考察等深入人民群众当中，取得了良好的实践效果；实践队伍上，由自发的少数大学生到有组织的集体实践，实践队伍在不断壮大，实践成果在逐渐推广，该阶段打破了高校与社会的隔离，为日后社会实践的全面展开打下了良好的基础。

3. 全面展开阶段（1987—1991 年）

1987 年以后，党和政府进一步重视和关注高校的实践性教育问题。同年 5 月、6 月、8 月连续三次下文，从明确"社会实践"在高等教育中的地位，到"社会实践"被纳入教育计划，再到将"社会实践"定为改进和加强高校思想政治工作的重要内容和方法之一。大学生社会实践活动依次全面展开。详见表 3。

表 3　新时期大学生社会实践的"全面展开阶段"

| 阶段 | 时间 | 事件 | 内容 | 意义 |
|---|---|---|---|---|
| 全面展开阶段 | 1987 年 5 月 | 《中共中央关于改进和加强高等学校思想政治工作的决定》 | 青年学生只有在学习科学文化知识的同时，积极参加社会实践，更多地了解国情，了解社会主义建设和改革的实际，了解人民群众的思想感情，才能树立起为社会主义祖国献身的信念，逐步锻炼成为有用的人才 | 推进大学生社会实践活动的进一步发展 |
| | 1987 年 6 月 | 国家教委、团中央发布《意见》 | 《关于广泛组织高等学校参加社会实践活动的意见》 | 按《意见》要求，社会实践列入高校的教学计划 |
| | 1987 年 8 月 | 团中央下发《共青团中央关于改进和加强高校团的思想政治工作的若干意见》 | 正式将大学生社会实践定为改进和加强高校团的思想政治工作的重要内容和方法之一 | 为高校开展大学生社会实践互动提供理论和技术方面的指导 |

1987 年 5 月，《中共中央关于改进和加强高等学校思想政治工作的决定》进一步明确高等教育办学的指导思想要坚持社会主义方向，高等学校的思想政治工作应从"有的放矢地进行马克思主义理论教育和形势政策教育""积极引导学生参加社会主义实践""把思想政治教育与业务教学工作结合起来"等八个方面进行内容、形式和方法上的改进。其中"积极引导学生参加社会主义实践"

就明确了社会实践在高等教育中的重要地位，帮助青年"树立起建设社会主义祖国而献身的信念"，帮助青年在学习科学文化知识的基础上，积极参与社会实践，了解国情，了解人民，虚心向实践学习、向群众学习，"只有理论与实际相结合、脑力劳动与体力劳动相结合、知识分子与人民群众相结合，才是青年知识分子成长的唯一正确道路"。

1987年6月，国家教委、团中央联合下发了《关于广泛组织高等学校学生参加社会实践活动的意见》（简称《意见》），明确指出为培养"四有新人"，必须组织高等学校的学生在学习期间广泛地参与社会实践活动，"今后高等学校除了要认真搞好已列入教学计划的生产实习和社会实践外，还要把假期和课外组织学生参加社会实践活动，作为高等教育的一个重要组成部分"。《意见》中还明确了要加强党政领导，成立学生社会实践活动指导小组，明确社会实践的意义、组织社会实践的目的、并逐步建立社会实践基地，让社会实践活动作为教育重要的实践环节被纳入教育计划，成为中国特色社会主义高等教育的组成部分。

1987年8月，团中央再次下发《共青团中央关于改进和加强高校团的思想政治工作的若干意见》，并正式将"大学生社会实践"定为改进和加强高校团组织的思想政治工作的重要内容和方法之一，为高校开展大学生社会实践活动提供了理论和技术方面的指导。

4. 深化发展阶段（1992—2004年）

时代的发展孕育着社会的主流思想和全民的共识所向，社会实践的深化发展也离不开那一阶段的时代背景。1992年初，邓小平发表的南方谈话对90年代的经济改革与社会进步起到了关键的推动作用。详见表4。

表4　新时期大学生社会实践的"深化发展阶段"

| 阶段 | 时间 | 事件 | 内容 | 意义 |
|---|---|---|---|---|
| 深化发展阶段 | 1992年 | 邓小平南方谈话 | 这与后来的中共十四大的召开，使我国改革开放和现代化建设事业进入了新发展阶段 | 改革开放和现代化建设事业进入了新发展阶段 |
| | 1993年 | 中共十四大召开 | 提出了建立社会主义市场经济的重要决定 | 高等教育走向了健康发展的轨道 |

续表

| 阶段 | 时间 | 事件 | 内容 | 意义 |
|---|---|---|---|---|
| 深化发展阶段 | 1993 年 | 团中央"百县千乡科技文化服务工程" | 全国各地高校成立科技文化服务队,当年暑假,近40万大学生深入各地贫困地区、城镇地区开展普法宣传、支教扫盲和科技成果推广 | 大学生社会实践全面走向社会,进入了一个新的发展阶段 |
| | 1993 年 12 月 | 共青团十三届二中全会通过《在建立社会主义市场经济体制进程中我国青年工作战略发展规划》 | 提出实施"跨世纪青年文明工程"和"跨世纪青年人才工程" | 两个重点工程成为大学生社会实践活动的主要形式 |
| | 1994 年 | 暑期"万支大中专学生志愿服务队暑期科技文化行动" | 由团中央、全国学联、中宣部、国家科委、《光明日报》《中国青年报》等15家单位联合发起 | 首次提出以"青年志愿者"作为主要组织形式和参加人员的新号召 |
| | 1996 年 12 月 | 中宣部、国家教委、共青团中央下发《关于深入持久开展大学生社会实践活动的几点意见》 | 强调进一步加强推动这项活动深入开展,加强这项活动的制度化、规范化建设,充分发挥其在新的形势下对青年学生成长的重要作用 | 推进社会实践的发展 |
| | 1997 年 | "三下乡"活动正式命名 | 大学生志愿者暑期文化、科技、卫生"三下乡"活动正式命名 | 十年发展,"三下乡"成为大学生中最具影响力的社会实践活动品牌 |

续表

| 阶段 | 时间 | 事件 | 内容 | 意义 |
|------|------|------|------|------|
| 深化发展阶段 | 1998 年 | 江泽民庆祝北京大学建校一百周年大会讲话 | 我们的大学应该成为科教兴国的强大生力军。教育应与经济社会发展紧密结合，为现代化建设提供各类人才支持和知识贡献。这是面向二十一世纪教育改革和发展的方向"，并希望大学生要"坚持学习书本知识与投身社会实践的统一" | 随后教育部也下发了深入开展素质教育的文件 |
| | 1999 年 6 月 | 第三次全国教育工作会议通过《中共中央、国务院关于深化教育改革全面推进素质教育的决定》 | 要从实际出发，加强和改进对学生的生产劳动和实践教育，使其接触自然，了解社会，培养热爱劳动的习惯和艰苦奋斗的精神。高等学校要加强社会实践，组织学生参加科学研究、技术开发和推广活动以及社会服务活动 | 标志我国教育事业进入了一个深化改革、积极发展的新阶段，高校的社会实践活动也进入深化完善的阶段 |
| | 2002 年 | 共青团中央、教育部、全国学联下发《关于实施"大学生素质拓展计划"的意见》 | 决定开展"大学生素质拓展计划"，试点工作配合需要下文化素质教育工程的实施 | 为高校深入教学改革提供实证经验 |
| | 2004 年 10 月 | 中共中央、国务院发出《关于进一步加强和改进大学生思想政治教育的意见》 | "社会实践是大学生思想政治教育的重要环节，要建立大学生社会实践保障体系，探索实践育人的长效机制"；"高等学校要把社会实践纳入学校教育教学的总体规划和教学大纲，规定学时和学分，提供必要的经费" | 标志大学生社会实践活动在组织领导上得到了进一步加强，在内容和形式上更加丰富和全面，在层次和水平上有了进一步的提高 |

1992 年 10 月 12—18 月，党的十四大在北京召开，确立了"社会主义市场经济体制"的改革目标，明确了邓小平建设有"中国特色社会主义理论的创立"的历史贡献，全国各地掀起了进一步"解放思想"的滚滚改革浪潮。大学生的思想观念和行为也深受市场经济价值取向的影响。

而后，团中央提出高校社会实践面临的核心问题在于实践内容的深化、市场体制的适应和实践机制的转化，于是对社会实践提出了"三个一致性"的指导思想，即"社会实践教育与教育的改革与发展相一致""与地方经济发展相一致""与学生自身成长的渴求相一致"。1996 年 12 月，中宣部、国家教委、共青团中央下发《关于深入持久开展大学生社会实践活动的几点意见》强调要进一步推动这项活动深入发展，加强这项活动的制度化、规范化建设，充分发挥其在新的形势下对青年学生成长的重要作用。1998 年，江泽民同志，在北京大学百年校庆上提出了四点希望，即坚持学习科学文化与加强思想修养的统一、坚持学习书本知识与投身社会实践的统一、坚持实现自身价值与服务祖国人民的统一和坚持树立远大理想与进行艰苦奋斗的统一。同时教育部下发了深入开展素质教育的文件。2000 年，江泽民同志提出"三个代表"重要思想，2002 年党的十六大确立全面建设小康社会的目标等，这些大事件都在进一步推动大学生社会实践活动的深入发展。

这个阶段的前期（1992—1996 年），主要是以志愿服务活动与社会实践活动相结合，集中营造校园文化氛围、培养大学生的综合素质和强练内功的自我提高，突出大学生"受教育、长才干、做贡献"的实践目的；后期（1997—2004 年），主要是以"三下乡"与社会实践相结合，组织博士服务团，强调"做贡献"的实践宗旨。具有代表性的社会实践活动主要有：①万支大中专学生志愿服务队暑期科技文化活动；②中国大中专学生志愿者扫盲与科技文化服务活动；③中国大中专志愿者暑期科技文化卫生"三下乡""四进社区"活动；④学习宣传实践"三个代表"重要思想活动；⑤"珍爱生命，防治'非典'"活动；⑥中国青年志愿者科技服务万里行活动；⑦保护"母亲河"行动。[①] 其中，暑期科技文化卫生"三下乡"活动一直开展至今，并成为大学生暑期社会实践的主要形式。这个时期的社会实践活动已经逐渐向制度化、基地化方向发展，把社会服务、个人能力和思想教育结合了起来，真正从单纯地"受教育"达到"受教育、长才干、做贡献"的实践宗旨。

---

① 张子睿. 大学生社会实践［M］. 北京：中国林业出版社，2017：19.

5. 规范发展阶段（2005 年至 2012 年）

这个阶段的大学生社会实践活动，在探索实践育人的长效机制、丰富社会实践的内容和形式、注重社会实践的实效性等方面，都取得了硕果，推动了大学生社会实践的规范化发展。详见表5。

表5　新时期大学生社会实践的"规范发展阶段"

| 阶段 | 时间 | 事件 | 内容 | 意义 |
|---|---|---|---|---|
| 规范发展阶段 | 2005 年 2 月 | 中宣部、中央文明办、教育部、共青团中央发出《关于进一步加强和改进大学生社会实践的意见》 | "要充分认识加强和改进大学生社会实践的重要意义，进一步明确大学生社会实践的总体要求和工作原则，要把大学生社会实践纳入教学计划，不断丰富社会实践的内容，全面深入开展'三下乡'和'四进社区'活动，探索建立大学生社会实践的长效机制，切实加强对大学生社会实践的领导。"社会实践活动紧扣时代脉搏，主题鲜明 | 宣传实践中共十六大、十七大精神，深入贯彻落实科学发展观，参与共建社会主义和谐社会 |
| | 2009 年 5 月 | 胡锦涛在中国农业大学发表讲话 | "广大青年学生要把深入实践作为成长成才的必由之路" | 这一阶段是我国大学生社会实践活动的全面发展阶段 |
| | 2010 年 7 月 | 胡锦涛在全国教育工作会议上的讲话 | "教育成效不应只看学生是否能准确填写标准答案，更要看学生的学习能力、实践能力、创新能力，看他们是否掌握了发现问题、解决问题的关键能力，看他们是否具备了高度的社会责任感" | 强调教育中通过参与社会实践而培养学生实践能力的重要性 |

续表

| 阶段 | 时间 | 事件 | 内容 | 意义 |
|---|---|---|---|---|
| 规范发展阶段 | 2012年1月 | 《关于进一步加强高校实践育人工作的若干意见》 | 教育部、宣传部、财政部、文化部,中国人民解放军参谋部、总政治部,共产主义青年团中央委员会共同发出,提出"加强新形势下高校实践育人工作",要"充分认识高校实践育人工作的重要性""统筹推进实践育人各项工作""切实加强对实践育人工作的组织领导" | 国家将大学生社会实践工作进一步提上重要工作日程,对社会实践育人工作的持久深入开展提出了更高的要求 |

首先,大学生社会实践成为了思想政治理论课堂与实践课堂连接的有效桥梁,成为了解决思想政治理论教学重点、难点问题的重要途径。2004年10月中共中央、国务院发布《关于进一步加强和改进大学生思想政治教育的意见》,其中强调"社会实践是大学生思想政治教育的重要环节,要建立大学生社会实践保障体系,探索实践育人长效机制。"2005年,中央宣传部、中央文明办、教育部、共青团中央下发《关于进一步加强和改进大学生社会实践的意见》,其中强调:"坚持课内与课外相结合,集中与分散相结合,确保每一个大学生都能参加社会实践,确保思想政治教育贯穿于社会实践的全过程。"2015年,中央宣传部、教育部印发了《普通高校思想政治理论课建设体系创新计划的通知》,教育部社科司公布了全国高校思想政治理论课教学科研团队"择优支持计划"。2017年2月,中共中央、国务院印发《关于加强和改进新形势下思想政治工作的意见》,其中强调要"全过程全方位育人",形成多元的育人长效机制,同时要注重"理论教育和实践活动相结合",强化"社会实践育人",提高实践教学比重,组织师生参加社会实践活动,完善育人模式,建设实践基地。2017年12月,中共教育部党组印发了《高校思想政治工作质量提升工程实施纲要》的通知,强调"坚持理论教育与实践养成相结合,整合各类实践资源,强化项目管理,丰富实践内容,创新实践形式,拓展实践平台,完善支持机制,教育引导师生在亲身参与中增强实践能力、树立家国情怀。"① 以上文件精神都表明国家对高校思想政治理论课实践教学的高度重视,开

---

① 中共教育部党组.关于印发高校思想政治教育工作质量提升工程实施纲要的通知[N].教党〔2017〕62号.2017.

展高校思想政治理论课实践教学是落实国家文件精神的现实诉求。

其次，大学生社会实践的实践育人长效机制取得了一定的成效。马克思主义认为，只有人们的社会实践，才是人们对于外界认识的真理性标准。① 一方面，针对社会实践的育人机制，引发了学术界的讨论。有的学者认为，"对高校思想政治理论课实践教学的分析，不能仅仅停留于思维上的'天马行空'，陷入缺乏依据和脱离实际的空想"②，为使大学生社会实践发挥更大的育人实效，诸多学者从育人机制方面展开探讨。有的学者认为，要加强领导，建章立制，创新形式，强化内容，协调资源，构建教师主导、学生主体的工作育人机制；有的学者认为，要构建转变传统教学、强化考核指标、增加经费投入、重视基地建设的可持续发展的长效机制；③ 还有的学者提出从评估信息保证机制、主体评估机制和评估约束机制三个方面出发，建立全面有效的大学生社会实践评估机制；构建良好的领导、教师和学生激励制度；建立健全运行保障制度。④ 另一方面，许多实践者在社会实践育人方面取得了一定成效。团中央将大学生社会实践活动作为高校实践育人的主要途径，每年暑期都会为全国大学生社会实践活动的开展搭建平台，营造氛围。各高校结合自身特点和优势围绕选题，设计活动前期的筹备保障阶段、活动中期的开展监督阶段以及归来考评总结阶段的运作流程，有效开展大学生社会实践活动。每年，全国都会涌现出一大批社会实践的优秀单位、优秀团队及优秀个人。以"三下乡"暑期社会实践活动为例，2015 年 6 月，活动紧紧围绕学习宣传贯彻习近平总书记系列重要讲话精神，以"践行'八字真经'·投身'四个全面'"为主题，共组织全国、省级、校级重点实践团队约 9.8 万支，860 多万人次青年学生参与，取得积极的育人成效和良好的社会反响；2016 年，共青团中央学校部、全国学联秘书处表彰了 300 个优秀单位、400 个优秀实践团队、200 名优秀个人；2017 年 6 月，开展 2017 年全国大中专学生"三下乡"暑期社会实践"镜头中的三下乡"活动。截至同年 9 月，共有 1200 余所学校的 10000 余支团队报名参与活动，提交参选作品 60000 余篇，最后评比出 300 个优秀单位、400 个优秀实践团队、

---

① 马列原著选读编委会. 马列原著选读 [M]. 苏州：苏州大出版社，2004：318.
② 杨艳春，卞桂平. 思想政治理论课实践教学理路探析 [J]. 思想理论教育导刊，2015 (1)：81—84.
③ 李俊杰，方鹏飞，王雷. 大学生社会实践可持续发展的长效机制研究 [J]. 思想教育研究，2013 (3)：108—110.
④ 陈爱民. 论大学生社会实践激励机制的构建 [J]. 广西社会科学，2012 (3)：179—181.

200 名优秀个人。以上都是"规范发展阶段"时期国内大学生社会实践通过选题育人的现实成果。

（三）面向未来——新时代以来的大学生社会实践

改革开放以来，无论是国家政府层面，还是社会各界、高校、学生群体都十分重视大学生社会实践活动。国家层面，政府重视和保障大学生社会实践活动的有序进行；社会层面，社会各界单位关心和支持大学生参与社会实践的开展；高校层面，全国各高校组织和调动学生热情参与到大学生社会实践活动中来；个人层面，大学生发挥主观能动性，自觉、积极地参与社会实践活动，整个社会出现了学生参与实践，并把课堂知识带到社会课堂实践的祥和境况。

立足新时代，创新、活力、向上是我们新时代青年群体的特点，习近平十分重视高校大学生综合能力的培养，也十分重视大学生社会实践活动实践育人的功能，在多次重要讲话中都提及社会实践的重要性。详见表6。

表6 习近平重视"社会实践"的文件梳理

| 时间 | 事件/文件 | 内容 | 出处 |
|---|---|---|---|
| 2013-05-04 | 在同各界优秀青年代表座谈时的讲话 | 广大青年要坚持面向现代化、面向世界、面向未来……既刻苦钻研理论又积极掌握技能，不断提高与时代发展和事业要求相适应的素质和能力。要坚持学以致用，深入基层、深入群众，在改革开放和社会主义现代化建设的大熔炉中，在社会的大学校里，掌握真才实学，增益其所不能，努力成为可堪大用、能担重任的栋梁之材 | 《十八大以来重要文献选编》（上），中央文献出版社2014年版，第279页 |
| 2015-01-23 | 2015年1月23日在十八届中央政治局第二十次集体学习时的讲话。 | "学习掌握认识和实践辩证关系的原理，坚持实践第一的观点，不断推进实践基础上的理论创新。""实践没有止境，理论创新也没有止境。" | 人民网：《习近平：辩证唯物主义是中国共产党人的世界观和方法论》 |
| 2016-04-26 | 在知识分子、劳动模范、青年代表座谈会上的讲话 | 广大青年要如饥似渴、孜孜不倦学习，既多读有字之书，也多读无字之书，注重学习人生经验和社会知识。"纸上得来终觉浅，绝知此事要躬行。"所有知识要转化为能力，都必须躬身实践。要坚持知行合一，注重在实践中学真知、悟真谛，加强磨练、增长本领 | 《人民出版社》单行本，第11—12页 |

续表

| 时间 | 事件/文件 | 内容 | 出处 |
|---|---|---|---|
| 2016-09-30 | 习近平在学习《胡锦涛文选》报告会上的讲话 | 马克思主义发展历程、马克思主义中国化发展历程都告诉我们：社会实践是不断发展的，我们的思想认识也必须不断前进，不断根据实践要求进行创新。世界在变化，时代在前进，实践发展永无止境，我们认识真理、不断进行理论和实践创新、不断开创事业新局面的征程也永无止境 | 《人民日报》，2016年09月30日02版 |
| 2016-12-07 | 在全国高校思想政治工作会议上的讲话 | 社会是个大课堂。青年要成长为国家栋梁之材，既要读万卷书，又要行万里路。社会实践、社会活动以及校内各类学生社团活动是学生的第二课堂，对拓展学生眼界和能力、充实学生社会体验和丰富学生生活十分有益。高校学生支教、送知识下乡、志愿者行动等活动，都展现了学生的风貌和服务社会、报效国家的情怀 | 《人民日报》，2016年12月9日01版 |
| 2017-08-15 | 习近平回信勉励第三届中国"互联网+"大学生创新创业大赛"青年红色筑梦之旅"的大学生 | "祖国的青年一代有理想、有追求、有担当，实现中华民族伟大复兴就有源源不断的青春力量。希望你们扎根中国大地了解国情民情，在创新创业中增长智慧才干，在艰苦奋斗中锤炼意志品质，在亿万人民为实现中国梦而进行的伟大奋斗中实现人生价值，用青春书写无愧于时代、无愧于历史的华彩篇章。" | 新华网：《习近平回信勉励第三届中国"互联网+"大学生创新创业大赛"青年红色筑梦之旅"的大学生》（2017年8月15日） |
| 2018-05-02 | 习近平在北京大学师生座谈会上的讲话 | "纸上得来终觉浅，绝知此事要躬行。"学到的东西，不能停留在书本上，不能只装在脑袋里，而应该落实到行动上，做到知行合一、以知促行、以行求知，正所谓"知者行之始，行者知之成"。每一项事业，不论大小，都是靠脚踏实地、一点一滴干出来的。"道虽迩，不行不至；事虽小，不为不成。"这是永恒的道理。做人做事，最怕的就是只说不做，眼高手低。 | 新华网：《习近平在北京大学师生座谈会上的讲话（2018年5月2日）》 |

　　从习近平总书记历次重要讲话中，我们可以看出他对青年和社会实践的重

视。一方面，是对青年的期许。总书记对新时代大学生是充满期待的，希望我们能发挥自己的青春能量，勇做新时代的弄潮儿，走在新时代的前列，不断奉献、实践、开拓、进取，将小我融入大我，为实现中华民族伟大复兴的中国梦，不断增强实践能力、增添青春能量，奉献知识和激情。另一方面，是对社会实践的重视。尽管大学生社会实践活动已经取得了丰硕的成果，但仍需要从实践组织、实践领域、实践机制、实践模式上不断改善和创新，继续加强大学生社会实践的管理，优化大学生社会实践的组织，创新大学生社会实践的管理方式；继续拓展大学生社会实践的领域，加强志愿服务类社会实践；继续健全大学生社会实践的机制，从激励机制、评价机制、沟通机制等三个方面入手，健全机制，全方位管理；继续完善大学生社会实践的模式，不断社区化、基地化、自主创新化。

### 三、大学生社会实践的意义

理论课堂是获得课本知识的主要渠道，是武装大学生头脑的知识殿堂，社会实践作为实践课堂是提高大学生综合能力的第二课堂。当代大学生大多都是独生子女，独立个性强，知识接受能力强，知识结构新，但在与人交往、与人合作、动手操作等方面存在弊病。大学阶段是青年学生生理和心理发育的重要时期，也是人生观、世界观、价值观形成的关键时期。参与大学生社会实践活动，从教师的精心组织安排到参与准备的过程，再到系统实践训练的过程，就是不断扩大视野、提高能力、丰富经验、增强责任感、了解国情民情社情的过程。

（一）关键一环——完善高校思想政治教育体系

大学生社会实践活动是高校思想政治教育的有效途径和重要方法，将国家政策观点、思想政治课堂理论体系充分吸收和内化于心，需要通过大学生社会实践活动与理论课堂相结合，达到理论与实践的统一。完善高校思想政治教育体系，主要表现有以下三点。

一是思想政治学科建设的需要。思想政治教育是研究形成人的思想、观点、立场诸要素，人的思想形成、变化和发展的规律性，以及根据这一规律性有效地增强人的思想道德素质的一门学科。其学科特点表现为阶级性、实践性与综合性。思想政治教育学的理论学说在思想政治教学的实践中逐步形成，它指导思想政治教育的实践并受到实践的检验校正，随着实践的发展而发展完善。[1]因此，思想政治教育学科的理论建构需要通过社会实践不断发展和完善，大学

---

① 邱伟光，张耀山．思想政治教育学原理［M］．北京：高等教育出版社，1999：11.

生社会实践活动的开展是思想政治教育学科建设的需要，也是大学生思想政治教育的发展和完善。

二是思想政治理论课实践教学建设的需要。促进大学生社会实践与高校思想政治理论课实践教学"两个课堂"的无缝对接，以提高思想政治理论课的教育实效，是高等教育发展的必然趋势。通过大学生社会实践活动，能够使大学生在实践中更为积极主动地把握思想政治理论课教学重点、难点，提高运用马克思主义立场观点方法分析和解决社会实际问题的能力。

三是优化思想政治理论课的实践教学环节。实践教学是高校思想政治理论课教学的关键一环。一方面，思想政治理论指导教学实践。思想政治理论是教育实践工作者智慧的结晶，是人类教育经验的总结、概括与升华；另一方面，思想政治理论课的实践教学来自思想政治理论，是思想政治理论的源泉。实践是检验真理的唯一标准，缺乏丰富的社会实践，思想政治理论就成了无源之水、无本之木。

党的十九大报告也明确指出，要深入学习贯彻习近平新时代中国特色社会主义思想，充分发挥中国特色社会主义教育的育人优势，培养担当民族复兴大任的时代新人。因此，开展大学生社会实践活动，是完善高校思想政治教育体系的关键一环，不仅能够优化思想政治理论课的实践教学环节，解决思想政治理论课的重点、难点问题，还能充分发挥高校实践育人优势，培养德智体美劳全面发展的社会主义建设者和接班人。

（二）青春力量——助力国家经济社会发展

大学生社会实践活动有效连接着大学生的校内教育和校外生活，是大学生了解和认识社会现状的桥梁，也是高校研究课题的资料基础和论证平台。作为新时代青年的主力军，大学生承载着国家社会的殷切期许，体会着国家方方面面对人才的强烈需求，感受着祖国大好河山建设的成就与辉煌。社会实践的过程，就是向社会释放自我才艺的过程，就是将理论知识和青春智慧奉献给社会的过程，就是用青春力量助力国家经济社会发展的过程。

通过社会实践发现社会问题。知识是对生活的理论总结，生活在本质上也是实践的。只有通过社会实践，才能把课堂里发现的问题在实践中寻求答案，才能把实践中遇到的困惑再通过实践寻求结果，这是大学生发现研究课题的两个有效来源。正如"人是一种社会或政治的动物，他或她的积极生活总是扎根在一个人和人造物的世界当中，绝不能离开或超越他。"① 这里的"世界"就是

---

① 汉娜·阿伦特. 人的境况 [M]. 王寅丽，译. 上海：上海人民出版社，2005：14.

这种"社会或政治的动物"活动的世界，就是大学生社会实践的社会，只有通过实践，才能不断发现新课题、解决新难题、获得新知识。

在社会实践中探讨社会问题。毛泽东在《实践论》中写过这样一段话："只有感觉的材料十分丰富（不是零碎不全）和合于实际（不是错觉），才能根据这样的材料造出正确的概念和伦理来。"① 这里不得不提到"感觉"一词，在参加社会实践的情境中，什么是"感觉"呢？我们常说认识指导实践，意思就是在实践之前我们需要先"认识社会"，"社会"又是什么呢？"社会"是一个客观的物质世界，因此我们第一次"认识社会"，即第一次接触这个物质世界的时候，这就是形成"感觉"的阶段。那么用什么样的材料才能"造出正确的概念和伦理"呢？这需要我们在这些形成"感觉"的资料中，进行梳理、总结、改进，这个过程就是给材料判断和推理的过程。当大学生带着课题的任务付诸社会实践的行动中时，完成课题任务的同时，也收获到了某些问题的兴趣点，从而继续在社会实践中探讨新的社会问题。

在社会实践后提出解决方案。提出问题、发现问题、解决问题是我们研究事物的逻辑主脉。同样了解社会现状、探讨社会问题、提出解决社会问题的方案，也是我们研究一项课题的逻辑思路。大学生通过对社会实践选题的分析和了解，将自己所学的理论知识和专业技能转化为社会实践的"头脑武器"，在亲身实践的过程中，不断发现问题、探讨问题，既体会社会现实，又运用了课堂知识。这不仅培养了大学生认识问题、分析问题、解决问题的科学思维方式，还增进了大学生生产劳动的亲身体验和真实感受，更推动了大学生同人民群众的密切结合和亲密联系。

（三）做实干家——践行新时代青年成长观

2018 年 5 月 2 日，习近平总书记在北京大学师生座谈会上的讲话中提到："广大青年生逢其时，也重任在肩。我说过，中华民族伟大复兴，绝不是轻轻松松、敲锣打鼓就能实现的，我们必须准备付出更为艰巨、更为艰苦的努力。广大青年要成为实现中华民族伟大复兴的生力军，肩负起国家和民族的希望。"② 青年兴则国家兴，青年强则国家强。青年大学生要在认真学习领会习近平新时代中国特色社会主义思想的基础上，听党话、跟党走、艰苦努力、踏实肯干，在实现中国梦的伟大进程中做出青春贡献，做真正的实干家。青年时期世界观、人生观、价值观尚未成熟，这个时期是走向成熟的关键时期，同样也是成长观

---

① 实践论. 毛泽东同志论教育工作［M］. 北京：人民教育出版社，1992：27.

② 习近平. 在北京大学师生座谈会上的讲话［EB/OL］. 新华网，2018 - 05 - 03.

形成的重要时期。青年的价值取向决定了未来整个社会的价值取向，因此要不断增强青年的理想信念教育、国情教育、爱国教育，助力青年成长成才。

新时代大学生要有坚定的理想信念。坚定的理想信念是新时代大学生成长观的核心。理想指引人生方向，信念决定事业成败。习近平总书记说过："理想信念是共产党人精神上的'钙'，没有理想信念，理想信念不坚定，精神上就会'缺钙'，就会得'软骨病'。"① 丢失了理想信念，做任何事情都会迷茫不安。新时代青年应在社会实践中加强理想信念教育，不断补充"精神之钙"，让骨头硬起来。

新时代大学生要有良好的道德修养。良好的道德修养是新时代青年必须系好的"第一粒纽扣"。过硬的能力对于新时代大学生成长成才来说固然重要，但道德修养缺失了，一切都是空谈。新时代青年应重视修身养性，培养高尚的品格，给自己营造一个干净清爽的成长空间，在社会实践中不断提高自身道德修养。

新时代大学生要脚踏实地，砥砺奋进。"工欲善其事，必先利其器。"新时代大学生要踏实肯干，身体力行，不说空话，不喊口号。实践是检验真理的唯一标准，只有亲身实践，才能收获知识，练就过硬本领。新时代大学生要勇于创新创造。习近平总书记曾说："青年是社会最具活力，最具创新性的群体，理应是在创新创造的前列。"② 大学生在社会实践中要有逢山开路、遇水架桥的勇气，不断创新、创造出更多的社会实践形式和内容；新时代大学生要有艰苦奋斗的决心。"宝剑锋从磨砺出，梅花香自苦寒来。"新时代大学生的成长成才需要顽强拼搏、艰苦奋斗。要想实现中华民族伟大复兴，需要一代又一代青年贡献青春力量。在社会实践中更要勇于迎接困难和挑战，努力开创社会实践新局面。

进入新时代，社会实践已成为彰显大学生使命和担当的重要平台，社会实践对大学生形成使命担当意识，成为有理想、有道德、有文化、有纪律的"四有"青年具有重要的作用。"受教育、长才干、做贡献"是我国大学生社会实践的核心宗旨。大学生要通过社会实践，充分理解习近平新时代中国特色社会主义思想，深刻领会时代背景和历史贡献，掌握核心要义和丰富内涵，听党话，跟党走，在实现中国梦的伟大进程中奉献青春力量。

---

① 王相坤. 理想信念是共产党人精神上的"钙"［EB/OL］. 中国共产党新闻网，2013 - 12 - 05.

② 蒋妥. 冲高中国经济是青年最大考题［EB/OL］. 中国青年网，2016 - 12 - 16.

# 第二章

# 何谓"三下乡"社会实践

如第一章所述，我们从"心"认识了社会实践，通过研究大学生社会实践的相关问题，明晰了社会实践的体系、内容和形式，回顾了大学生社会实践的发展历程，掌握了大学生社会实践的重要意义。研究"三下乡"社会实践问题，必然要知道何为"三下乡"社会实践，这是我们不可回避的问题。"三下乡"社会实践自产生以来，在社会上的反响极大，本章将从"三下乡"社会实践的发展、体系和特点三大方面进行系统研究。

## 一、"三下乡"社会实践的发展沿革

要想厘清"三下乡"社会实践的发展脉络，首先就要知道何为"三下乡"。所谓"三下乡"，即以青年大学生为主体，深入农村，传播先进科技文化，体验和调研基层农民生活现状，从而提高大学生的社会实践能力和服务意识的志愿服务活动。那么，"三下乡"分别指的是什么呢？"三下乡"中的"三"指的是"文化、科技、卫生"；"下"指的是"引进、引入"；"乡"指的是中国的农村地区。大学生通过文化下乡、科技下乡、卫生下乡，为自己了解中国国情打开了一扇窗，同时也为改善农村生活风气，推进农村的精神文明建设，贡献了自己的青春力量。大学生"三下乡"的本质在于要充分发挥教育的社会功能，将教育与经济、政治、文化有效地结合起来，最大程度地实现实践育人。

### （一）时代需要——"三下乡"社会实践的缘起

"三下乡"社会实践活动源起于一个号召，在1983年，为了纪念"一二·九"运动48周年，学生们积极响应，全国高校以及学校团组织都相继参与了"社会实践活动周"的活动。为了提高农村的服务水平，1996年12月，文化部、中宣部、农业部等十部委，第一次联合下发以"三下乡"字样命名的《关于开展文化科技卫生"三下乡"活动的通知》，通知里明确提出提升农村服务的三个方面，即文化、科技与卫生。1978年，邓小平主管教育和科技，十分重视社会实践教育，在全国范围内掀起了一股探讨真理标准的热潮。同年4月，全国教育讲话提出"各级各类学校对学生参加什么样的劳动，怎样下厂下乡，花多少时间，怎样同教学密切结合，都要有恰当的安排。"① 1997 年，这股社会实践的浪潮继续席卷中国大地，为了引导大学生积极参与社会实践，将课堂的理论知识与社会大课堂的实践相结合，不断了解社会、服务大众，也积极推动我国农村的两个文明建设，全国大中专学生志愿者暑期"三下乡"社会实践活动由中宣部、中央文明办、国家原教委、团中央、全国学联组织开展。回顾起源，总结原因如下。

这是社会经济发展的需要。高等教育迎来了一个难得的机遇与挑战并存的时代，国家经济的快速发展，使社会和高校的"知识分子"成为时代的坚定力量，面对日新月异发展的科学技术，人们感受着科技带来的无穷力量的同时，也想投身于社会实践去亲身感知这种力量。诚然，高等教育在发展的同时也面临着许多荆棘与坎坷，为满足经济社会发展的需要，开发人力资本、提高人才的附加值，成为当前社会的重要任务。在此背景下，许多高校建立社会实践制度，使大学生"社会实践"日益活跃于市场之中，在市场中起积极的作用。大学生作为社会实践的主体，活跃在学校、乡镇、企业、农村等"三下乡"的主要服务阵地，通过传播文化、科技、卫生知识，发挥教育的重要功能，对农村的农民、学生、企业人员等进行实践教育，发挥出国家人才培养的积极作用。他们在参与社会实践的过程中，不仅向社会大众普及先进的思想，实施文明教育，加强政治和意识形态教育，同时还完成了做合格公民、做政治人才的自我教育，实现了教育与自我教育的统一，以此用政治建设的力量推动社会经济的发展。

这是高等教育改革和发展的需要。改革开放以来，专业教育一直是高等教育的重中之重。作为推动社会进步的基石力量，教育在促进经济发展、振兴民族、推动文化繁荣等方面都起到了关键作用。青年是祖国未来的骨干力量，抓住新时代大学生的教育质量，就是抓住祖国未来的希望，才能促进伟大中国梦的实现。那么，我们该培养什么样的大学生呢？又应该怎样培养呢？加强学生的知识涵养和思想品格固然重要，但社会实践也是高等教育必不可少的一部分。为冲破原有教学模式的桎梏，走出课堂、走向社会、走进民心，大学生"三下乡"社会实践活动作为思想政治教育的有效渠道，在摆脱传统教学、打破僵化模式、促进教育改革等方面都发挥着重要作用，真正让大学生在实践中认识自我、发掘自我、实现自我。这不仅丰富了学校的教学内容，应用了大学生的理论知识，更提升了高校教学、科研、社会服务的能力，与此同时，也开拓了大学生的视野，挖掘了大学生的潜在力量。通过"三下乡"社会实践，高校能够

① 邓小平. 邓小平文选（第二卷）[M]. 北京：人民出版社，2008：107.

在课程设置、教学管理、培养目标上更加充分思考：现在的课程设置是否与社会的真正要求相适应？平日的教学管理是否真正地符合社会的发展需要？学生的培养目标是否真正地有利于学生自我价值的实现？通过社会实践活动，能够锻炼学生发现问题的能力，锻炼学生在实践中思考的能力，以实践促进改革，以问题促进调整，也为学校的发展指明了方向。

这是提高大学生综合素质的需要。我们提倡综合素质和全面发展，到底应该是在哪些方面全面发展呢？综合素质又指哪些基本素质呢？

首先，要具备思想政治素质。思想是行动的指南针，有了思想才能指导行动，行动的产生又会促进思想的不断发展。当代大学生当握起时代的接力棒，在奋力奔跑、努力前行的过程中，不仅需要武装理论头脑，在大脑中有清晰前进的目标动力，还需要实践出真知，在行进中挖掘实践力，在摆臂助跑中感受接力棒握在何处才是辅助自己前行的有效尺度。因此亲身实践是感知前进力量的最直接感受，若是脱离了社会实践，当所有的目光都汇聚到大学生的身上时，大学生容易迷失自己，沉浸在接过接力棒的喜悦和优越感中。大学生"三下乡"社会实践正是一双有力的手，将大学生们拉回现实，不再只停留在理论知识层面，而是通过亲身实践感受工人、农民的辛苦。在基层中体验生活，提供帮助，增强与基层民众的深情厚谊和为人民服务的责任感。

其次，要具备专业文化素质。我国教育存在着过分强调教师的主导地位的问题，从而忽视了学生的主动性和创造性。教师在课堂上不断灌输知识，学生在听课中机械地汲取知识，致使学生真正感兴趣的知识盲区没有被关注。大学生"三下乡"社会实践恰恰弥补教育脱离实践的短板，让大学生在实践中找到兴趣，将专业文化知识应用到社会实践中去，同时在社会实践中再次加强专业知识的学习。

再者，要具备道德素质。从小学我们就学《品德教育》，中学我们学习《思想政治教育》，大学我们学习《思想道德修养与法律基础》，注重学生的道德素质培养是一直以来的热点问题。大学生"三下乡"社会实践正是将校内教育和社会课堂相统一的有效途径，让大学生在有效的思想政治教育环境中接受正面的教育，让大学生更加自觉、更加生动地接受道德素质教育。

最后，要具备心理素质。当前心理工作也是高校培养大学生的重要工作之一，提高大学生的心理素质迫在眉睫。大学生在参与"三下乡"社会实践的过程中，从选题的确定、策划的撰写、实践的过程、报告的完成，这一系列的过程都需要大学生具备强大的心理去面对和解决。例如，在准备"三下乡"社会实践时，不管是方案的制定还是人员的安排，都会耗费大量的时间和精力，甚至会出现日常学习和实践活动时间冲突的情况。在"三下乡"社会实践的过程中，也可能会遇到很多意想不到的问题，如变化莫测的天气状况、突发的事故等客观问题，或者出现队员不听从指导老师指挥、事先准备不完善、与队友交流出现意见分歧等主观问题，解决这些问题的过程，就是自我心理素质提高的过程。在这样的情况下，提高大学生的心理素质，锻炼大学生的心理承受能力，让其在与人交往中懂得合作、沟通，让其在挑战面前学会冷静分析、淡定处理、寻求方法，这也是开展"三下乡"社会实践活动的重要意义。

（二）服务社会——"三下乡"社会实践的导向

"服务"是指为集体（或别人的）利益或为某种事业而工作。① 大学生"三下乡"社会实践活动就是一个召集愿意为社会、为乡村、为国家服务的大学生或者实践团队，通过个人的聪明才智和团体的合作精神，将小我融入大我，成为社会服务的典范。

"三下乡"社会实践活动为培育新时代接班人服务。新时代的接班人要有理想信念、要埋头苦干、要脚踏实地，在"三下乡"社会实践活动的开展中，本着"受教育、长才干、做贡献"的实践目的，活动开设了关于思想政治教育、红色记忆、禁毒防毒、科技卫生等方面内容的相关项目，让同学们在实践中锻炼各方面的能力，在实践中做新时代全面发展的接班人，在国家、高校和大学生中都发挥着重要作用。从国家层面来看，"三下乡"社会实践活动是社会主义核心价值观的培育和践行；从高校层面来看，"三下乡"社会实践活动有利于理论知识的夯实和实践促进理论的优势互补；从个人层面来看，"三下乡"社会实践活动有利于提高大学生综合素质、促进创业就业以及获得健康成长方法。

"三下乡"社会实践活动为乡村振兴提供服务。这里服务的对象自然是乡村，在教育方面，乡村教育一直以来是振兴乡村的重要内容，乡村的孩子通过参与社会实践而获得的知识，能够让他们思维得到锻炼、思路得到扩展，这无疑是对农村教育人才匮乏状况的雪中送炭。同时，乡村农民也受益匪浅，通过"三下乡"社会实践活动给农民传授、讲述先进的科技知识，协助农民利用科技进行生产，能够帮助减轻国家科技投入农村建设的压力，以此促进农村的经济发展。在文化方面，大学生在实践过程中，为农民传授法律知识，引导农民知法、懂法、守法，教育农民中国是依法治国的国家，要用法律解决纠纷、捍卫权利，增强农民的法治思维。通过知识的传授，有利于丰富农民的精神文化生活、破除农村的封建迷信陋习，传播先进的社会主义文明，协助培养新型农民，

---

① 中国社会科学院语言研究所词典编辑室. 现代汉语词典［M］. 北京：商务印书馆，2005：419.

建设社会主义新农村。在政治方面，国家政治的"惠民惠农"政策是以农村为中心，以服务人民的利益为核心的。推广最新、最利于农村建设和农民利益的政策解读，能够激发农民对了解国家政治生活的热情，这也是大学生为农村服务的一个重点。

为乡村服务的过程，就是大学生自身素质提高的过程。社会为大学生施展才华提供了一个大舞台，通过自己的知识传播，帮助农民了解国家、热爱国家。这不仅激发大学生的责任感，还可能会使大学生萌生毕业后来农村创业、做村干部的想法，为中国农村的建设注入新鲜的血液。同时，大学生在实践中了解农村建设过程中遇到的困境，通过与农民做深度交流，让农民认清形势，勇于创新形式，敢做敢试，探索解决现有问题的出路和未来发展的方向，帮助贫困地区走向致富之路。此外，"三下乡"社会实践有许多纪实、感悟和服务剪影，参加"三下乡"社会实践的大学生们走进山村里，走向麦田里，在石头堆砌的教室里，倾听留守老人的声音，探访自闭症的孩子们，用行动为老人、为孩子撑起一片希望的蓝天，因为这些青年大学生，"三下乡"更显靓丽和青春。参与"三下乡"的大学生说，"'三下乡'的时光是美好的，在社会实践的过程中，有太多感慨、快乐、成长……""当服务对象深情地握着我们的手的时候，荣耀、自豪、责任、使命、担当……一切文字的状语都感受到了现实的炯炯力量。""今年夏天，我们正值青春，我们从'山中来，要到山中去'""我们'但行好事，莫问前程'"……

（三）内涵丰富——"三下乡"社会实践的现状

在"中国知网"上以"三下乡社会实践"为主题搜索，截至 2019 年 10 月底共有 283 篇文章，如图 1 所示。

如图所示，其中以"社会实践活动"为主题的文章有 182 篇，占比30.64%，"三下乡"主题 106 篇，占比 17.85%，"三下乡活动"主题 80 篇，占比 13.47%。目前学术界对于"三下乡"大学生社会实践研究的范围主要有社会实践活动、"三下乡"活动、新农村建设、"三下乡"社会实践、当代大学生、实效性、大学生思想政治教育、思想政治教育、实践育人、志愿服务、暑期社会实践、大学生志愿者、大中专学生、精准扶贫、综合素质等方面的内容。可见，对于"三下乡"社会实践活动的研究，其涵盖的内容十分丰富，设计面广，参与度强。

"三下乡"社会实践活动在高等教育中具有特殊的教育功能，有其不可替代的作用。社会实践是提高大学生人文素质的主阵地，是课堂教学的延伸和走向社会的过渡桥梁，是高校培养和提高大学生实际动手能力的重要手段。它是大学生发挥主观能动性、运用专业知识，走出校园、走进社会、理论联系实际的

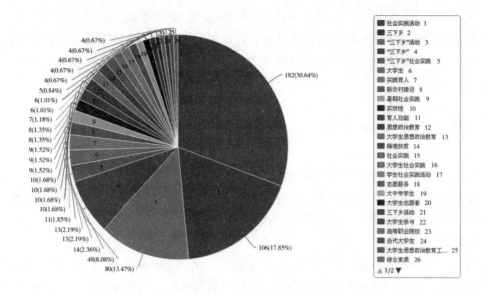

**图1　文献库"三下乡社会实践"主题搜索分布图**

活动过程，也是大学生根据自身的优势或知识储备，深入社会、服务国家、发挥主观能动性的活动过程，更是大学生有目标、有计划的面向社会、深入社会、认识国情、积累经验、增长见识的有效途径。对于国家而言，"三下乡"社会实践是学生了解社会、走进社会、理解社会的方式；对于高校而言，"三下乡"社会实践是学生放下课本、走出课堂、联系生活的有效途径；对于学生而言，"三下乡"社会实践是学生增强本领、积攒经验、提高素质、奉献社会的良好渠道。

　　新时代，大学生"三下乡"社会实践活动呈现出新的趋势与发展。第一，社会实践性更为突出。近年来，我国经过产业调整、转型、升级，取得了前所未有的辉煌成绩，"中国制造"的品牌逐渐打响，又进一步向"中国智造"过渡。在此情况之下，我国需要越来越多的高、精、尖技术型人才，这就要求我国高校的人才培养模式需要继续创新调整，要加速培育技能型人才，特别是农业现代化的人才。对于人才需要专业性培养和技术性栽培，大学生"三下乡"社会实践在辅助培养新人才的道路上发挥了巨大作用。第二，实践主体参与面更为广泛。就业问题一直是大学生关注的热点问题，学习专业知识，参与社会实践的目的就是能在日后的就业中更先人一步。"三下乡"社会实践活动，对于校园和社会而言，是桥梁，亦是纽带，学生积极参与，在一定程度上能够关注就业的供需矛盾，促进国家人才培养模式的创新发展。因此，积极地参与到"三下乡"社会实践活动中来，有助于提高综合能力，帮助解决社会就业问题。

第三，农民需求更加多样化。农民是农业现代化的最终推进者和实现者，建设社会主义新农村，实现城乡一体化目标。大学生参与"三下乡"社会实践，是农民学习现代化农业知识的重要渠道，只有不断学习，不断实践，才能最终成为农业现代化的积极推动者。

马克思主义认为，只有人们的社会实践，才是人们对于外界认识的真理性标准。① 诸多学者对大学生"三下乡"社会实践的特点进行了研究与探讨。有从社会实践的流程角度，分析其呈现出主题鲜明、形式多样、组织统一等特点；有从社会实践的活动属性出发，认为当前形势下的大学生"三下乡"社会实践活动具有学校与社会的双重教育属性；也有从"三下乡"社会实践的实践形式着手，认为实践形式具有发散性和时间、空间、社会的多维延续性等新特点；还有从社会实践的活动整体来分析，认为大学生社会实践活动具有全面性、阶段性、创造性等特征。

当前，国内对于"三下乡"社会实践育人方面的研究已经取得了一定成效。从"三下乡"社会实践路径主体来说，随着实践制度的不断优化和完善，实践涉及的内容在不断扩大，实践涉及的层次也在不断升级，从最初的大学本科生逐渐地向硕士、博士、博士后延伸，通过跨院系、跨专业合作，实现了多学科领域的优势互补，增强了实践团队的综合实力。团中央也将大学生社会实践活动作为高校实践育人的主要途径，每年暑期都会结合当年的热点拟定社会实践选题，通过实践选题为全国大学生社会实践活动的开展搭建一个平台，营造一种氛围。各高校结合自身特点和优势与团中央年度重点实践选题进行选题统筹，确定各高校的社会实践选题，并围绕选题设计活动前期的筹备保障阶段、活动中期的开展监督阶段以及归来考评总结阶段的运作流程，有效开展大学生"三下乡"社会实践活动。

## 二、"三下乡"社会实践的内容体系

所谓"体系"，是指若干有关事物或某些意识互相联系而构成的一个整体，② 大学生"三下乡"社会实践的体系是由"三下乡"实践的若干个传统和专项的主题构成的一个整体。传统的"三下乡"主题包罗万象，专项中的"三下乡"又"各有所长"。科学方法常说："科学理论的发现始于问题"，而"选好

---

① 马列原著选读编委会. 马列原著选读 [M]. 苏州：苏州大出版社，2004：318.

② 中国社会科学院语言研究所词典编辑室. 现代汉语词典 [M]. 北京：商务印书馆，2005：1342.

了问题也就解决了一半。""三下乡"社会实践的选题是确定实践任务的首要工作，适切的选题对成功开展"三下乡"社会实践活动可以起到事半功倍的作用，对于整个实践活动的有序开展、科学性、现实意义都具有重要的影响。可以说，一个合适的选题是社会实践活动成功的一半。

（一）包罗万象——传统"三下乡"的主题

大学生"三下乡"社会实践活动已经成为全国社会实践活动的品牌项目，每年的主题都会随着国家政策的变化而变化。2011年"三下乡"的主题确定为"永远跟党走，青春献祖国"，2012年以"青春九十年，报国永争先"为主题，2013年以"实践激扬青春志，奋斗成就中国梦"为主题，2014年以"为祖国勤学修德，以实践明辨笃实"为主题，2015年以"践行'八字真经'·投身'四个全面'"为主题，2016年以"青春建功十三五，携手共筑中国梦"为主题，2017年以"喜迎十九大，青春建新功"为主题，2018年以"青春大学习，奋斗新时代"为主题，2019年以"青春心向党·建功新时代"为主题。每年都会组织学生开展政策宣讲、法律咨询、教育帮扶、科技支农、医疗卫生、生态资源保护、爱心捐助等实践服务，目的是促进国家建设发展，提高学生的综合能力。

一方面，"三下乡"社会实践选题的方向决定实践目标。"三下乡"社会实践是大学生认识社会现象的活动，这种活动总是为着认识或回答待定的问题，服从于一定的实践目的。一个科学合理的"三下乡"社会实践选题对实践活动具有整体统筹的意义。例如，确定了传统"三下乡"或者专项"三下乡"的选题之后，随之就要确定社会实践的活动地点、团队规模、实践形式等，并做出实践活动效果的合理预测。社会实践活动最终想要达到什么目的、实现什么任务、确定怎样的实践对象、形成何种实践成果等，都与之前所做的选题息息相关。开展"三下乡"社会实践活动是沿着发现问题、分析问题、解决问题的思路，进行活动组织与策划的过程，确定"三下乡"传统选题还是专项选题的过程，就是"发现问题"的过程，只有明确了要解决的问题，确定了实践目标，才能开始"分析问题"，继而确定选题的活动目的、方向、内容与规模，展开"三下乡"实践活动的全面部署，并运用社会实践的多种调查手段与网络技术来"解决问题"，以达到"三下乡"社会实践的效果。因此，社会实践选题不只是个"作文标题"或者简单的规定范围，其确定的过程就是初步进行社会实践活动策划的过程，也是大学生主体参与社会实践，将个人与学校、社会紧密联系的过程。另一方面，"三下乡"社会实践选题的内容制约实践过程。"三下乡"社会实践传统选题和专项选题的确定，是设计方案、安排活动进程的基础和前提。选题不同，其实践的活动内容、实践的对象范围、实践的调查方法、实践人员的选择确定、实践团队的规模大小、实践工作的统筹安排都相应不同，其"三下乡"社会实践活动开展的难易程度，关系到社会实践活动项目的策划、开展与实施，尤其是实践成果的价值性、创新性、适用性、先进性、新颖性等也有所不同。

以2019年为例，如图2所示。2019年暑期"三下乡"社会实践活动的主题是"青春心向党·建功新时代"。在这个大主题的背景下，深入贯彻习近平新时代中国特色社会主义思想，党的十九大和十九届二中、三中全会精神，抓住新中国成立70周年和纪念五四运动100周年的契机，为增强"四个意识"、坚定"四个自信"、做到"两个维护"，活动围绕着支农、宣讲、历史成就观察、科技支农帮扶等9个方面，深入田间地头、社区街道、厂矿车间、部队军营，尤其是革命老区、贫困地区、少数民族地区和建设新时代文明实践中心试点地区的乡村开展社会实践活动，包括理论普及宣讲团、历史成就观察团、依法治国宣讲团、科技支农帮扶团、教育关爱服务团、文化艺术服务团、爱心医疗服务团、美丽中国实践团、"彩虹人生"实践团等深入国家各个角落开展形式多样的社会实践活动。

纪念中国青年志愿者行动实施20周年

首页 >> 重要通知 >> 三下乡通知 >> 正文

关于开展2019年全国大中专学生志愿者暑期文化科技卫生"三下乡"社会实践活动的通知

发稿时间：2019-06-11 09:49:00　　来源：中国青年网　　　　　　字号：

各省、自治区、直辖市党委宣传部、文明办、教育厅（教委）、团委、学联，新疆生产建设兵团党委宣传部、文明办、教育局、团委、学联：

为深入学习贯彻习近平新时代中国特色社会主义思想，学习贯彻党的十九大和十九届二中、三中全会精神，引领教育广大青年学生在切实感受新中国成立70周年取得的巨大成就中增强"四个意识"、坚定"四个自信"、做到"两个维护"，在加强志愿服务中增强责任感和使命感，在社会实践中受教育、长才干、作贡献，以实际行动投身打赢脱贫攻坚战，投身乡村振兴战略实施，勇做担当民族复兴大任的时代新人，中央宣传部、中央文明办、教育部、共青团中央、全国学联决定，2019年继续组织开展全国大中专学生志愿者暑期文化科技卫生"三下乡"社会实践活动（以下简称"三下乡"社会实践活动）。现将相关事宜通知如下。

一、活动主题

青春心向党·建功新时代

图2　2019年暑期"三下乡"社会实践活动通知

不难发现，"三下乡"传统主题中都是随着每年热点的变化而变化。习近平总书记对青年殷切期望："要正确认识远大抱负和脚踏实地，珍惜韶华、脚踏实地，把远大抱负落实到实际行动中，让勤奋学习成为青春飞扬的动力，让增长本领成为青春搏击的能量。"国家时刻关注当代大学生的发展，对大学生充满了殷切希望，其关注的热点、焦点问题也是国家关注的热点、焦点问题，更是"三下乡"社会实践关注的热点选题。新时代，网络和大众传媒给社会带来了多种多样的信息和知识，现在又出现了"大数据""智能＋""图像化时代"，都增加了人们对热点新闻的关注和关心，人们也在经历着一系列"变革"，语言交流从单一文字到图像化、3D化，网络已经影响到生活的方方面面，学习不再是死记硬背，可以借助很多高科技手段。以大学生所关心的一些焦点问题和热点问题发展方向来看，通过相关文献调查与资料梳理，不难发现大学生们所关心的很多问题，都会随时根据网络的传播变化而发生改变。

（二）各专所长——专项"三下乡"的主题

在"三下乡"传统主题的背景下，还设立了多项专项选题，让不同兴趣爱好的大学生，能都针对自身的优势特点而选择最想要积极参与的专项选题。正所谓"术业有专攻"，在"三下乡"专项选题中，大学生能够充分发挥优势，有针对性地进行锻炼，为社会的发展、伟大中国梦的实现贡献一份青春的力量。以2019年为例，"三下乡"社会实践聚焦学习宣传习近平新时代中国特色社会主义思想、投身打赢脱贫攻坚战、投身乡村振兴战略实施，联合有关单位，重点组织设置了三个专项计划，分别是："青年大学习"行动专项计划、"投身脱贫攻坚"专项计划、"投身乡村振兴"专项计划。其中"青年大学习"行动专项计划特设"习近平新时代中国特色社会主义思想"万场宣讲交流活动、"青年观察家"中华人民共和国成立70周年专项调研活动、"助力新时代文明实践中心"全国大学生暑期社会实践专项活动、"丝路新世界·青春中国梦"全国大学生暑期社会实践等专项行动、"井冈情·中国梦"全国大学生暑期社会实践专项活动、"追寻红色足迹·情系圣地发展"全国大学生延安暑期社会实践专项活动、"情系北大荒·建功新时代"全国大学生暑期社会实践专项活动、"扶贫一线体验行"全国大学生暑期社会实践专项活动等；"投身脱贫攻坚"专项计划特设"深度贫困地区青春行"全国大学生暑期社会实践专项活动、"健康扶贫青春行"全国大学生暑期社会实践专项活动、"推普脱贫攻坚"全国大学生暑期社会实践专项活动、"青春白山行·奋进新时代"全国大学生白山暑期社会实践专项活动、"弘扬右玉精神·争做时代新人"全国大学生右玉暑期社会实践专项活动、"追寻红色足迹·放飞青春梦想"全国大学生灵丘暑期社会实践专项活动等；"投身乡村振兴"专项计划特设"乡村稼穑情·振兴中国梦"全国农科学子聚力乡村振兴暑期社会实践专项活动、村庄规划编制志愿服务活动、"新疆学子百村行"全国大学生暑期社会实践专项活动、青少年禁毒防艾宣传暑期志愿活动、"筑梦新时代·奋斗新征程"全国大学生长治暑期社会实践专项活动、"青春才智助云品"全国大学生昆明暑期社会实践专项活动等。每年暑期开设各项专题活动，选定各个专项主题，能够使"三下乡"社会实践活动更接地气、更具互动性、更具特色性，各高校通过充分发挥人才和资源优势，使青年大学生在活动中坚定理想信念，提升政治素养，传承弘扬优秀文化，开展实地调研，普及科技卫生及相关农业知识，助力脱贫攻坚。

"三下乡"专项选题中所研究的都是积极向上、健康合法、紧密联系学校社会的实际问题。各高校、大学生如何结合实际将专项选题加以贯通，需要从以下两方面着手：一是整合多方资源，确立"三下乡"专项选题具体内容。通过"三下乡"官网发布的专项选题范围，经过分析、选择，并结合各高校的学科优势与环境储备，着眼于提高实践育人的效果，提炼契合自身发展又适应大学生特点的专项选题方向。二是利用各种教学形式，把握学生思想动态。首先，开设专题讲座。针对学生不同时期的思想状况，结合社会热点与形势政策，开设专题讲座为学生答疑解惑。其次，组织座谈会。以 H 大学为例，其指导大学生建立的"中国特色社会主义理论体系研究会"，定期组织座谈会进行系统理论的学习，加强思想的交流沟通。再次，开展社会调查或教研活动。通过组织学生参加理论宣讲、实地考察、社会公益等活动，利用学生参与各种活动的教学形式，从理论和实践的结合上把握当代大学生的所思所想。最后，发挥朋辈引导作用。高校辅导员及思想政治课老师要加强课后辅导与沟通，发挥朋辈的引导作用，帮助学生合理解决生活和学习等各方面的困扰，端正对事物的正确认识和处事态度。基于以上确定具体的"三下乡"专项实践选题。

"三下乡"暑期社会实践活动已经成为一种品牌活动，有着相对完善的申请流程和评价体系。"三下乡"官网每年都会发布具体的实践通知，并通过以下系列举措组织全国高校开展"三下乡"大学生社会实践活动。第一，开设实践官网，汇集活动信息。针对全国大学生暑期"三下乡"社会实践活动，团中央专门开设了"三下乡社会实践官网"进行社会实践活动的重要通知发布、各高校社会实践活动的新闻纪实、优秀社会实践团队及个人的榜样典型报道、社会实践 MV 的影像青春汇集、社会实践活动报备流程的梳理、文字、图片、视频等稿件的投稿指南等。例如，2019 年 7 月 17 日至 18 日，山东师范大学"逐梦青春，献礼华诞"暑期社会实践队奔赴山西省平顺县西沟村，开展建国 70 周年主题调研活动。老师与实践队员们一起走进太行山，走进西沟村，走进李顺达、申纪兰等优秀共产党人，感悟西沟人艰苦奋斗的精神，改天换地的气概，领略西沟人发展社会主义的辉煌历程。这次山东师范大学的社会实践活动取得了积极的育人成效和良好的社会反响。第二，表彰优秀团体，树立榜样典型。每年"三下乡"暑期社会实践活动结束之后，团中央都会对其中的优秀团体、优秀个人及优秀成果报告进行表彰，进而为大学生社会实践的发展提供和谐的发展环境，完善大学生社会实践的工作进程。例如，2018 年开展的全国大中专学生志愿者暑"三下乡"社会实践活动经基层申报、省级团委审核推荐、专家评审等环节，最终评选出清华大学团委等 300 个优秀单位、北京化工大学走进内蒙古通辽暑期实践团等 400 个优秀实践团队、北京大学第一医院教学副院长李海潮等 200 名优秀个人。第三，开展专项活动，升级评价体系。2017 年，共青团中央为引领广大青年学生以青春建功的实际行动为党的十九大献礼，开展了"千校千项"社会实践成果的遴选活动。活动期间共收集了 2 万余份的申报材料，经过作品申报、资格筛选、网络投票、专家评审等环节，最终遴选出"最具影响好项目"300 个、"真情实感志愿者"300 名、"深化改革行知录"200 篇以及"下乡情怀好日记"200 篇。该活动充分调动了广大学生参与社会实践的积极性与主动性，发挥了社会实践帮助学生受教育、长才干、做贡献的真实作用。

当前，中国特色社会主义进入了新时代，习近平在庆祝中国共产党成立 95 周年大会上的讲话指出"时代是思想之母，实践是理论之源"①，无论"三下乡"传统主题还是专项主题都是科学合理的社会实践选题，对大学生具有积极地思想引领作用。对于个人而言，有利于学生提升社会实践能力、领会成长成才的实际意义；对于社会而言，支持大学生走进实践基地、走进实践地区，有利于学生深入理解社会；对于国家而言，有利于学生深刻认识国家强化大学生实践能力培养的初衷。通过实践选题，能够将实践活动由感性认识上升到理性认识的高度，使自身能力得到锻炼和提高，进而有针对性地设计方案、组织团队、配置资源，达到"三下乡"大学生社会实践预期的活动效果。

### 三、"三下乡"社会实践的显著特色

"三下乡"社会实践是让青年大学生打破陈规、突破固有的思想范围，走出舒适区去尝试不同领域、不同环境，从而充分发挥主观能动性、提高自身综合素质的一项活动。"三下乡"社会实践活动自开展以来，受到了全社会范围内的广泛好评，其所得赞誉离不开自身的显著特点。我们认为，"三下乡"社会实践具有继承性、创新性、地域性三个显著特点。

---

① 习近平. 在庆祝中国共产党成立 95 周年大会上的讲话［N］. 光明日报，2016 - 07 - 02（2）.

（一）继承性——传承主题

传统"三下乡"的主题虽包罗万象，各个专项"三下乡"的主题各有所长，但不论主题如何变化，都是一脉相承的。每一年的"三下乡"社会实践活动都是为了"围绕中心，服务大局"开展的相关活动，具有继承性，目的都是让广大青年学生投身于中国特色社会主义伟大实践中来，助其成长成才。以2016—2019 年四年间的"三下乡"社会实践主题为例，可以十分直观地看出其继承性。2016 年的主题是"青春建功十三五，携手共筑中国梦"，2017 年的主题是"喜迎十九大，青春建新功"，2018 年的主题是"青春大学习，奋斗新时代"，2019 年的主题是"青春心向党·建功新时代"。从这四年的主题中，我们可以看到一个共同的词汇——"青春"，我们可以看到体现每个年份的时代性的词汇——"十三五""中国梦""十九大""新时代"，我们同样可以看到具有强有力的、极具正能量的词汇——"建功""携手共筑""大学习""奋斗"。不难看出，每一年都在传承着前一年的青春力量，每一年都在继承着时代的任务，每一年都在传递着青年大学生奋斗的接力棒。

中华民族有着悠久的历史文化传统，"继承性"则是"传统"的延续。列宁这样说过："实践高于（理论的）认识，因为它不但具有普遍性的品格，而且还具有直接现实性的品格。"① "三下乡"社会实践选题都是与现实生活紧密相连、具有一定的应用价值，而且具有培养大学生综合能力的作用。"三下乡"实践选题的继承性主要体现在以下两个方面。首先，"三下乡"社会实践继承的选题都具有应用价值。每一个"三下乡"实践选题，无论传统的主题还是专项的主题，都是"值得去做的"，都具有某种价值，这样才能得到实践单位或实践地等相关部门的支持和协助。有的选题来源于社会主义现代化建设事业中急需回答的重大理论和实践问题；有的来源于各个地区、各个行业在工作实践中遇到的理论和现实问题；还有的来自大学生成长过程中与专业学习、思想发展等相关的现实论题。这都是"继承"的延续方向，都能在促进解决社会问题、改善社会管理、提出社会政策等方面发挥一定的效果，都能在加强实践主体认识国情、理解民情、社会现象与社会规律等起到一定的作用，都对大学生自身能力与成长发展有一定的影响。其次，"三下乡"社会实践继承的选题能够锻炼学生分析现实问题的能力。针对不同的实践选题，要考虑到实践主体知识背景和理论能力的不同，抓住自身的特点来选择，以打造锻炼培养的优势。同时，实践主体通过结合自身的专业特长与兴趣爱好，将其与"三下乡"实践选题相挂钩，

---

① 列宁，黑格尔. 列宁全集（第 55 卷）[M]. 北京：人民出版社，1990：183.

发挥特长优势，形成团队成员的优势互补。实践主体从以往的实践选题中找准自身能力的薄弱环节，在实践活动中重点锻炼和培养，真正全面的增长才干，提高综合素质。

（二）创新性——紧贴时代

创新是一个民族进步的灵魂，是一个国家兴旺发达的不竭动力，也是中华民族最深沉的民族禀赋。在激烈的国际竞争中，惟创新者进，惟创新者强，惟创新者胜。①"三下乡"大学生社会实践活动就是要让大学生在实践中不断开拓视野，增长才干；在实践中了解社会，学习新经验，研究新问题。其"创新性"的特点要随着时代的发展而不断更新，打破现有的思维模式，要具有某种新的东西，具有与众不同的地方，提出某种新的思路，研究某种新的见解，利用有限的课堂理论知识在特定的实践环境中去改进或创造新的理论、方法以及路径。

随着时代的发展，"三下乡"社会实践活动不断赋予时代的特色，极具创新性。以 2016—2019 年四年间的"三下乡"社会实践专项活动为例，2016 年，"三下乡"社会实践开设了全国农科学子助力脱贫攻坚专项活动、"红色基因代代传·长征精神永发光"2016 年暑期大学生遵义实践活动、百所共建共育高校学生走进军营实践活动、"丝路新世界·青春中国梦"专项社会实践行动、"井冈情·中国梦"全国大学生暑期实践季专项行动、"新疆学子百村行"专项社会实践活动、"天翼·互联网＋教育"调研计划、大学生社会实践"知行促进计划"、"印象辽宁·梦想中国"专项实践活动。2017 年，"三下乡"社会实践的专项活动在 2016 年的基础上增添了充满时代性的内容，开设了"红色基因代代传·青春喜迎十九大"2017 年暑期大学生遵义实践活动、"印象长白山·筑梦十三五"大学生暑期实践活动、村土地利用规划编制志愿服务活动。2018 年，"三下乡"社会实践的专项活动在继承以往专项活动的基础上，更加详细、更加明确、更具时代特色，共开设了三类专项社会实践活动，分别是"青年大学习"行动专项计划、"助力精准扶贫"专项计划、"服务乡村振兴战略"专项计划，紧跟时代潮流，增设了"习近平新时代中国特色社会主义思想"万场交流活动、大学生政务实习专项社会实践活动、"青年观察家"改革开放 40 周年专项调研活动、"追寻青春足迹·红色筑梦之旅"全国大学生延安实践专项行动、"健康扶贫青春行"全国大学生暑期社会实践专项活动、"推普脱贫攻坚"全国大学生暑期社会实践专项活动、"印象长白山·筑梦新时代"百所高校进白山暑期实践

---

① 习近平在欧美同学会成立 100 周年庆祝大会上的讲话［EB/OL］. 中国共产党新闻网，2013 – 10 – 21.

活动、"筑梦新时代·奋斗新征程"百所高校上党行暑期实践活动、"乡村稼穑情·振兴中国梦"全国农科学子聚力乡村振兴暑期实践专项行动、青少年禁毒防艾宣传暑期志愿服务活动、"'天翼'·互联网＋教育"进乡村大学生暑期社会实践专项活动。2019 年 1 月,"三下乡"官网中创新性地出现了"寒假社会实践",打破了只在暑期进行"三下乡"社会实践活动的固有模式,拓宽了"三下乡"社会实践的时间外延,使活动内容更加丰富,形式更加多样。2019 年 6 月,"三下乡"社会实践在前三年的基础上内容更加丰富、涵盖面更加广泛,开设了"青年大学习"行动专项计划、"投身脱贫攻坚"专项计划、"投身乡村振兴"专项计划共 20 项专项活动。

随着时代的发展,网络以其快捷性、高效性和覆盖面广的特点,已成为人们社会生活中不可缺少的一部分,"三下乡"社会实践活动,经过多年的探索,创新性的利用网络平台吸引了一批又一批的青年大学生投身于社会实践中来,组建的多支主题队伍,创造了一个又一个佳绩,拓展了思想政治教育阵地,发挥了网络的积极作用,展示更多有意义的成果,提升了"三下乡"社会实践的品牌形象和社会影响力,实现了"三下乡"社会实践在发展中创新,在创新中成长的良性循环。

(三)地域性——服务地方

当前,"三下乡"社会实践活动范围已覆盖全国各个省份,"三下乡"社会实践活动除了具有继承性、创新性外,相比于其他类型的大学生社会实践,十分注重与地方的配合,地域性特点显著。正如我们所了解到的那样,青年学生是"三下乡"社会实践的主体,农村乡镇基层是实践活动的对象,服务内容必须结合当地实际。不论在实践活动前还是实践活动后,都与地方有着千丝万缕的关系。实践接收单位肩负起了为大学生"三下乡"提供实践服务平台的重任,实践主体应与地方互相配合,使活动顺利完成。在活动前,应该联系场地,与地方进行沟通交流,做好提前准备;在活动进行中,应该与地方保持及时有效的联系,出现突发问题才能得以有效解决;在活动后,应该与地方加强联系,联结成纽带,确保稳定长久。

近年来,教育系统为了送优质教育下乡,积极开展了"特岗教师""支教活动""免费师范生"等诸多项目。开展这些活动的首要任务就是与实践地形成良好的配合。实践地应配合告知当地的教育状况,及时对接当地的工作人员,这样才能使大学生快速投身当地的教育,开展社会实践活动。在爱心守护方面,"三下乡"开展了诸多爱心活动,例如,"助力孤寡老人""与留守儿童的邂逅"等项目,地方应提供当地的孤寡老人、留守儿童数量及心理状况,合理、安全地安排大学生可以进行的爱心服务活动项目，感受孤寡老人的喜与悲，守护留守儿童的纯洁心灵。在科技、卫生方面，"三下乡"积极送科技下乡、送卫生下乡，常年开展科技宣传工作以及卫生宣传工作，推动地方的科技和医疗卫生事业的发展。实践地点应充分发挥调动作用，组织当地人接受宣传教育，提高其学习的积极性，汲取新知识应用到具体的实践中去。以2018年"井冈情·中国梦"全国大学生暑期实践季专项行动为例，探讨地方配合的重要性。"井冈情·中国梦"专项活动是由团中央学校部和全国青少年井冈山革命传统教育基地管理中心主办的，地点于江西井冈山。在开展这个活动之前，各高校的"三下乡"社会实践团队须与全国青少年井冈山革命传统教育基地管理中心取得联系，确定活动的具体时间、地点和活动安排，青少年基地宣传推广处应做好相关说明，让各高校团队有充足的时间做好准备。与此同时，也要做好沟通，提前说明好费用，如青少年基地期间的食宿、学习培训、教学门票等费用全部由青少年基地承担，往返交通费用由派出实践团队的学校承担等。各高校在活动的整个过程中应与地方形成良好配合，只有这样才能确保活动的顺利完成。

开展"三下乡"社会实践活动，可以采用良好的由点到线及面的推广方式。主要体现有三点：一是"点"要"精"。"点"上活动主要以高校组织为主，在组织中精细策划，在筹划中周密安排。这主要适用于实践主体跨校合作、跨院系参与和影响力较大、费用较高的实践项目，要讲求一个"精"字。二是"线"要"特"。"线"上活动以学院组织为主，统筹规划实践选题及项目时，要与院系专业和学科优势相结合。这主要适用于有一定难度的集体项目，例如，各系的实践小分队、社会志愿服务等，结合地方特色，要讲求一个"特"字。三是"面"要"广"。"面"上活动是以全体学生积极参加社会实践为主，在高校开展社会实践时，不仅要抓好学生骨干，抓好活动重点，更重要的是要积极动员每一个学生都能结合自身的特长与兴趣参与社会实践活动，以骨干带动多数，以点带面，扩大社会实践活动的参与面，使每一位学生都能在社会实践中增长才干，施展能力，受到教育。"三下乡"社会实践是大学生在改革实践中走向社会的历练环节，也是教育与实践相结合的具体体现。当今社会的竞争是人才素质的竞争，随着人才被推向市场，大学生的自我优越感将逐渐消失，发展方向更加迷茫。因此，适应新时代的要求，不仅要具备丰富的专业知识和高超的业务水平，更要不断强化实践能力，提高综合素质。通过"三下乡"社会实践活动，能够帮助大学生树立正确的世界观、人生观、价值观，让大学生在社会实践中消化理论知识、增长自身能力，在服务社会的同时深刻体会到要做一个有理想、有追求、有担当、有作为、有品质、有修养的社会青年。

第二辑

**02**

# 事预则立

—— "三下乡" 社会实践的酝酿筹划

第三章

# "三下乡"社会实践的选题考量

社会实践选题是开展大学生社会实践活动的第一步，也是决定社会实践顺利开展的关键环节。能否确定一个可行性高、吸引力强、创新性明确的实践选题，直接影响大学生社会实践活动项目的策划、开展及实施，进而关系到社会实践育人根本宗旨的实现。基于前文总结梳理的大学生社会实践的体系、发展、意义以及"三下乡"社会实践的发展、体系和特点，本章节我们再深入探析"三下乡"社会实践的选题问题，以期做好大学生"三下乡"社会实践的准备工作。

大学生"三下乡"社会实践活动的选题主要依托于传统团队选题和专项团队选题这两个主要形式，那么"三下乡"社会实践活动的选题来源有哪些渠道？选题立项的基本原则是什么？选题立项的主要步骤有哪些？选题立项需要注意什么？选题立项的评价标准又是什么？选题立项中常被忽略的问题又有哪些呢？带着问题出发，有助于我们更好地理解"三下乡"社会实践的选题。

## 一、传统团队选题

在大学生"三下乡"社会实践的选题中，传统团队选题是十分重要的选题形式，在传统团队选题中，一般包含文件学习、已知实践项目、社会热点、学科特长、自我发展需求和社会资源的利用等六个选题渠道来源。

（一）领悟政策——研读社会实践文件

每年的暑期前夕，即五月、六月左右，中宣部、中央文明办、教育部、团中央、全国学联都会联合下发"三下乡"社会实践的活动通知。这里的文件主要有三个获得渠道。

第一个获得渠道是官网发通知。作为高校和大学生，可以通过登录"三下乡"的官方网站来获得活动通知。当前，"三下乡"的官网主要分为"新闻纪实""榜样人物""影像青春""团队大本营""标识系统""专项计划""团队报备""投稿指南"和"重要通知"这几个栏目。在网页的最上方还有每年的

"全国大中专暑期'三下乡'"的活动通知专栏，方便我们点击查询当年的"三下乡"社会实践动态，在"重要通知"中提供所有关于"三下乡"重点实践选题还有专项实践选题的通知文件，如表 1 所示。

**表 1　近 6 年关于"三下乡"社会实践的活动通知**

| 时间 | 文件名称 | 活动主题 |
|------|---------|---------|
| 2019 – 06 – 11 | 关于开展 2019 年全国大中专学生志愿者暑期文化科技卫生"三下乡"社会实践活动的通知 | 青春心向党·建功新时代 |
| 2018 – 06 – 08 | 关于开展 2018 年全国大中专学生志愿者暑期文化科技卫生"三下乡"社会实践活动的通知 | 青春大学习·奋斗新时代 |
| 2017 – 07 – 31 | 关于开展 2017 年全国大中专学生志愿者暑期文化科技卫生"三下乡"社会实践活动的通知 | 喜迎十九大·青春建新功 |
| 2016 – 05 – 31 | 关于开展 2016 年全国大中专学生志愿者暑期文化科技卫生"三下乡"社会实践活动的通知 | 青春建功十三五·携手共筑中国梦 |
| 2015 – 06 – 24 | 关于开展 2015 年全国大中专学生志愿者暑期文化科技卫生"三下乡"社会实践活动的通知 | 践行"八字真经"·投身"四个全面" |
| 2014 – 06 – 08 | 2014 年全国大中专学志愿者暑期文化科技卫生"三下乡"社会实践活动通知 | 为祖国勤学修德·以实践明辨笃实 |

表 1 所呈现的是 2014—2019 年"三下乡"官网"重要通知"栏目中有关每年传统团队社会实践活动的通知文件，我们可以看出，每年的活动主题是随着国家政策的变化因势而变的，从"八字真经"到"建功十三五"再到"建功新时代"，每年的传统主题都彰显着国家政策的大势，呼吁全国大学生践行文件政策，组建社会实践团队，积极响应党的政策号召，为祖国、为社会、为学校贡献出自己的青春力量。

第二个渠道是关注"学校共青团"官方微信公众号来获取相关通知。"学校共青团"曾用名是"团中央学校部"，工作人员会及时推送最新的"三下乡"

社会实践活动和专项实践活动的通知，供大家结合各自学校的特色优势、学生的学科背景、爱好兴趣点来进行自由自主选择。

第三个获得渠道是各省级团委学校部发送通知。根据"三下乡"官网、"学校共青团"官微还有国家的政策文件，各省级团委学校部会结合各省的特色优势和各高校的实际情况，向省内的高校团委及时发布"三下乡"社会实践选题，对全省的实践活动进行部署安排，细化实践课题，确定自身的重点社会实践项目。

（二）注重传承——深拓已有实践项目

"三下乡"社会实践传统团队的选题有多种来源与途径，如现实社会生活、课堂理论发展、个人特定经历、文献资料研究、兴趣专业特长以及已有的实践项目成果等，都是社会实践选题的主要来源。恩格斯强调从事实践活动是能力发展的基本途径。参与社会实践活动，比课堂知识理论更容易施展大学生的能力，对于大学生的综合素质提升和创造力的培养具有巨大作用。

中华民族有着优秀继承传统的美德，各个高校在响应全国"三下乡"社会实践活动的同时，可以根据各高校已经开展过的，或者持续开展的已有的社会实践项目接续开展。已有的社会实践项目有相对优势，一方面是主题明确。在已有的社会实践项目中，因为有明确的主题，对于选题的内容和方向就会有足够的把握，在操作上更容易开展和进行，在具体的工作量上也会相对轻松。另一方面是研究深入。在已有的实践项目上，更容易寻找到新的创新点，并进行更深入、细致地研究，使组织单位和实践个体能够在实践活动过程中深入研究，实践成果更有所收获。在这过程中，能够促进选题研究的创新性，培养大学生分析问题、解决问题的独立性，以及挖掘自身的潜力，在前人的基础上获得更好、更新、更棒的实践成果。

（三）切合热点——探察当下社会热点

"热点"是每个时代不同阶段、不同时间，面对社会产生的主要矛盾与人们生活需求的变化，而产生的与人民生活密切相关的问题。习近平总书记对青年殷切期望："要正确认识远大抱负和脚踏实地，珍惜韶华、脚踏实地，把远大抱负落实到实际行动中，让勤奋学习成为青春飞扬的动力，让增长本领成为青春搏击的能量。"① 国家时刻关注当代大学生的发展，对大学生充满了殷切希望，其关注的热点、焦点问题也是社会关注的热点、焦点问题。

对于大学生"三下乡"社会实践选题而言，当下的社会实践"热点"也是

---

① 习近平在全国高校思想政治工作会议上的讲话［EB/OL］. 新华网，2016－12－08.

来源于大学生关注的热点问题。它有以下几个特点：第一，具有时代性，任何阶段都有相应的时代特征，都会出现相应的社会热点问题，大学生关注的热点、焦点问题会随着时间的变化而不断更新。第二，具有普遍性，"热点"之所以"热"，是因为受到了高度关注，得到了群众的广泛点评。第三，具有动态性，时代在不断地更新和变化，不同的时间以及同一个时代的不同阶段，社会产生的主要矛盾和人们的生活需求也有较大差别，人们重视的问题不同，其关注的社会热点问题也不同。第四，具有典型性，为什么社会热点问题能吸引人们的注意力，是因为它通常可以反映社会矛盾以及人们当前的现实需求。第五，具有复杂性，涉及大学生关注的热点、焦点问题的方面越来越广，制约的因素也越来越多，问题经常从冲突中产生，所以解决方案也是复杂的。

综上，大学生普遍关注的热点、焦点问题与社会生活的方方面面都紧密相连，呈现着时代性、普遍性、动态性及典型性的特点。它改变着大学生的思想观念，对其产生深远的影响。这种影响分为直接影响和间接的影响。直接影响是指大学生在经历"三下乡"社会实践的选题、策划、参与、撰写报告后，得到一定锻炼，并获得一些实践经验，最终形成一个自身对社会的认知态度。间接影响是指大学生在参与"三下乡"社会实践活动中，亲身感受社会的情绪并受社会情绪的影响，从而使自己对社会有进一步的认识。因而"三下乡"社会实践传统团队的选题从大学生关注的"热点焦点"中来，帮助解决大学生在学习和生活中遇到的困惑与迷茫，"热点焦点"又为社会实践选题指引方向，帮助社会实践的研究更具有现实意义，从而全面提升大学生的综合素质，培养社会主义的建设者和接班人。

（四）立足专业——发挥不同学科特长

在"三下乡"社会实践传统团队的选题中，结合学校的学科优势、专业特色和实践主体的兴趣爱好与特长是比较直接和有效的入手点。

1. 结合学校的学科优势与专业特色

这是"三下乡"社会实践传统团队选题的重要来源之一。首先，结合学科优势的选题，社会实践形式十分广泛。例如，可以通过学习参观将书本理论知识转化为感性认识，也可以通过开展科技发明、专业服务等形式将所学知识与技能加以应用与实践，让学生在实践中求知，在实践中解惑。其次，结合专业特色的选题，开展起来相对灵活多变。"三下乡"社会实践选题考虑到各个学校的学科优势与专业特色，选题相对宽泛，更加易于选择，各高校可以灵活根据学生在不同阶段的专业课程、学习环境及实践地点合理安排社会实践的具体选题方向。诸如各高校针对刚入学的大学生来说，可以多注重团队合作精神的培养、艰苦奋斗、热爱劳动、无私奉献品格的塑造。再如，针对外语专业的学生，实践项目的选择要更具有国际化视野，在实践中锻炼外语的沟通能力，在实践中传播中国文化，做好中西文化交流的实践桥梁；针对计算机专业的学生，实践选题要更突显现代性与科学性，要充分利用大数据等有效手段，助力社会实践活动更加规范与精准。针对美术专业的学生，在走访实践基地、宣传实践海报、举办参观展览时，用自己的专业特长，通过手绘设计宣传海报与绘制宣传标语；在参与社区理论宣讲时，可以绘画墙报，以报道宣传实践活动的重点、热点与焦点问题等。结合学校的学科优势与专业特色，有利于塑造高校社会实践团队的"独一无二"特性，如果社会实践成果良好，进而形成"品牌效应"，有利于调动学生对专业的学习兴趣，激发其参与社会实践的热情，提高社会实践的活动效果。

2. 结合实践主体的兴趣爱好与特长

尊重实践主体的兴趣与特点，也是"三下乡"社会实践传统团队选题的重要来源之一。只有实践主体拥有对实践选题的热情与爱好，才能保证其在实践过程中享受社会实践带来的快乐和动力。兴趣是最好的老师，一个感兴趣的题目能够带给大学生无尽的能量和源源不断的动力。一方面，兴趣是提高实践主体参与实践选题的热情保障，爱好是帮助实践主体完成实践报告的质量保证。什么是兴趣呢？兴趣是一种向往的心情，而且是一种带有情绪色彩的向往心情，是大学生在认识实践选题或者爱好某个实践选题的心理倾向，是大学生优先注意的有趣的实践选题，并为之积极地探索和选择。参与"三下乡"社会实践活动，尤其是团队参与，对于大学生而言是一项艰巨又复杂的活动，从前期活动的策划准备、到中期活动的亲身体验、再到后期成果的理论撰写，前前后后需要耗费大量的时间和精力。如果大学生对社会实践的选题不感兴趣，就会失去在实践过程中的乐趣，一味地被动地接受任务，吸引力、责任心的缺乏会导致实践质量的下降，从而影响社会实践活动的研究成果和实践效果。正如"学生的实践过程是智力因素与非智力因素交互作用、真理和价值相互融合的过程，在这种'体知合一'的环境中获得的知识总是感同身受的，甚至是刻骨铭心的。"① 因此，"三下乡"传统实践团队在设立选题项目时，应该充分考虑学生的学习兴趣，尊重学生的主体地位，以此来保证社会实践的质量水平，提高实践主体的主观能动性。

---

① 教育部高等学校社会科学发展研究中心. 大学生思想政治教育前沿问题研究 ［M］. 北京：高等教育出版社，2012：19.

### （五）着眼成长——延伸自我发展需求

作为"三下乡"社会实践的传统团队选题，需要提供能够满足各省市高校，包括学科内在需求并能够充分施展发展潜力和满足发展需求的实践项目。于大学生而言，社会实践的选题必须要契合自身情况。在组建"三下乡"传统实践团队时，应该选择来自不同学科背景和各有所长的大学生，以满足优势互补。同时，选题要满足各自的发展需求，只有选择那些能发挥自身特长且有所感、有所得的实践选题，尊重自己的兴趣爱好，这样才能投入激情，发挥能力，以此确保实践选题的现实可行性，保证社会实践活动的效果，提升社会实践报告的质量。

列宁这样说过："实践高于（理论的）认识，因为它不但具有普遍性的品格，而且还具有直接现实性的品格。"① 实践具有直接现实性的特点，在组建社会实践团队时，也应遵守"现实性"原则，在进行社会实践选题时，更应找到能够将理论与实际紧密结合、具有实用价值和现实意义的题目。要注意以下三个方面：一是社会实践的选题必须具有应用价值。"三下乡"社会实践的选题都具有现实意义，但高校和大学生应该根据其实际用途和实用价值来选择符合自身发展需要的社会实践选题。换句话说，选题至少是"值得去做的"，一定要具有某种价值，这样才能得到实践单位或实践地等相关部门的支持和协助，这样才能将实践选题形成某一具体的实践成果，能够解决某一具体的需求或者问题，为相关部门献计献策。二是社会实践的选题能够锻炼大学生分析现实问题的能力。因为每个大学生的知识背景和理论能力都不同，其自身的专业特长和兴趣爱好也不同，之所以"三下乡"社会实践传统团队的选题考虑到"自我需求发展的实践"选题项目，就是希望大学生通过选题的过程，将自身的专业特长、兴趣爱好与实践选题相挂钩，以此锻炼自己分析现实问题和做出最优选择的能力，这样不仅有利于在实践中发挥特长优势，从而使团队成员的优势互补，大学生还能在实践选题时找准自身能力的薄弱环节，在实践活动中重点锻炼和培养，有利于真正全面地增长才干，提高综合素质。值得一提的是，在"三下乡"社会实践传统团队的选题中，在考虑选择"满足内需"和实现"自我发展需求"的实践项目时，大学生不仅要考虑自身的知识积累、实践经验、综合素养、经济状况、兴趣特长等主观因素，除此之外还要充分考虑到性别、年龄、语言、体能及身体健康状况等生理因素方面的限制。

---

① 列宁，黑格尔. 列宁全集（第55卷）[M]. 北京：人民出版社，1990：183.

### （六）巧借"东风"——善用已有社会资源

社会是"三下乡"大学生社会实践的"大熔炉"。设立社会实践选题的地域范围十分广泛，从乡村到街道，从社会到军营，从厂矿到山区，从少数民族地区到革命老区、贫困地区等，不同的实践地点需要不同的社会资源的整合。想要使社会实践顺利开展，"现有社会资源的利用"是"三下乡"传统实践团队选题的重要参考要素之一。以2018年暑期"三下乡"社会实践活动为例，活动涉及了理论普及宣讲、国情社情观察、科技支农帮扶等9个方面，组建3000支全国重点团队。留守儿童、敬老助残、环境治理、环保知识普及、文化普及、艺术创作、农村治理、理论宣讲、法治教育等各个方面，每一领域都需要实践地点的资源整合，要重点考虑三个方面主体的要素：一是实践地点的现有特色资源，如有无社会实践基地等；二是实践高校的合作实践单位，利用以往的院校合作的实践地点和资源，更加深入系统地开展社会实践；三是大学生个人的家乡资源，大学生来自五湖四海，各自的家乡特色和资源不同。只有充分考量社会、高校、学生的资源，做好实践地点的环境储备和资源整合，才能确保"三下乡"社会实践选题活动的顺利开展，提高实践育人的效果。

因此，选题要善于利用资源，需要通过以下四个方面做到节约与高效。第一个方面是要以专业与基础知识、实践与综合能力、实践主体的优点与特点等为内容充分估计实践选题的主观条件。第二个方面要考虑的是以学识水平与实践经验、生活经历与综合素养、操作技术与组织能力等为内容量力而行，客观剖析自己的分析问题与解决问题的能力。第三个方面是实践选题要充分结合实践主体的兴趣爱好与特长专长。最后一个方面是把握实践选题的大小要适度。选题要从大处着眼，小处着手，不能"大事做不来，小事又不做"。一般来说从可行性原则出发，如果要完成一篇内容充实、角度新颖、价值较高的社会实践报告，选题宜小不宜大，宜窄不宜宽。综上，社会实践选题的确定是一个比较复杂、有多重困难的过程，实践主体要充分做好工作和心理准备，在遇到问题的过程中，实践团队组织者应结合实践活动的需要，充分整合可利用资源，发挥团队整体及个人的地缘、业缘、亲缘等优势，通过灵活多样的方式寻找活动可利用的资源，① 并妥善进行活动各个事务性环节的沟通预约，以确保实践活动的顺利进行。

---

① 徐国峰，于兴业. 大学生社会实践理论与应用［M］. 北京：中国农业出版社，2014：218.

### 二、专项团队选题

在大学生"三下乡"社会实践的选题中，专项团队选题也是十分重要的选题形式，在专项团队选题中，也要对有关"三下乡"社会实践专项活动通知文件进行部署，确定实践地域，细化选定选题。

#### （一）自我认知——把扣文件精髓

每年的"三下乡"社会实践活动通知，都会在同一活动主题下进行总体安排，并在全国重点团队基础上，设立系列专项活动计划，全方位调动高校组织学生投身社会实践活动的积极性，推动广大学生主动踊跃地多样选择自己感兴趣的社会实践题目，以此掀起全国参与社会实践的热情，推动全国大学生社会实践活动的有序开展。每年的专项社会实践活动选题内容都涉及广泛，宣讲、实习、调研、考察等形式多样，分为若干个专项主题，不断使专项实践活动独具针对性和渗透力。以 2018 年的专项团队实践活动选题为例，如表 2 所示：

**表 2　2018 年关于"三下乡"社会实践专项活动总结**

| 时间 | 文件名称 | 主题 | 专项活动 |
|---|---|---|---|
| 2018 - 06 - 28 | 关于开展"青春致昆明筑梦新时代"全国大学生暑期昆明实践专项行动的通知 | 青春致昆明·筑梦新时代 | 青春理想篇（2个） |
| | | | 青春活力篇（4个） |
| | | | 青春奋斗篇（2个） |
| 2018 - 06 - 08 | 关于开展 2018 年全国大中专学生志愿者暑期文化科技卫生"三下乡"社会实践活动的通知 | 青春大学习·奋斗新时代 | "青年大学习"行动专项计划（6个） |
| | | | "助力精准扶贫"专项计划（4个专项行动） |
| | | | "服务乡村振兴战略"专项计划（6个） |
| 2018 - 06 - 01 | 关于开展 2018 年"丝路新世界·青春中国梦"全国大学生暑期社会实践专项行动的事项安排 | 丝路新世界·青春中国梦 | "一带一路""丝路新贸""中国形象""小微企业投资融资"、乡村振兴等主题调研和各高校特色"一带一路"实践 |

| 时间 | 文件名称 | 主题 | 专项活动 |
|---|---|---|---|
| 2018－06－01 | 关于开展 2018 年"井冈情·中国梦"全国大学生暑期实践季专项行动的事项安排 | 井冈情·中国梦 | 党史学习、红色教育和素质拓展等 |
| 2018－06－01 | 关于开展 2018 年"追寻青春足迹·红色筑梦之旅"全国大学生延安实践专项行动的事项安排 | 追寻青春足迹·红色筑梦之旅 | 延安精神、理想信念、老区经济发展、乡村振兴、民生公益、创新创业、农村文化精品 |
| 2018－06－01 | 关于开展 2018 年"健康扶贫青春行"全国大学生暑期社会实践专项活动的事项安排 | 健康扶贫青春行 | 医疗现状调研、政策宣讲、知识普及、健康管理、特殊关爱及医疗扶持等实践活动 |
| 2018－06－01 | 关于开展 2018 年"推普脱贫攻坚"全国大学生暑期社会实践专项活动的事项安排 | 推普脱贫攻坚 | 宣教活动及调查研究，帮助约 5 万名中西部地区，特别是三区三州的青壮年和少数民族学生提升普通话水平 |
| 2018－06－01 | 关于开展 2018 年"印象长白山·筑梦新时代"百所高校进白山暑期实践活动的事项安排 | 印象长白山·筑梦新时代 | 青春文化行、交流行、创客行、创意行、志愿行、体验行等 12 个活动项目 |
| 2018－06－01 | 关于开展 2018 年"乡村稼穑情·振兴中国梦"全国农科学子聚力乡村振兴暑期实践专项行动的事项安排 | 乡村稼穑情·振兴中国梦 | 城乡融合、共同富裕、质量兴农、绿色发展、文化兴盛、乡村善治、精准扶贫等 7 个活动专题 |
| 2018－06－01 | 关于开展 2018 年"新疆学子百村行"大学生暑期社会实践专项活动的事项安排 | 践行新思想 拥抱新时代 | 团队实践个人实践（红领巾双语小课堂、助力"访惠聚"社会实践、"新时代 新气象 新作为"大学习） |

| 时间 | 文件名称 | 主题 | 专项活动 |
| --- | --- | --- | --- |
| 2018－06－01 | 关于开展2018年"'天翼'互联网＋教育"进乡村大学生暑期社会实践专项活动的事项安排 | "'天翼'互联网＋教育"进乡村 | 选拔100支"互联网＋教育"宣传志愿团队，分别前往全国28个省108个地点开展"互联网＋教育"暑期社会实践活动 |

如表2所示，2018年，专项实践活动的核心在于学习宣传习近平新时代中国特色社会主义思想、精准扶贫和服务乡村振兴战略上，在"青年大学习·奋斗新时代"的活动主题下，共计划了"青年大学习""助力精准扶贫"和"服务乡村振兴战略"共计16个子专项行动，内容涵盖"习近平新时代中国特色社会主义思想"万场宣讲、大学生政务实习、"青年观察家"改革开放40周年、"丝路新世界·青春中国梦""井冈情·中国梦""追寻青春足迹·红色筑梦之旅""健康扶贫青春行""推普脱贫攻坚""印象长白山·筑梦新时代""筑梦新时代·奋斗新征程""新疆学子百村行"等专项活动主题。实践地点遍及综合类、师范类和理工类院校，党政机关，企事业单位，贫困县，禁毒基地等，组织大学生去"一带一路"沿线地区、延安革命老区、井冈山革命传统教育基地、长白山革命传统教育基地、山西长治示范区、新疆基层等地，全面深入多方面地了解我国的国情和社会发展，最后评选出全国300多个优秀单位及400个优秀实践团队和200名优秀个人。2017年，共青团中央为引领广大青年学生以青春建功的实际行动为党的十九大献礼，开展了"千校千项"社会实践成果的遴选活动。活动期间共收集到了2万余份的申报材料，经过作品申报、资格筛选、网络投票、专家评审等环节，最终遴选出"最具影响好项目"300个、"真情实感志愿者"300名、"深化改革行知录"200篇以及"下乡情怀好日记"200篇。该活动充分调动了广大学生参与社会实践的积极性与主动性，发挥了社会实践帮助学生受教育、长才干、做贡献的真实作用。

综上，"三下乡"大学生社会实践专项团队选题是随着每年的时政文件变化而变化的，有助于促进学生了解社会热点和党中央关心的切实主题，帮助学生全面提高理论素养，以此培养担当民族复兴大任的时代新人，培养社会主义的建设者和接班人。

（二）深入细致——明晰实践选题

大学生"三下乡"社会实践专项团队选题确定的过程没有严格的步骤限制，

但也并非没有规律可循，共有三个步骤要点。

步骤一，确定社会实践选题的意向及组织形式。首先，高校作为社会实践活动的组织者，大学生、教师作为社会实践的主体与次主体，可根据"三下乡"社会实践专项活动选题选择出 1~3 个备选实践选题。其次，结合备选实践选题的特点展开思考：是否有前人进行过该选题的实践活动？如果有开展过类似的实践选题活动，其取得过哪些实践成果？计划开展的实践选题地点的气候、民风、地理等是否有特别之处？会不会阻碍实践活动的开展等一系列问题，并根据这些问题与相关教师交流，调整备选的实践选题。最后，根据备选实践选题的活动目标、活动方向和活动任务来确定实践活动的最终组织形式。专项团队实践可以群策群力，在合作中提升个人能力。

步骤二，确定实践选题的内容类型。其一，以备选的实践选题及组织形式为基础，跨院系的实践团队要向全校招募实践队员，跨校联合的实践团队要联系合作院校招募实践队员，并遴选实践活动的总领队及执行领队。其二，从备选的实践选题中确定最终的实践选题，并拓展实践活动的具体内容。在这里特殊说明的是，专项团队实践招募人员时，要根据实践选题的内容类型来招募具有不同专业背景、知识能力的实践团队队员。其三，围绕社会实践选题设计实践活动的主要目标、实践地点、实践内容、实践流程、实践资源、经费预算、实践成果等具体工作，同时要考虑到该选题设计下主客观条件的不足与缺陷，并寻求解决问题的对策和方法。

步骤三，制定实践选题的实践方案。完成以上两个步骤，接下来要对专项团队实践选题的可行性进行研究与论证。可行性，也就是社会实践选题要考虑和分析的各种主客观条件，如人力、物力、财力等各方面资源的支持。[①] 换句话说，大学生作为社会实践的主体，其确定的实践选题是否行得通，能否在现有的主客观条件下开展某项社会实践活动。第一，社会实践选题的大小直接影响社会实践活动开展的难易程度。实践选题应该充分考虑到该选题涉及的活动目标、活动内容与活动效果，有些选题范围过大、难度较大且内容复杂，学生不容易把握重点，在实践过程中很难做到细致入微，其研究成果也会空洞肤浅，因此需要社会实践主体丰富的实践经验，也需要其具有较强的分析问题和解决问题的能力。但如果选择简单易操作的选题，便于在能力范围内达到实践活动效果的最优化，同样也可以达到锻炼自身、服务社会的效果。实践选题确定后，通过学校、教师、辅导员和大学生相互交流与沟通，策划具体的实践活动方案，

---

① 冯艾，范冰. 大学生实践导读 [M]. 北京：社会科学文献出版社，2005：198.

对实践选题的筹备情况、选题的实践内容和目标、实践活动开展的进度计划等方面通过书面形式加以规范，完成社会实践申报策划书。专项活动的实践选题方案确定后，要及时联系实践选题所涉及的实践基地或相关部门，做到心中有"数"，即知晓需要多少专业知识储备、需要联系哪些相关单位，明确实践活动涉及的人力、物力等，以确保实践活动可以开展。

（三）有的放矢——慎选实践地点

对于"三下乡"大学生社会实践专项活动的开展，选择最佳的实践地点是一项非常重要的工作。实践地点的选择与实践选题的方向、交通路况、安全情况等都是必须考虑的因素，在开展实践活动之前，需要联系实践单位，征得能否到实践地点开展活动的请求，再组织规划实践活动的细节和完备。实践地域的确定需要注意以下几个方面。

1. 实践地点应与实践选题相契合，以实现实践活动的目标

例如，2018 年以"践行新思想·拥抱新时代"为主题的"新疆学子百村行"大学生暑期社会实践专项活动，其实践地点非常明确，是去新疆以团队和个人实践的方式助力新疆的新气象和新作为。如果高校联系的是西藏、甘肃或者其他省份，显然就无法完成社会实践的内容，纵而会影响社会实践活动的效果和质量。

2. 实践地点应注意交通的便捷与安全

在开展"三下乡"专项社会实践活动时，交通安全是大学生开展社会实践最基本的安全问题。[1] 根据选题确定的社会实践地点，根据当地的交通状况及经费状况，无论选择哪种方式的交通工具，都要提前为学生和实践带队老师买好保险，并做好安全预案，以备在遇到突发情况时紧急处理。在实践过程选择车辆时，一定乘坐运营规范、确保安全的交通工具，切忌乘坐无执照、超载故障的车船。

3. 实践地点应当提前联系，并做好活动调整的准备

"三下乡"专项社会实践活动一定要提前联系实践地点，因为社会实践活动本身就是一个不可预测的、具有偶然性的活动，虽然实践团队可以在方案中做预案风险评估以及不可抗力的预判，但是"计划总没有变化快"，不可预测的因素还是很多的，所以一定要提前联系实践地点，防止实践地点一旦出现意外情况不能接待或者更改活动场所等情况，这样才可以有时间又有心理预设地更改实践活动方案，保证专项实践活动的有序进行。同时，要特别注意实践内容的

---

① 刘晓东．大学生社会实践理论与实务［M］．北京：高等教育出版社，2014：173.

安全性，诸如根据实践选题需要采访特殊人群时，要提前做好采访预约、采访提问大纲等，并进行模拟采访演练，多换位思考，确保采访过程有序进行。

### 4. 实践地点的安全性考量

专项活动的实践选题一定要注意实践地点的安全性。首先，应考虑到实践地点的社会环境和条件限制，例如，室外实践地点是否有危险生物；少数民族地区的社会实践要尊重何种民族风俗等。其次，食宿安全等各种因素的安全系数级别及综合安全程度。例如，住宿上，不住危房，要选择有防火防盗措施的宾馆或居民房；饮食上，不吃"路边摊"，注意南北方口味的差异性等。最后，还要注意食宿周围环境，加强自身和财产的保护意识，发生纠纷要及时报警等。

以上则是"三下乡"社会实践选题关于传统团队选题和专项团队选题的内容，值得一提的是，"三下乡"社会实践选题的来源并没有固定的法则，也不是一成不变的。有些时候，研究者在接受某些信息刺激之后，会突然意识到某个实践选题；有些时候，选择某个实践选题是出于一时的兴趣和冲动。这些想象的存在，都说明兴趣、直觉、灵感、顿悟、机遇等因素在统筹实践选题中有不可忽视的作用。正如贝弗里奇（Beveridge）所说，"大多数题目都是由科学家自己创造出来的""他总是着手处理眼前摆着的问题"。幸运都是青睐那些有准备的人。因此，实践团队要注重训练自己的观察能力，培养遇到预料之外事情的能力，并养成检查机遇提供的每一条线索的习惯。与此同时，要切实发挥政府、高校对"三下乡"社会实践选题的专业性把关作用，使传统团队选题和专项团队选题的选择都具有前沿性、开拓性与挑战性，既能充分发挥社会实践的育人功能，不断拓展学生社会实践的平台和路径，又能为学生参与社会实践创造更多的机会，提供更好的条件。

# 第四章

# "三下乡"社会实践团队的选拔组建

　　"三下乡"社会实践团队的组建是实践活动开展的重要力量。在实践活动开展前期、实践进行中期和实践发展后期，既需要拓宽渠道，利用社会资源来获得外部支持，又需要因项寻教，找到专业对口、经验丰富、灵活创新的指导教师来获得外部支持。与此同时还要注意社会实践团队的内部分工，既要目标一致，形成统一实践共识，还要多元开放，组建涵盖多个专业实践队员，更要协调高效，发挥实践团队个人专长，以此公开选拔重点团队和一般团队，最终自主立项。

### 一、外部支持

### （一）拓宽渠道——巧用社会资源

　　"三下乡"社会实践活动，能够为大学生了解中国国情开启一扇窗口。在大学生参与"三下乡"社会实践的整个过程中，寻找到适宜的外部支持是保障实践过程平稳顺利开展的必要环节，这里的"外部支持"特指的是社会实践期间团队对社会资源的利用情况。总的来说，社会资源的充分利用对社会实践前期、中期、后期都能起到铺垫和可持续性的作用。大学生在参与社会实践的过程中本身存在一定的局限性。例如，对于实践地的相关领域、单位、人员等情况接触较少，有的甚至单单依靠网络查询和资料搜集，缺乏一定的实地考察，因而在社会实践过程中会面临许多未知性和复杂性，这是大学生在"三下乡"社会实践中面临的一个较大的挑战。因此，面对实践过程中的未知与复杂，实践团队应该结合实际，具体问题具体分析，学会充分把握和利用好社会资源的优势，细化来看，主要表现为三个阶段。

　　第一阶段，实践开展前期。这一阶段，实践团队要主动联系实践地的相关单位。一方面，要充分发挥实践联系主体的优势。作为高校教师，可以发挥自身的优势和资源，与相关政府单位、高校和其他单位进行对接；作为已经考察过实践地点的实践队员，由于其对实践地的人文、习俗、对象以及自然风貌等方面较为熟悉，与其沟通交流，有利于社会实践的持续深入。另一方面，要充分调动实践地的社会资源。为保证实践团队在实践活动开展前期对实践地与实践内容进行精确而深入地调研，要充分调动当地资源，提前与相关部门、人员进行沟通与协商，对高校大学生来说，这不仅可以避免"实践无门路、项目无对象"的状况出现，还极大地提高了实践团队的采访调查效率，也在很大程度上压缩了实践活动的行程。总的来说，发挥好实践主体的主观能动性和实践地点的资源优势，这将起到"钥匙扣"的启动作用。

第二阶段，实践进行中期。这是"三下乡"整个实践活动最核心的阶段。我们可以发现，该阶段完成度的高低直接会影响到活动后期实践成果的固化与项目的延续。如果在这一阶段，没有紧紧抓好"社会资源"这条线，大学生"三下乡"社会实践的调研报告可能就会得出形而上学的主观结论。简单来说，调查各方面仅仅停滞于表面，达不到实践的最终目的，继而导致相关数据和内容发生偏差。因此，社会资源的利用显得更为意义深远，实践团队要对实践地点充分了解，利用好社会资源的多元化和精准度，利用好前期协调好的相关单位及领导支持的资源，对社会资源所提供的专业或者相对熟悉地引导，实践地的现实情况就能相对完整地展现出来。对于大学生开展"三下乡"社会实践活动，其作用势必是建设性的，也是十分有利的。

第三阶段，实践发展后期。社会资源的重要性体现在实践的后期阶段。如果说大学生"三下乡"社会实践活动的前期、中期更多体现着"一次性"的特征，即重点考虑一次实践项目与主题的构建与发展，那么社会实践后期则要做到不仅停留在各类实践结束后对不同层面成果的总结与反思，还要在实践过程中归纳出一套适用于"可持续发展"的科学实践模式，以便为以后参加社会实践的大学生提供类似于活动基地、联系点、合作站等"看得见"的平台以及"看不见"的实践经验、技术、方法等。因此，想要整体实现这些实践的效果，就必须再一次考虑社会资源的现实作用，这就需要实践团队与相应单位、人员进行资源的调配与整合，侧重于协调合作，把外部支持中的社会资源进行组合深化。无论是团队带队老师或者某一实践队员，都应该重点考虑把社会资源利用程度最大化，只有这样，才能保障大学生"三下乡"社会实践的常态化、特色化和固有化的延续发展。

（二）因项寻教——选定指导教师

"无师难实践"，这句话明确了在"三下乡"社会实践的整个阶段，有一个专业技能强、知识储备广的领队教师随团（队）指导的重要性。此外，在"三下乡"社会实践中，还要考虑到大学生实践主体本身具有的局限性。当下，高校大学生在进行社会实践前有很多是自己去联系单位，花费很多的精力和时间，缺乏可利用的社会资源。同时大学生本身也存在一定的盲目性和未知性，再加上专业性不到位，此时随团教师对保障社会实践的顺利开展，保障社会实践的规范化和有效化就显得颇为重要。我们了解到，目前大学生"三下乡"社会实践主要由高校各级团委结合自身实际和优势发起，在实践项目中，对于学生来说，依旧存在很多理论或者实践方法层面上的疑惑，这间接表明实践带队教师在整个实践期间中所起到的重要作用。

综上所述，为保证社会实践活动有序进行，指导教师作为实践活动整体规划中的重要一环，其作用和影响是不容忽视的。因此，各社会实践团队均应有指导教师，相关教师需要全程参与大学生"三下乡"社会实践活动。一方面，指导教师需与社会实践团队所选择的实践选题有专业上的联系或由各学院（部）团委（团总支）的教师担任。另一方面，指导教师具有指导、监督、安全管理、经费使用等职能，指导教师和团队负责人要对实践活动负责。因而指导教师的选定就是实践团队面临的一个首要问题和必然前提，关于实践带队教师的选拔原则或者基本思路大致可分为以下几类。

1. 专业对口

"术业有专攻，职业有特征"。我国高校几乎所有的教师都具备类似于课题、项目等研究经验，不同学科的高校教师在相关研究领域都有着自己的理论体系和资深经验，为大学生"三下乡"社会实践活动的开展提供了智力支撑和深化优势。大学生的"三下乡"社会实践活动具有涉及面广、内容丰富、形式多样等特点，出于现实考虑，在选定指导教师时应该基于实践的主题、领域等内容作为参考依据，即至少要保证选定的指导教师对实践选题的具体内涵有过基础的认知或探究，能够在实践的不同阶段起到与之符合的促进作用。浅显来说，就是要遵循实践内容与教师研究专业紧密联系的基本原则。

2. 经验丰富

一般来看，大学生"三下乡"社会实践活动指导教师还应当具有从事多年社会实践活动的经历，即选定实践丰富经验的老师。研究发现，拥有丰富实践经验的指导教师能使实践团队更好、更快、更准地找到调研方向和思路。首先，在实践的准备阶段，具备经验的教师能够很好紧跟社会发展的潮流、大趋势，把控实践主题的确立要求和规划设计。此外，能够指导实践队员对立项后的项目做好充足的功课，安排好大致的行程安排和计划、相关人员的分工和对接，以及其他更为细致的工作准备。其次，在实践期间，具备经验的指导教师常会和团队成员一起前往社会实践目的地，做好出发前和实践过程中的照片拍摄、视频拍摄、对话交流的记录。每天晚上开会进行当日调研的总结，做好团队整理、资料保存和作业分工，制定第二天的具体行程安排等。最后，实践结束后，经验丰富的教师会要求实践队员做好最后结项的成果固化的工作，这其中包括了后期的调研报告、实践论文等材料撰写的指导、评奖评优的流程监督、视频图片的剪辑处理，以及其他相关材料的整理备份。有条件的话，由指导教师召开结项总结或者分享大会，向有关上级组织或者相关单位报送有益成果。

3. 灵活创新

在实践指导教师的选拔中，很多时候更多看重教师的专业知识和工作技能的适宜性，然而二者固然重要，仍需要指导教师具备一个潜在却十分关键的特质，即灵活创新。拥有工作经验和基本理论素养的教师并不代表其就能具备创新思维和创新能力，这不是一个抽象的哲学问题，但却实实在在是一个现实问题。假设指导教师具备创新能力，就能够结合社会背景，通过细致的观察寻找到社会实践活动的突破点和矛盾点，对整个社会实践都有着深远影响，比如，前期可以指导团队完成一份创新而不失内涵、独立却又不孤立的实践项目；中期能够及时根据实际情况调整思路，做到实践活动真正意义上的因时制宜、因地制宜、实事求是、灵活多变；后期能够发现实践不足，提出共性弊端所在，反思实践整个过程的可行性、创新性，并指导团队进行理论与实践初析，为今后实践的开展提供理论依据和创新思维。

## 二、内部分工

### （一）目标一致——统一实践共识

"统一思想、凝聚共识、强化责任"是每个社会实践团队务必要遵循的基本原则，它是教师牵头指导、实践队长带头执行、实践队员配合有效的新局面。思想统一是社会实践有序开展的重要保证，思想不统一，就没有共同目标，没有共同目标，就没有共同理念，继而团队内部无法凝聚共识，缺乏责任共同体，人人都是"单干"，发挥不了整体的作用和全面的效应与力量。因此统一思想共识是大学生"三下乡"社会实践顺利实施的绝对影响因子。我们要密切关注指导教师与队长之间、队长与队员之间、指导教师与队员之间、队员内部之间这四个方面关系的思想动态变化，明确主题、统一价值理念，从统一思想中凝聚共识，从统一思想中强化责任，全面促使实践的顺利完成。细化来看，主要有如下情况。

1. 指导教师与队长之间——通力合作、把握全局

指导教师与队长之间关系的正确处理是影响整个社会实践顺利开展的核心因子，两者之间的和谐关系处理对"三下乡"社会实践项目的全过程具有引导以及全局统筹、层层把关的作用。这就要求指导教师不仅要做好理论指导、经验分享的基本工作，还要及时纠正队长乃至整个团队不成熟的思想与相关不合理的实践行为，从宏观角度将社会实践的全部流程做好总体部署，在诸多细节方面与队长及时做好沟通，同时对相关事项的工作做好查缺补漏。而实践团队队长应当尽量做好指导教师的得力助手，配合好指导教师的任务分配和安排，在大范围内做好团队人员协调与任务布局。实践队长也要在实践开展的过程中多与指导教师沟通交流，共同做好当日的实践总结与次日的工作布置，指导教师要与队长通力合作，密切联系，最大程度上把控好全局的重点，以保障整个社会实践活动达到"有逻辑、有思路、有目标、有结果"的良好循环效果。

2. 队长与队员之间——沟通至上、平等合作

统一实践思想中需要细致了解的第二个关系，即队长与队员之间的关系。在大学生"三下乡"暑期社会实践中，队长与队员应该是接触最多、沟通最密集的关系体。首先，在实践伊始，队长会与队员进行前期的活动准备，包括进行多场筹备培训会、准备各种调研所需要的材料等繁杂工作。在该环节，队长应该明确实践开展的各项事务，同时要与队员齐心协力做好人员的结构搭配，依据队员自身优势和专长的不同做好分工记录，并以此为依据来划分实践任务，将队员合理分组，以便实践的顺利开展。而队员应当配合并接受队长的规划，如遇不同意见，可以召开小组会议，讨论并最终确定人员的任务范围。其次，在实践中期，队长不仅要保证实践项目的及时推进，还要注意队员的安全问题（坚决杜绝队员擅自离队的情况发生），最应该注意的是要维持好队员内部之间、队员与社会之间的关系，而队员应当尽心竭力去完成好相应的任务。队长应该扮演好"领导＋伙伴"的角色，在安全等原则问题上处于绝对领导地位（切记不是随意指挥），队员必须无条件遵守。最后，队长应当对队员做出相应的客观评价以及当天实践情况总结，队员也应当对实践情况提出个人的建议及次日实践开展的建议或意见。

3. 指导教师与队员之间——爱护至上、鱼水交融

第三个关系则指的是指导教师与队员之间的关系，一般来说，这个关系是容易被人忽视的一个共同关系体，诚然，指导教师与实践队员之间关系的得当处理也是保障社会实践项目得以圆满结项的必要条件。在这个环节中，二者的

关系就如同鱼与水的关系，爱护至上，密不可分，交融备至。指导教师不能只注重和队长之间的联系沟通，也应该时刻关注每个团队队员的心理动态，不能脱离队员进行所谓的"有利指导"，必须时刻照顾和了解好队员的情绪与心理活动。更为重要的是，要在整个社会实践过程中做好队员理论的引航者和生活的勤务员。列宁说过"实践高于（理论的）认识，因为它不仅具有普遍性的品格，而且还具有直接现实性的品格。"① 这就要求指导教师要通过自己的实践经历，带领队员们充分感受到社会实践的"直接现实性"，对于部分思想保守、主观臆断的队员，指导教师要耐心引导；对于思想波动、情绪起伏的队员，指导教师要悉心询问并进行深入交谈；对于不善言辞、恐于人际交往的队员，指导教师要多鼓励、多引导与他人交流与合作。与此同时，实践团队的队员们也要多找指导教师沟通，正确看待指导教师的身份和地位，即指导教师不仅是实践开展的指导者，也是生活上的长辈"父母"，更是闲暇时的好伙伴。因此，在社会实践期间，队员间无论出现任何情形、遇到任何麻烦，都要及时报告指导教师，与老师一起共同处理解决。

4. 队员内部之间——和谐互处、团结互助

最后一个重要关系，即队员内部之间的关系。和谐相处、团结互助应该是队员内部关系最重要的两个词汇。在"三下乡"社会实践的整个过程中，队员们每天都在一起生活工作，由于每个人来自不同的地域家庭，从小受到的教育环境有异，处事原则自然不同。因此不管源于任何主客观原因，矛盾摩擦都是在所难免的。那么遇到矛盾该怎么处理呢？要始终记得实践团队是一个整体、一个团队，团队队员之间必须学会包容和尊重他人，学会换位思考，学会求同存异。作为"三下乡"暑期社会实践的实践主体，实践队员更要懂得团结互助的重要性，在社会实践开展的过程中，若遭遇到当地民俗禁忌、自然灾害、人为伤害等不可控或不易控制的因素影响，仅靠指导教师和队长的帮助显然是单薄的，因而只有队员间紧密合作、团结互助，发扬不抛弃、不放弃的精神，整个团队的凝聚力和向心力才会大幅增强、指向一地。只有队员之间树立正确的合作意识、集体意识；只有队员之间懂得互相关心与鼓励；只有队员之间齐心协力，朝着共同的调研目标努力奋进，整个社会实践活动才会硕果累累。

（二）多样开放——涵括不同专业

"众人拾柴火焰高"，同样地，一个团体中需要不同学科、不同视角的思维

---

① 列宁全集（第55卷）[M]. 北京：人民出版社，1990：183.

碰撞，才能激荡出更美丽的火花。在大学生"三下乡"社会实践活动中，由于实践选题本身的多样性，以及实践团队成员自身的特殊性，应该根据实践选题的侧重领域来选择专注相关领域研究的实践队员。然而面对不同实践选题专注领域与侧重点的不同，在社会实践团队成员的选择中，更要注重团队专业涵盖的丰富性和重要性。不同专业的队员，其知识结构不同、研究范畴各异，只有做到"实践对口、问题对药、专业对症"才能最大程度上保障实践结果的科学性与准确性。一方面，可以根据实践项目的主题和内容来限定专业队员，进行队伍结构重组，以成立专门化团队，进行深度挖掘。另一方面，可以从实践团队内部出发，做到一个队伍、多个"专业"，这样可以从不同学科多种角度来总结出不同的特点，促使调研结果更加全面，促使最后的调研报告更具科学性。总体来看，可以根据人文社科类、自然科学类两大类专业为依据，对实践项目与人员进行整合搭配。要始终将二者有机结合，例如，在属性偏向人文社科类的社会实践项目中，人文社科类专业的学生就能充分利用其优势，在研究方面能够借用本学科专业知识优势，使实践报告更加连贯，而自然科学类专业的学生可以通过各类数据量化、数据分析进行比对参照，提供创新方法，扩充实践方法和报告论文的知识面，使其更加科学、准确、合理。

（三）协调高效——发挥主体特长

在组建"三下乡"社会实践团队时，要根据实践活动的需要来确定实践成员，包括负责人的选定、参加人数及人员分工。人数要控制得当，并不是说越多越好，参与实践者都必须承担某一方面的具体任务，分工要明确。另外，各成员承担的任务应与自身的专业、学业所长相结合，以此充分发挥个人专长，这对于实践队伍的顺利开展具有极为重要的意义。总的来说，一个完整的实践团队运作基本会由三个实践主体构成，第一个主体是文字撰稿组（负责包括新闻稿、田野日记、论文、实践报告或提案、会议记录等在内的文稿撰写与整理）；第二个主体是媒体组（负责包括摄影摄像与剪辑、稿件投稿等工作）；第三个主体就是外出勤务组（负责包括实践全阶段与实践地相关对象的联系沟通工作、家长同意书和保险、体检表的签署、汇总、保存工作），以图1所示，会有如下情况，可供参考。

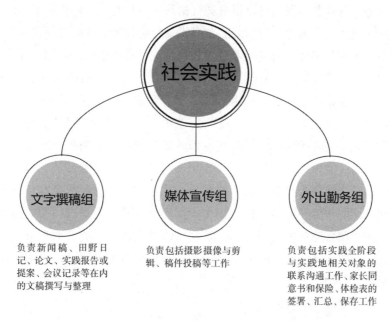

图1　"三下乡"社会实践团队运作的实践主体分工组成

### 三、组建形式

大学生社会实践队伍内部组织规范是"三下乡"实践活动得以顺利开展并取得成功的重要保证。实践队伍组织的关键在于确立实践活动的操作规范。与此同时，成功组队人员、确定实践形式、部署进程安排以及做好安全措施，是实践组织规范构建的重要方面，这四个方面相辅相成，缺一不可。

一个实践课题需要多个专业的知识理论来支撑，在实践队伍的人员组成上也常常呈现出不同专业、不同年级互相交叉的现象。这种取长补短的做法，让活动开展更加顺利、内容更加丰富、成果更具有价值。不同院系的学生共同组成一支实践队伍去完成社会实践活动，会使实践活动成果更上一层楼。而组建形式的多样性也或将直接影响实践项目的调研方向、活动开展以及实践结论。一般来看，我国大学生"三下乡"社会实践团队的组建类型分为重点团队和一般团队。

重点团队。重点团队筛选确立的前期工作大部分是由各高校（院、系）团委实践部门或高校负责学生社会实践工作的相关机构部署完成。各高校从学生自主组建的社会实践团队中评选出主题鲜明、内容详实、可行性强、矛盾点突出、符合政策实际的团队作为当年的重点团队，考核内容主要分为三个步骤。

首先，对各团队社会实践项目申报书进行初筛，符合要求的进入第二轮。其次，各项目申请负责人将面向由校、院团委或相关专业教师组成的考评团进行答辩，考评团将在该环节对各项目进行专业提问和评估，择优选拔。在第三轮考核中，学校、学院两级团委以两支队伍为一个面试小组，对各项目团队成员依次进行面试，该环节主要考察团队队长组织能力、协调能力、责任意识等，并对团队成员进行更进一步地观察了解。完成以上三步骤后，对重点团队进行公示。

一般团队。一般团队的选拔较重点团队而言步骤相对简单。不过这并不代表随意和盲目，必须要强调的是，一般团队的确立同样需要选拔，考评团将在各高校学生自主组建的社会实践团队中挑选出具有个性化、特色化、同时主题符合要求的团队作为一般团队。考核步骤主要分两步，先是由团委实践部对各团队社会实践项目申报书进行初选，符合要求的进入第二轮，而后与重点团队不同的是，一般团队的选拔不需要答辩，而是直接由考评团对申报书再次进行筛选，最后进行公示。

（一）自主立项

"三下乡"暑期社会实践活动由团中央发布申报国家级重点团队和专项计划团队通知，各省高校及时转发，各级单位实践团队自行申报。具体相关信息可在"三下乡"社会实践活动官方网站上查询，并按照通知要求及时进行申报。立项项目主题因时而变。2019 年，紧紧围绕喜迎党的十九大、"一带一路"建设、弘扬中华优秀传统文化、践行社会主义核心价值观、扶贫攻坚等主题，动员大学生到爱国主义传统教育基地、一带一路沿线地区、红色文化基地、贫困地区等，开展政策宣讲、红色教育、社会调查、挂职锻炼、文化宣传、科技支农、教育关爱、生态环保、一带一路、文化传承等活动，实践团队及成员可以围绕专业学科相关的行业开展专业认知和见习锻炼等活动，具体活动参照如下。

1. 政策宣讲

组建实践团队，结合共青团中央学习宣传贯彻习近平新时代中国特色社会主义思想及习近平总书记系列重要讲话精神的要求，主要围绕习近平总书记系列重要讲话精神和以习近平同志为核心的党中央治国理政新理念新思想新战略，以及青年工作思想开展形式多样的普及宣讲活动，深入农村乡镇、城市社区、厂矿企业等，开展多种形式的宣传活动，宣传马克思主义理论成果，让社会主义核心价值观深入人心。

2. 红色教育

深入革命老区、革命遗址、革命先辈故里和红色教育基地等地进行实访、走访革命见证人、邀请相关专家介绍革命历史，重温艰苦卓绝的光荣历史，缅怀革命先辈的光辉足迹，了解革命传统知识，弘扬革命传统精神，努力为当地发展贡献力量。

3. 国情观察

深入城镇、乡村及各类企事业单位等基层，调查各领域变迁发展的历史和现实，切身感受党的十八大以来我国政治、经济、文化、社会、生态发展的新面貌、新成就，切身领会和体会"十三五"规划、"四个全面"的战略布局和"五位一体"总体布局等发展理念。

4. 挂职锻炼

组织学生骨干到农村、城镇、街道、社区、企业等单位进行挂职锻炼，在参与当地农村农民、城市居民、政府机关、公司企业生产生活的实际过程中，深入了解国情和民情，经受磨练，增长才干。

5. 文艺服务

以弘扬时代精神、倡导文明新风为目标，以反映社会主义核心价值观为主要内容，精心编排基层人民群众喜闻乐见、贴近基层生活实际的文化艺术节目，到基层农村慰问表演。

6. 科技支农

与当地农业部门或农广校合作，立足于培养现代职业农民、促进现代农业发展，开展农技人员培训、农业科普讲座、先进农技推广、为农民提供"田间地头"生产实践指导等服务活动。

7. 教育关爱

组建实践团队，到基础教育薄弱、教育资源匮乏的中西部地区贫困县（乡），协助当地教育部门开展教师培训，帮助当地优化教育资源、提升教学质量。同时，发挥大学生的智力优势和专业特长，组织大学生团队面向贫困地区、革命老区、边疆地区、少数民族地区的留守儿童、贫困家庭儿童，开展课业辅导、素质拓展、亲情陪伴、爱老敬老等教育精准扶贫关爱活动，为"十三五"脱贫攻坚，全面建成小康社会做贡献。

8. 生态环保

到农村基层、县域城镇和城市社区，围绕环境污染、水资源保护、垃圾处理、气候异常、资源开发、自然灾害预防等，开展科普知识宣讲、社会调查研究、发展建言献策等活动，普及生态环保理念、引导健康生活方式。

9. 专业认知

深入与专业学科相关的企事业单位进行走访参观或者顶岗见习，了解专业发展方向和就业市场，科学规划职业，提升就业能力，为求职择业奠定基础。

10. 一带一路

认真领会"一带一路"建设的深刻内涵及重大战略意义，深入"一带一路"沿线企业、乡村，开展政策宣讲、主题调研、美好乡村建设和文化产品设计等活动，引导青年学生服务"一带一路"倡议，积极投身"一带一路"建设。

11. 文化传承

诸如立足皖南地区丰富优秀传统文化资源，特别是皖南地区（主要指宣城和黄山两市）优秀的家训家风（胡氏、江氏、章氏、汪氏、程氏、许氏、吴氏、查氏、王氏、周氏、方氏等），以及宣城旅游与历史文化等，组织学生对皖南以上不同姓氏家训家风，以及宣城旅游与历史文化等开展走访考察、文献研究、座谈研讨等活动，引导大学生传承和发展中华优秀传统文化。

12. 依法治国

组建实践团队，深入到城镇乡村、社区街道宣传宣讲习近平总书记关于全面推进依法治国的重要论述，深刻观察和体会中国共产党在建设社会主义法治国家，发展社会主义市场经济，推动社会主义文明进步所取得的新变化、新成就。

13. 美丽中国

组建实践团队，到农村基层、县域城镇和城市社区，围绕环境污染防治、水资源与水生生物保护、垃圾处理、气候异常、资源开发与循环利用、自然灾害预防或其他环境保护问题，开展科普知识宣讲、社会调查研究、设计环保方案、发展建言献策等活动。

14. 公共外交

组建实践团队及外出访学、交流的学生，结合部分高校公共外交课程群的建设，通过问卷调查和实地走访等方式，调研"一带一路"沿线国家民众心中对中国文化的了解途径和认可度，与此同时挖掘中国文化符号，对中国文化、中国精神进行宣传，最终形成文化产品设计方案和推广策划案，促进中华文化的传播。

15. 小微企业

组建实践团队，通过问卷调查对小微企业投融资状况做出基本判断；通过深度访谈听取有关人士对改善小微企业投融资状况的思考与建议；通过收集数据提出相应的对策建议；通过聚焦案例写出企业案例分析报告。

16. 乡村振兴

组建实践团队，深入学习十九大提出的乡村振兴战略，关注"三农"问题，从十九大报告中对实施乡村振兴战略提出的二十个字的总要求，"产业兴旺、生态宜居、乡风文明、治理有效、生活富裕"这五个方面展开实践调研活动，并形成调研报告、实施方案及成效等材料。

17. 改革开放

在改革开放 40 周年之际，组建实践团队深入到全国各地，进行实地调查和走访，了解人们在衣食住行等各个方面的变化和感受，以实践的方式亲身感受改革开放的发展成果。并从改革开放发展成果的某一个角度出发，如生态变迁、观念变迁、城市发展，深入研究改革开放在此方面取得的成就，以文字、图片和视频的方式进行阐述。

18. 马克思主义传播

在马克思诞辰 200 周年之际，组建实践团队，阅读马克思主义相关著作，领悟马克思主义的真谛。在此基础上，调查人们对马克思主义的了解度和认识度，创新并综合采用宣传画报、视频、社区宣讲和新媒体等多种方式宣传马克思主义，引导人们用经典涵养正气、淬炼思想。

19. 志愿服务

组建实践团队，关注民生发展，聚焦社会救助、社会养老、食品药品安全等热点问题，开展社会调研，多层次开展专项性的志愿服务工作，以青年群体独特的社会观察视角和澎湃的公益热情，以多种形式展示实践成果并撰写实践心得。

20. 创新创业

组建实践团队，积极响应"大众创业、万众创新"的号召，以集中和就近就便等形式开展创新创业实践调研活动，通过实地走访、现场考察、问卷调查等方式深入省内外高校、地方和企业，对国家政策、创新创业教育、企业创新、大学生创业等问题进行广泛深入调研。

21. 多彩民族考察

组建实践团队，重点调研全国具有特色的少数民族区域，深入民族区县，调研少数民族风俗习惯，关注少数民族文化保护，与乡村振兴战略相结合，寻找少数民族地区发展新路子。

22. 初心之路

组建实践团队，前往陕西延安梁家河、河北正定、福建宁德等习近平总书记生活、工作过的地区，重走总书记初心之路，以宣讲、调研等多种形式，用实际行动学习贯彻习近平新时代中国特色社会主义思想，探寻习近平总书记治国理政思想的生动实践。

综上，各高校大学生可以本着个人自愿的原则，根据学校和院系的要求，在确保安全的情况下，在家庭所在地就近选择项目，或者参考以上项目进行实践项目的选题。

（二）公开选拔

1. 申报内容与要求

申报者须认真填写《××××年大学生"三下乡"社会实践活动团队立项申报表》（附件1）。其中，申报方案要突出主题方案的亮点，要多视角关注社会热点、焦点问题，能紧密结合基层需求，满足实际需求，解决实际问题。每位老师只能指导一支团队，每个团队报送一名通讯员。

2. 团队推荐程序

申报者需将《××××年大学生"三下乡"社会实践活动团队立项申报表》上报至团队负责人所在学院团委，由团委初审后，确定推荐的实践团队并排序，并将《××××年大学生"三下乡"社会实践活动团队立项申报表》和《××××年大学生"三下乡"社会实践活动团队立项申报汇总表》的纸质版和电子版各一份，于×月×日前统一报送至相关校团委相关科室。

3. 团队审批程序

各高校在各院系推荐省级团队（原则上每个系不要超过×支团队）、校级团队的基础上，组织专家评审，按照主题切合度、方案可行性、活动实效性和基地传承性，评选出××支团队立项为省级团队。未被获批省级团队的列入校级团队评审，评选出××支团队立项为校级团队。

4. 个人自荐

申报者需将《××××年大学生"三下乡"社会实践活动团队立项申报表》上报至团队负责人所在学院团委，由团委初审后，将确定推荐的团队进行排序，确定好日期由院团委组织自建队伍负责人进行项目答辩，根据答辩效果，结合项目实际，最终确定××支队伍参与实践，确定好项目后对自建队伍进行培训，相关自建队伍需要将《××××年大学生"三下乡"社会实践活动团队立项申报表》和《××××年大学生"三下乡"社会实践活动团队立项申报汇总表》的纸质版和电子版各一份重新发到院团委实践部，由实践部牵头，做好统筹工作。

5. 评选和表彰

各学校将开展优秀团队、优秀调查报告（论文）、优秀实践基地、优秀宣传报道、优秀实践作品（实践感悟、实践日记、摄影、微电影）以及先进个人、优秀指导教师、优秀组织奖的评选和表彰工作。

（三）人尽其才

1. 广泛动员，精心组织

积极有效地组织和发动大学生开展形式多样、内容丰富、有意义、有影响的暑期"三下乡"社会实践活动。通过集中团队等方式调动学生积极性，对实践的地区、内容、方式等进行充分调研，精心设计与准备。

2. 讲求实效，注重宣传

本着注重实效的态度组织开展暑期社会实践活动。要有针对性地开展大学生社会实践活动，注重解决一些实际问题，力戒形式主义。为取得良好的实践效果，可借助通知、版报、网络等多种方式在全校范围内展开广泛宣传，积极做好对内对外的宣传工作。

3. 狠抓落实，保障安全

在实践活动前，各高校需做好安全意识宣传教育，提高学生在活动期间的安全意识；在实践活动中，要采取一切有效措施确保学生的安全，做好对可能出现的特殊情况的应对预案。

4. 携手社会，长期合作

要充分利用社会实践基地开展丰富多彩的实践活动，积极寻求与合作方的多层次、更深入地合作发展，积极开发新的社会实践基地，做到实践活动以基地为依托的长效机制。暑期结束后，实践团队应及时上报在暑期中的相关活动及实践基地的情况，以便能在之后的实践基地评比中提供有效参考。

5. 总结交流，巩固成果

在"三下乡"暑期社会实践结束后，各高校各级单位应组织开展以团支部、班级等为单位的总结交流活动，将实践团队的实践活动成果进行分享，通过展板、网络等形式展示实践成果，让更多同学了解，同时通过众多媒体对各类社会实践情况进行报道。

**附件 1**

## ××××年××大学××学院暑期社会实践团队立项申报表

| 领队学生信息 | 姓名 | | 性别 | | 民族 | |
|---|---|---|---|---|---|---|
| | 班级 | | 政治面貌 | | 联系方式 | |
| 实践团队信息 | 团队名称 | | 实践时间 | | 拟定人数 | |
| | 实践选题方向 | | | | | |
| 领队学生个人简历 | | | | | | |
| 领队学生参加社会实践经历及获奖情况 | | | | | | |
| 实践选题方向及背景概述 | | | | | | |
| 实践方法及实践安排 | | | | | | |
| 实践预期成果 | | | | | | |

**附件 2**

## XX 学学生社会实践登记表

| 姓　名 | | 性　别 | | 班　级 | |
|---|---|---|---|---|---|
| 实践单位名称 | | | | | |
| 实践单位地址 | | | | | |
| 社会实践成果报告 | 题　目 | | | 实践日期 | |
| | 院考评成绩 | | 指导教师 | | |
| 社会实践成果报告内容提要 | | 接受单位评价 | | 盖章：　　　　年　月　日 | |
| | | 学院考评小组鉴定 | | 盖章：　　　　年　月　日 | |
| | | 所在学院鉴定 | | 盖章：　　　　年　月　日 | |

## 附件3

### "三下乡"暑期社会实践活动安全须知

为保证××学校××学院××××年大学生"三下乡"暑期社会实践活动安全顺利进行，按照团中央有关要求，各高校将进一步加强暑期社会实践安全工作，对社会实践中可能遇到的问题、应对措施等做一一解释，望实践团队和实践个人认真阅读安全须知，做好实践活动的安全准备工作。

（一）实践活动中可能出现的问题

1. 活动过程中，个别同学因对当地气候和地区环境的不适应而导致晕厥或者突发疾病，或者因被蛇和蚊虫叮咬等原因导致的伤害；

2. 在活动期间不慎被盗、被抢，以及可能遭受到人身伤害；

3. 实践成员遭遇交通事故；

4. 活动时接近危险设施或到危险地段；

5. 实践成员与社会人员发生纠纷，身体受伤；

6. 实践成员因种种原因，无法与其取得联系；

7. 参与大型社会活动时，人群发生拥挤、踩踏并可能由此产生伤害；

8. 活动中发生火灾，洪水、泥石流等地质灾害，疫情灾害等突发事件。

（二）应对措施

1. 医疗卫生方面

外出活动时，实践成员应掌握基本的生理卫生常识和相应的急救知识，随身携带常用应急药物。在遭遇此类非人为性质的突发事件时，保持冷静并进行适当的处理，如果情况严重及时送往医院诊治。另外在实践期间，注意搞好个人卫生。

2. 人身安全方面

增强实践成员的安全自卫意识，保持一定的警惕心理，保管好个人贵重财物；同时在实践中减少单独活动和夜间活动，尽量采取小组活动的形式。小组活动行程应及时向团队报告，不单独到陌生或者荒僻的地方。遭遇偷窃、抢劫以及其他意外伤害，应保持冷静，灵活应对，以保证自身安全为前提，并及时报案。

3. 交通安全方面

加强实践成员的交通安全意识，交通事故发生后应尽快将伤者送往医院，并注意保护现场，及时向相关交通部门报告。

4. 野外安全方面

活动期间尽量远离危险设施、危险地段，如果必须要接触时，必须有专业人士陪同，并做好安全防范措施；野外活动避免在危险地带活动，严禁参加野外登山、探险活动；严禁实践过程中在河流、湖泊、池塘中游泳；雷雨天气不要在高处、树下、避雷设施附近接打手机；严禁在野外用火，尤其是森林、草原等高火险地区。

5. 自身言行方面

在公共场合注意自身言行举止的得体，尽量避免与人争执，采取克制忍让的态度。如与社会人员之间发生争吵或引发肢体冲突时，现场同学应尽快及时制止，防止事态恶化；如不听劝阻，应迅速联系公安部门共同处理。

6. 其他须知

要求团队实践成员留下最新和最方便快捷的联系方式，并与各高校所在院系保持信息沟通渠道的通畅；注意和实践地建立良好的合作关系；尽量避免到人群拥挤的地方，在公共场所或参加大型活动时保持秩序，注意自我保护；掌握基本安全常识，不到有安全隐患的场所，如发生火灾等突发灾害时，一切以保障人员安全为第一位，及时组织人员疏散逃生；如发生重大安全事故，需及时与家长及学院联系。

（三）团队责任

各实践团队必须严格遵照以下说明：

1. 出发前，应再次与实践地联系，确保所有安排（如食宿、交通）都已妥当；

2. 出发前，应办理好在实践地活动所需的必要证件和证明；

3. 出发之前充分考虑到可能出现的安全情况，团队必须组织集体学习基本安全问题的预防措施以及应对技巧，熟悉当地习俗和历史地理等情况，并根据自身的具体情况做出相应的应急准备；

4. 实践过程中，强调组织纪律性，成员要听从指导教师和队长的指挥，队长应与每名队员随时保持联系；

5. 整个活动过程中，队员们应互相关心，互相帮助，遇到突发事件，应该沉着冷静，共同解决；

6. 对于因为个人不注意日常安全、违反相关法律法规等个人原因引起的事故，一切后果由个人承担。

第五章

# "三下乡"社会实践方案的构思设计

在完成大学生"三下乡"暑期社会实践选题和团队组建的基础上，撰写社会实践方案成为社会实践的重要内容。社会实践的方案主要包括三部分，一是实践背景，包括团队的基本信息、实践选题的背景、实践项目的概述；二是实践活动内容，包括实践日程安排、实践活动特色、实践预期成果；三是其他相关内容，包括可行性分析、安全预案、经费预算等。本章节将提供一整套实践方案的撰写模板，仅供参考。

## 一、实践背景

（一）团队信息

大学生"三下乡"暑期社会实践团队的基本信息分为三个方面，分别是团队构成（联合组队时）、队员信息、指导教师信息。

第一，团队构成。"团队构成"主要是介绍社会实践团队的大体框架。在组建一支社会实践团队之前，首先需要明确团队组建的方式有哪些种类。大多数情况下，团队的组建方式分为独立成队和联合组队，通俗来说，就是"小分队"和"大联队"。独立成队不存在团队构成的问题，因为该团队是作为一个独立的整体存在的，联合组队就需要考虑团队构成的问题。在"团队构成"这一部分的撰写中，需要说明总团队的实践方向以及各个分团队的实践内容，构建出实践团队的整体框架，注意各个团队的实践内容和方向重点，相互之间要形成有机的逻辑，达到一目了然的效果。

**示例 1：**

本次三沙调研实践团活动是在"一带一路"政策倡导下赴三沙市探索和考察的研究性实践活动。实践团队将通过实地考察、问卷调查、交流访谈、查阅文献、数据分析、建立模型等手段和多种角度来分析中国海南省三沙市的现状，研究如何对三沙市进行合理的资源开发和宣传，为促进丝路旅游建设献计献策；

研究南海地区法律和历史，并依托丝绸之路经济带来探索城市建设的良策。各分团队分别有以下方向。

1. 三沙社会人文研究分队

（1）寻踪三沙历史 传承海洋文化

此团队将进行三沙历史文化与人文传统的研究，主要是走访三沙市文物遗址，观其现状并寻找保护遗址的方法，传承海洋文化风骨。

（2）聚焦海洋法律 加强三沙法治

此团队将致力于以三沙为视角研究我国海洋法律，还将从国际法的角度研究南海主权归属问题，并通过实地调研寻找加强南海执法力量的方法，为新形势下国家主权的维护贡献一份力量。

2. 三沙自然地理研究分队

（1）维持岛屿生态 保护热带植物

此团队将开展环植调研，主要是研究三沙生态环境，尤其是植被的保护，并实地考察，进行热带植物研究。

（2）保护海洋生态 守卫南海明珠

此团队将研究三沙海洋生态资源的保护，主要是前往海洋研究所、国家水产种业基地等地，开展实地考察，并进行水质研究、水产研究、珊瑚保护研究等。

3. 三沙经济与旅游开发研究分队

（1）探求离岸经济 发展三沙工商

此团队将研究三沙金融业发展，如银行及相关企业的发展，通过实地调研，预测三沙市发展离岸金融和离岸工商的前景，并提出实用性建议。

（2）研究三沙实业 打造特色品牌

此团队将主要研究三沙经济的发展，进行企业调研，致力于开发特色人文产品或自然产品，树立三沙形象，打造特色品牌，并将特色产业与"互联网＋"结合，为虚拟总部建设及工商注册经济建言献策。

（3）开发旅游产业 推广最美三沙

此团队将着眼于三沙旅游产业的开发，通过实地调研，探寻三沙市开展生态旅游、人文或民俗旅游、养老旅游、医疗旅游的可能性与潜力，围绕如何纵深推进全域旅游发展提出一些可行的建议，推进海南全域旅游发展。

4. 三沙城建与民生发展研究分队

（1）注重科学规划 建设模范城市

此团队将主要研究三沙城市规划，探寻其建设模范城市的经验；研究三沙市景区建设及管理；并研究三沙港口规划，打造军民两用的良港。

（2）改善三沙民生 打造利民工程

此团队致力于研究三沙民生的改善，主要是调查研究三沙市科教文卫体建设的历程以及现状，并进行前景预测，提出有效建议，打造利民工程。

来源：H大学实践方案《维护区域和谐发展，助力海洋经济建设——基于海南省三沙市的实证研究》

第二，队员信息。实践队员是社会实践进行的主体，全面地介绍实践队员的信息，会使实践的可行性更加具有说服力。在"队员信息"这一部分，需要介绍团队队员的实践经历、专业背景、擅长技能，尤其需要介绍队员针对该实践所具备的技能，其他相关性不大的信息可不用说明，在此也需要注意各个队员之间的协调互补及配合。在"实践经历"中，需要写出队员曾经参加过的社会实践活动，亦可扩展到其他第二课堂活动，重点突出其实践能力。在"专业背景"中，需要写出队员的所学专业以及其他学习经历（如第二专业、辅修等），如新闻传播专业、摄影专业等对社会实践的宣传能起到较大作用的专业。在"擅长技能"中，需要写出队员针对实践所具备的技能，如文稿撰写能力、摄影摄像能力、视频处理能力等。

第三，指导教师信息。合适的指导教师是社会实践顺利进行的关键，介绍指导教师的信息同样有助于增强实践可行性的说服力。该部分需要着重介绍指导教师的社会实践带队经验以及专业方向、研究领域，突显其对本次实践活动的重要指导作用。指导教师信息的撰写可分为两个层次，对于社会实践整体来说，可以着重撰写该教师曾经的带队经历、获奖经历、学生和学校的评价等；对于单个社会实践方向来说，可以着重介绍该教师在某一专业领域的建树，对其研究课题、学术论文等做出介绍，相应的数字在此会更有说服力。

（二）选题背景

社会实践的选题背景是需要着重说明的，因为它影响到实践的主题、关注的重点以及实施的过程、成果的固化，对整体把握、分析某一社会实践选题具有重大作用。实践选题背景通常分为六个方面，分别是自然背景、国际背景、政策背景、经济背景、社会背景、问题背景，根据不同的实践选题还可以做相应调整。

1. 自然背景

"一方水土养一方人"，介绍实践地的自然背景，对分析当地的经济、社会发展情况有重要的参考作用。在很多情况下，自然原因是导致某些社会问题最重要的因素，是社会实践过程中一个不可忽视的方面。在撰写该方面内容时，通常包括地理位置、气候情况、自然资源等方面，主要通过查阅材料汇总整理。

2. 国际背景

在全球化不断深入的大背景下，世界的互联互通正在不断加强，我国的"一带一路"倡议和不断扩大对外开放也让中国与域外国家的联系愈加紧密。在这样的情况下，分析一个实践选题的国际背景就尤为重要。国际背景既包括国际上对该实践选题的看法和先进案例，也包括实践地的国际背景。当在国外或在与国外有着密切联系的地区进行实践时，国际背景有助于更好地分析实践地的情况。

3. 政策背景

在我国，政策的引领作用是尤为重要的，一项重要的政策来源于社会实际需要，又对社会发展起着重要作用，分析政策背景有助于更好理解社会现状，提出解决方案。政策背景主要是选取有关调研主题的一些政策性的文件或具体措施，政策既包括中央针对某方面制定的面向全国的政策，也包括当地结合社会经济发展的实际制定的一些政策。在政府网站、国务院、地方《政府工作报告》和地方年鉴里都可以找到现今及数年来政策的变化。

4. 经济背景

经济基础决定上层建筑，所有的社会问题都能找到其经济根源，分析经济背景有助于从根本上分析所要调研的主题。经济背景主要包括当地经济的基本情况、近年来发展情况、未来的发展方向和重点，也可着重参考查阅当地近年的《政府工作报告》进行汇总整理。

5. 社会背景

社会背景与其他几方面背景多有交叉，此处的社会背景即指当时的社会状况，重点应放在当地民众对调研主题相关的看法和做法上，这对设计实践内容和实践的有效开展都起到较大的作用。

6. 问题背景

问题背景主要包括调研焦点问题的由来和发展，以及现有的措施和做法。具体的材料可根据查阅文献资料、学术论文和前期走访调查得出。

示例2：

1. 国际背景

当今世界正发生复杂深刻的变化，国际金融危机深层次影响继续显现，世界经济缓慢复苏、发展分化，国际投资贸易格局和多边投资贸易规则酝酿深刻调整，各国面临的发展问题依然严峻，国际局势依然紧张。共建"一带一路"顺应世界多极化、经济全球化、文化多样化、社会信息化的潮流，秉持开放的区域合作精神，致力于维护全球自由贸易体系和开放型世界经济。共建"一带一路"旨在促进经济要素有序自由流动、资源高效配置和市场深度融合，推动沿线各国实现经济政策协调，开展更大范围、更高水平、更深层次的区域合作，共同打造开放、包容、均衡、普惠的区域经济合作架构。

2. 政策背景

习近平总书记 2013 年提出"一带一路"倡议，获得国际社会的热烈响应。2014 年，国务院总理李克强在政府工作报告中提出要抓紧规划建设"一带一路"。随着 2015 年 3 月国家发改委、商务部、外交部联合发布《推动共建丝绸之路经济带和 21 世纪海上丝绸之路的愿景与行动》文件，"一带一路"倡议开始付诸行动。2017 年 3 月 24 日，时任三沙市委书记、市长的肖杰主持召开市委常委会议，学习习近平总书记系列讲话精神，特别是在中央政治局第三十九次集体学习时的重要讲话精神。会议要求，全市上下要学深、悟透习近平总书记的重要讲话精神，深刻领会讲话中重要的政治要求和思想方法，推动三沙各项建设稳步前进。

3. 自然背景

三沙市是中国地理位置最南、总面积最大（含海域面积）、陆地面积最小且人口最少的地级市。三沙市是中国神圣不可分割的领土。三沙的地理方位，具有极大的空间优势。200 多万平方公里海域的空间资源，广袤而又富饶。西中南沙群岛岛礁面积小，数量多，多以集群形式分布，由西沙、中沙、南沙 3 个群组自北向南依次排列，为南海及诸岛开发的梯级推进提供了广阔的空间资源。从生态资源来看，三沙市具有丰富的生物资源、矿藏资源、能源资源和广阔的海洋空间。

4. 社会背景

从教育方面看，三沙市永兴学校及相关配套设施项目于 2014 年 6 月 14 日开工，永兴学校是海南省教育厅和三沙市"厅市共建"学校，日常管理及师资队伍由 H 大学委派，安排老师在永兴岛开展环境创设、制度拟定等工作。永兴学校现阶段开设小学、幼儿园、职业教育培训等内容。未来还将整合资源，积极争取设立大专、本科的成人教育函授点，为三沙军民提供再学习、再深造的机会。从环境保护方面看，截至 2013 年底，三沙市建有污水处理厂、垃圾处理厂、海水淡化厂。为了满足南海海洋环境保护、海洋防灾减灾、科研以及海上航行安全等日益增长的保障需求，国家海洋局在南沙永暑、渚碧、美济三大岛礁开展了海洋观测中心、海洋科研设施等五大项目的建设。2017 年 1 月 1 日，海洋气象、水文观测、常规海洋环境监测投入业务化运行，南沙三大岛礁海洋环境预报也同期发布。

5. 经济背景

当前在国际金融危机背景下，"一带一路"沿线大部分国家都面临经济转型发展的严峻挑战，大力发展旅游业是各个国家的既定政策，已成为丝绸之路国家的最大共识。特别是经过 35 年的发展，中国旅游业已经具备了"走出去"的优势和能力，庞大的出境游市场也是各国竞相争取的重要目标。旅游业的关联性也可以为拓展国家间的合作领域发挥重要的积极作用；亚洲基础设施投资银行是一个政府间性质的亚洲区域多边开发机构，重点支持基础设施建设，是"一带一路"支撑的经济战略平台，能为"丝绸之路"基金提供强有力的保证。截至目前，亚投行的成员国已达 57 个，大多数是"一带一路"体系下的国家，这不仅为"一带一路"产业合作提供强有力的经济基础，还有利于"一带一路"体系下旅游文化的健康发展，为旅游一体化支付等提供经济便利。

来源：H 大学实践方案《维护区域和谐发展，助力海洋经济建设——基于海南省三沙市的实证研究》

（三）项目概述

实践项目包括实践内容和活动意义两个方面。社会实践的内容主要是通过实地考察、问卷调查、政策宣讲、座谈交流、纪录片拍摄等途径获取的。每一种途径都有其独特的作用和意义。它主要包括实地考察、问卷调查、政策宣讲、座谈交流、纪录片拍摄等五个方面。

实地考察是整个调研过程中的重中之重，在该部分需要详细介绍实地考察的目的地以及在此地所进行的考察任务。在介绍目的地时一定要注意具体准确，不可以偏概全，否则很难看到其对该项实践有何作用；在介绍考察任务时，也要注意高度契合调研主题，突出导向性，不要安排与主题无关的活动；问卷调查是获取实践地民众观点和看法的重要途径，同时也是社会实践定量研究分析的重要依据。在撰写该部分内容时，需要明确在何时何地发放何种问卷，预计回收多少份问卷，这样才能在实践过程中更加明确团队的任务，不至于无的放矢；政策宣讲的开展范围不仅局限于以宣讲为主要内容的社会实践团队，在其他实践团队进行调研的过程中，要想了解当地民众对某一政策的看法时，往往需要就该项政策对实践地的民众进行宣讲，这是十分有必要的；座谈交流是了解实践地民众、政府部门工作人员想法的一个有效途径。尤其是针对政府部门工作人员的座谈，往往可以整合社会资源，产生交流互动，同时也节省了采访者和受访者的时间。在组织座谈交流时，需要充分利用实践地的有关资源，尤其是取得地方团委的大力支持；纪录片的拍摄是对外展示实践内容的一个重要途径，通过纪录片的摄制，一方面能够真实展现实践的过程，同时也能对实践地起到一个宣传的作用。

**示例3：**

1. 三沙市实地考察

实地考察三沙市。通过发放问卷调查、赴三沙各地走访调查并整理收集资料等形式，对三沙市基础设施建设、民生工程建设、基层组织建设等社会各方面状况进行实践考察。

2. 进行问卷调查

针对调研沿线地区的居民、旅客和各单位工作人员开展问卷调查，内容包括三沙市的政治、经济、文化、国防等方面。问卷设计为如下两个方面：

（1）历史文化和国防教育问卷

在政策上，调研群众对"一带一路"和海洋战略基本政策的了解程度。文化上，调查其对三沙和海南文化的了解。国防方面，对南海岛礁归属的相关法律常识和国防意识进行调查。

（2）经济建设和旅游产业问卷

调查群众对三沙旅游业开发的了解程度，收集当地群众对旅游业和其他产业在三沙市开发的意见或建议。

3. 政策宣讲

本次实践团队将奔赴调研目的地进行新海上丝绸之路经济带政策宣讲，发放宣传手册、开展宣讲会等形式将"一带一路"、海南国际旅游岛建设和建设海洋经济的国家战略在调研地沿线重要城市进行宣扬普及。

4. 与当地政府部门和主要领导开展交流

可以联系采访三沙市政府部门或主要领导，或开座谈会，进行交流访谈，悉心听取当地政府的构思和想法，并且传达中国"一带一路"倡议，促进团队对当地政府关于21世纪海上丝绸之路建设的认知。

5. 三沙纪录片拍摄

（1）三沙社会人文纪录片

三沙社会人文纪录片，主要是展现三沙悠久的历史文化背景、近年城市的崛起及民生的改善。通过互联网等多媒体手段将拍好的纪录片进行传播，从而将三沙社会的风貌真实展示于人，为相关研究人员提供研究依据。

（2）三沙自然地理纪录片

三沙自然地理纪录片，拍摄主要对象是三沙市的独特风景和风土人情，展现三沙美丽的自然风貌。

（3）团队活动纪录片

记录团队三沙行的全程，使团队活动的点点滴滴以视频的形式展现，便于后期宣传，也为成员留下美好的光影回忆。

来源：H大学实践方案《维护区域和谐发展，助力海洋经济建设——基于海南省三沙市的实证研究》

活动意义主要包括社会意义、经济意义、区域意义和个体意义等各个方面。其中，社会意义即该实践活动要契合社会热点，符合时代发展潮流，强调的是整体的影响。在撰写社会意义时，不只要着眼于大的方面，也要结合具体的实践内容加以思考，防止所写内容过空过大。经济意义即对当地经济发展起到的促进作用，通过一定的方式和建议，对当地经济产生积极正面的影响。在撰写该方面内容时，可以分方向设置，选取不同的经济领域。区域意义即为以实践地为中心（代表）的所在区域的意义，在当今大城市群建设以及地方协同发展的大背景下，一个城市的进步和发展往往会对其所处区域产生较大影响，能够加快城市间融合进程；个体意义即对实践地本身所产生的意义，与区域意义不同，该方面仅需着眼于对实践地当地的影响，在撰写时需要更具有针对性。

示例4：

1. 有利于推动"一带一路"倡议稳步推进

在丝绸之路经济发展中，旅游业发挥了重要作用。习近平总书记在"加强互联互通伙伴关系"东道主伙伴对话会上说："应该发展丝绸之路特色旅游，让旅游合作和互联互通建设相互促进。"旅游可以促进各国间加强政策沟通、道路联通、贸易畅通、货币流通、民心相通，是夯实"一带一路"的重要基础，是互联互通的重要引擎。作为人文交流的重要途径，旅游有助于促进各国游客往来，增进彼此的了解，发挥旅游外交的重要作用；作为经济合作的重要渠道，旅游业是沿线各国都非常重视的经济产业，发展旅游业有助于促进沿线各国经济发展。因此，在"一带一路"中，大力发展旅游产业可以发挥旅游业自身独特的作用，努力成为"一带一路"互联互通的先行者，为促进沿线国家间的互联互通提供渠道和平台，更好地推进"一带一路"的倡议。

2. 有利于推动海南海洋经济建设

海南是海洋大省，却不是海洋强省。海洋经济对该省的发展贡献偏低，提高海洋经济的贡献力和发展水平已经成为一个迫切需要面对的问题。应以三沙市发展为依托，促使海南海洋经济全面提升。其中，推动丝路生态旅游建设有利于加大海南国际旅游岛开发开放力度：开发"重走海上丝绸之路"的旅游线路，拓展海南与国际人文交流的空间，努力推动海南成为国际旅游集散地，实现多国共同发展旅游和合作共赢，并以旅游促进产业的发展。有利于推动区域特色文化产业发展，打造中国特色海洋文化品牌，培育海洋文化产业载体，制定海洋文化产业专项规划，深化与其他城市的海洋文化产业对接；有利于打造区域特色文化产业；有利于推动金融业发展，将互联网金融与旅游文化产业结合起来，并为对外贸易企业提供从进口、运输、生产、销售、出口等综合金融服务；有利于相关加工业的发展。

3. 有利于推动海南国际旅游岛建设

海南国际旅游岛建设在"一带一路"新背景下，既是机会也是挑战。三沙市在利用丰富旅游文化资源的基础上进行合理利用与开发，并把旅游业与其他产业结合起来，加强与周边城市的合作；在细化并落实顶层设计、产品特色、基础设施、服务管理、旅游人才、人文魅力等方面下足功夫，有利于打造升级版国际旅游岛。团队通过实地考察、问卷调查、交流访谈、查阅文献、数据分析、建立模型等手段分析中国海南省三沙市的旅游发展现状、旅游资源、能力评估、发展战略，为促进丝路旅游建设献计献策，特别是研究如何对三沙市进行合理的资源开发和宣传，如何加强生态旅游建设；推动丝路旅游品牌化、生态化，形成丝绸之路经济带大旅游概念。

4. 有利于增强大学生实现祖国复兴的使命感，加强国防教育建设

通过"三下乡"社会实践活动，不仅丰富了大学生的暑期生活，更极大地锻炼了大学生的社会实践能力，包括策划协调与动手能力，积累更多社会经验，更好地认识与反思自我，加强自我完善，多方位、多角度提高个人素质。此外，本次课题紧扣国家战略、社会热点，有利于加强大学生对国计民生的关心，对国家政策的了解，进而促使大学生自觉肩负起实现"中国梦"、完成中华民族伟大复兴的使命。

通过对南海局势问题的分析和对三沙市在国防中作用的研究，有利于学生开阔眼界，扩大知识面，而且有利于学生打破专业学习的思维定势，拓展思维空间，进一步提高自己的创造力和综合思维能力，促进"智育"的发展。大学

生是祖国的未来，通过学校国防教育所积淀形成的道德行为、意志品德，渗透到社会各个领域，有助于形成良好的社会道德风尚，成为 21 世纪现代化建设的社会主义新人，是一件利国利民关乎国家长治久安的大事。

由于三沙市地理位置和历史文化的特殊性，使得三沙市的国防建设尤为重要。国防建设指的是为国家安全利益需要，提高国防能力而进行的各方面的建设。包括精神和物质两个方面的建设，是为维护国家安全利益的需要，建立和发展国防力量的措施和行为，是国家建设的重要组成部分。海南三沙市的建立显示中国抓住了南海问题解决的关键，发展三沙市将有助于中国彻底和平解决南海争端。通过对三沙市的历史与政策研究，有助于增强国家意识，了解世界局势。研究三沙市也是为了达到国防教育的目的，由此激发爱国热情，树立家国一体意识。

5. 有利于加强大学生自身实践能力，提升对社会热点的感知

社会实践是大学生在改革开放中走向社会的一个很重要的锻炼环节，也是教育与实践相结合的具体体现。当今社会的竞争是人才素质的竞争，随着人才被推向市场，大学生的自我优越感将逐渐消失，发展方向更加扑朔迷离，因此，要适应时代的要求，不仅要具备丰富的专业知识和高超的业务水平，更须具备一定的综合素质。青年学生应该勇做走在时代前列的奋进者、开拓者、奉献者，以执着的信念、优良的品德、丰富的知识、熟稔的技能、过硬的本领，同全国各族人民一道，担负起历史重任。

来源：H大学实践方案《维护区域和谐发展，助力海洋经济建设——基于海南省三沙市的实证研究》

## 二、活动内容

### （一）细化日程安排

实践日程安排主要是对大学生在社会实践过程中的每一天的行程做出详细安排，在做实践日程安排时要注意以下三点。第一，实践日程的总体安排上必须要具有针对性，要紧贴实践主题与实践意义，切忌无意义的"走马观花式"实践；第二，在实践目的地的选择上，一定要具有可行性，需要提前查阅相关资料和联系有关人员进行对接；第三，在日程的安排上一定要注意合理分配，适中为宜。

**示例 5：文字版实践行程**

（一）路线规划

主要计划前往的地区：

1. 甘肃省博物馆（兰州市七里河区西津西路 3 号，周一闭馆，门票免费）

2. 甘肃省文化产业发展集团（兰州市城关区东岗西路 555 号甘肃金融国际大厦 21 层，联系电话 0931－8426661）

3. 兰州创意文化产业园（城关区段家滩路 704 号）

4. 西北民族大学马家窑文化研究院（甘肃省兰州市西北新村 1 号）

5. 甘肃省白塔山公园

6. 兰州城隍庙（兰州市张掖路步行街中段）

7. 兰州大学历史文化学院

8. 马家窑文化产业有限公司（兰州市城关区张掖路街道大众市场 22 号中信大厦 1602 室，主营工艺品、艺术品设计）

（二）具体行程

7 月 20 日：团队成员到达兰州市，当晚调整状态，准备开始调研。

7 月 21 日：上午 9：00 参观甘肃省博物馆，12：30 出馆就餐，14：00 前往西北民族大学马家窑文化研究院进行采访。采访结束后回到住宿点，整理当天收集到的资料。

7 月 22 日：上午参观兰州创意文化园，中午离园。下午 14：00 前往甘肃省文化发展集团有限公司进行采访。采访结束后回到住宿点，整理当天收集到的资料。

7 月 23 日：前往兰州大学历史文化学院采访。

7 月 24 日：上午游览水车博览园，下午采访马家窑文化产业有限公司。

7 月 25 日：返回兰州，自由活动，准备回家。

来源：《H 大学"一带一路"陕甘调研团实践方案（以甘肃历史文化为研究主题）》

**示例 6：**

表格版实践行程

| 日 期 | 行 程 |
|---|---|
| 7 月 15 日 | 从海口乘飞机到吉隆坡 |
| 7 月 16 日上午 | 访问马来西亚国际伊斯兰大学，发放调查问卷 |
| 7 月 16 日下午 | 拜访马来西亚多元文化信托基金会 |
| 7 月 17 日上午 | 拜访马来西亚海南会馆联合会 |
| 7 月 17 日下午 | 拜访马来西亚前首相巴达维阁下办公室与博物馆及马来西亚华人研究中心会谈 |
| 7 月 18 日上午 | 由吉隆坡乘飞机到槟城 |
| 7 月 18 日下午 | 拜访槟城海南会馆和海南人后裔（特别是前首相巴达维阁下家属） |
| 7 月 19 日上午 | 由槟城乘飞机至吉隆坡 |
| 7 月 19 日下午 | 从吉隆坡乘飞机到文莱 |
| 7 月 20 日上午 | 学术访问文莱大学，发放调查问卷 |
| 7 月 20 日下午 | 访问国家历史研究院和博物馆 |
| 7 月 21 日上午 | 与文莱海南会馆会谈 |
| 7 月 21 日下午 | 拜访内阁部长 |
| 7 月 22 日 | 从文莱经停香港返回海口 |

来源：H 大学《"凝聚青年力量，打造中国形象"——基于"一带一路"沿线国家马来西亚、文莱等的调查研究（2018 年 H 大学"一带一路"公共外交调研团活动策划)》

（二）彰显活动特色

实践活动特色也称实践活动亮点，主要介绍此次实践活动突显出不同于其他实践活动的特色和价值所在，要紧密结合实践主题、实践内容和实践成果进行阐述。

**示例 7：**

1. 紧跟文化产业发展趋势

当前，中国文化产业发展势头迅猛。2017 年中国文化产业在三个经度和四个维度的方向上大力拓展，即立足于"十三五"定位，立足于国民经济支柱性产业发展方向，立足于整个中国文化的建设发展战略（"三个经度"）；

文化产业与国民经济的融合，文化产业与社会建设的融合，文化产业与文化事业的融合，文化产业内部产业结构、业态的调整与融合（"四个维度"）。本课紧扣"文化产业发展"主题，深入调查马家窑文化产业的发展前景，通过实地走访调查，深入思考，力争为甘肃地区用文化带动经济发展提供新思路、新办法。

2. 发掘全新文化资源

在文化产业高速发展的今天，越来越多的文化资源被开发利用。而马家窑文化近年来的开发程度远远小于甘肃其他文化资源。虽然马家窑彩陶在学术界获得无数美誉，但大众仍对此文化感到陌生。本次调研活动将积极探寻马家窑文化产业价值，助力文化资源开发。

3. 信息收集渠道丰富

本次调研活动将采访甘肃知名文化企业，听取从业者对于文化产业的看法；走访相关研究机构，对马家窑文化进行交流与学习；赴实地考察，对调查对象进行更深入地了解。通过多渠道收集信息，系统性地研究马家窑文化产业开发。

4. 成果展示形式多样

本次活动成果将使用传统方式与新媒体技术结合的方式进行展示，富有时代气息。发展建议、策划书、实践调查报告将为甘肃文化产业发展提供参考，新媒体平台推送、艺术品推广、纪录片放送将对马家窑文化起到很好的宣传作用。


（三）明确预期成果

实践预期成果主要是就"三下乡"社会实践的实践成果进行规划，实践报告（调研报告）是其最主要的实践成果。除此之外，影像集、提案、专著等也是重要的成果展示形式。


**示例 8：**

1. 形成一份以"凝聚青年力量 打造中国形象"为主题的专题调研报告

本团队完成两个国家的实地调研后，将以实践成果为依据，通过回收"一带一路"中国形象主题专项调查问卷并进行数据分析，宏观把握，点面结合，形成一份以"凝聚青年力量 打造中国形象"为主题的调研报告，报告将具有一定学术价值和参考价值。

2. 总结相关发展建议，形成提案后上报给政府有关部门

实践团队在调研过程中，将通过收集资料、发放问卷等形式整合数据，分

析调查结果并撰写调研报告，总结马来西亚与文莱经济、旅游发展的实用性建议并形成一份提案，将其上报给当地及本省相关政府部门，希望可以为当地旅游发展、海南省经济发展及全域旅游深化等方面尽青年学生的一份力量。

3. 开展中国形象与公共外交宣讲交流会

实践团队成员在调研后将加深对马来西亚与文莱两国的了解，诸如东南亚地区文化、海洋旅游等具有当地特色的方面。并于汇总实践成果后，返回所在学校进行宣讲交流，展现本次实践成果，加大对中国形象与公共外交的宣传力度，提升大学生投身实践的热情。

4. 举办一次"马文风情"影展

将团队在调研途中的所见所闻以图片的形式呈现给大家，并联系本校其他学院以及其他高校，邀请学生一起参加影展，扩大此次调研的影响力，提高广大青年学生对东南亚地区公共外交的关注力度。

5. 拍摄马来西亚、文莱系列纪录片

在调研的过程中，实践团队将用摄影设备进行跟踪拍摄，记录马来西亚与文莱两国的独特风景和风土人情，以及团队成员的实践过程，并拍摄三部系列纪录片，包括马来西亚与文莱风土人情纪录片，马来西亚、文莱访谈纪录片，团队活动纪录片。本团队用影像的方式记录实践历程及团员感悟，彰显大学生对中国形象与公共外交的理解，希望可以利用媒体扩大青年学生乃至社会对"一带一路"发展海上丝绸之路经济带的广泛关注。

6. 形成一本团队成员感悟日志

实践过程中，团队成员彼此沟通，交流当天社会实践过程中自己独特的感悟，以及对当前马来西亚与文莱生态旅游、风土人情、美食美景的看法，集思广益，在碰撞中形成新的思想和主张，并做好记录。最终整理汇编成册，形成一本感悟日志，将脑海中瞬间的思想变为永恒的存在，让思想的真实转化为文字的真实。

来源：H大学《"凝聚青年力量　打造中国形象"——基于"一带一路"沿线国家马来西亚、文莱等的调查研究（2018年H大学"一带一路"公共外交调研团活动策划）》

### 三、其他要素

#### （一）可行分析

可行性分析主要是针对社会实践活动的可行性进行较为详细的论述。一般来说，就不同层次而言，可行性可分为外部可行性（外部资源支持）、内部可行性（团队内部协作）和活动内容可行性；就不同方面而言，可行性也可分为时间可行性、经济可行性、组织可行性、技术可行性、实践方式可行性和实践构思可行性等。

**示例 9：**

1. 时间可行性

在时间方面，"三下乡"社会实践调研在暑期举行，实地调研时间安排合理，有较为完善的时间安排和宽松的时间调整空间，并且我们已经完成具体的行动方案，能够在既定时间内完成调研。在调研完成后，我们会分类收集调研资料，再按照相关要求完成活动任务。

2. 经济可行性

本次遵义之行为专项实践活动，得到了贵州省地方政府的大力支持，因此，在经济方面，个人负担不是很重。加之本次社会实践还得到了学院大力支持，因此开展活动的款项充足。在拟定先期预算表后，发现车费支出所占比重较大，其他额外支出较少。

3. 组织可行性

团队成员经验丰富，组织有力。团队指导老师有多年教学和管理实际经验，并且有丰富的社会实践活动指导经验。团队具有丰富的实践经验，做过"一带一路"的相关课题。在 2015 年，"六校联合政策宣讲团"获批团中央"丝路新世界，青春中国梦"暑期专项活动重点团队，赴甘肃河西走廊开展了为期 15 天的调研，实践成果丰硕，团队荣获 3 项国家级奖项，调研报告中的内容已上报给有关部门，报告中的建议被部分采纳。此外，还曾指导团队于 2015 年寒假赴日本东京进行了调研；于 2014 年、2015 年先后到海南海口、儋州、万宁、琼海等地调研，所撰写的论文都曾获得省级一等奖。

团队成员具有丰富的实践经验。成员在专业上，既有商务类学生的参与，也吸收了学院不同专业的学生加入，实践团队的多元化更能确保实践活动有效开展。根据实践内容要求，我们选拔了摄影、视频剪辑或擅于撰写论文等各有所长的人才。他们都是经过层层选拔、优中选优，具有良好的身体素质，较强的耐力和意志力；富有团队精神，团结进取，顾全大局，有集体荣誉感；工作积极主动，热情负责，遵守纪律。这将对按时按质按量地完成本次实践任务提供极大帮助。

除了团队成员实力雄厚以外，我们还对实践过程的部分流程做了安排。团队成员在团队指导教师带领下每天晚上会开定时的总结会，组员分别汇报自己的所见所闻，小组统一整理、分析讨论实践获得的相关材料，总结经验教训并认真做好记录，同时为第二天的活动做好准备。同时，实践团队具有明确的任务分工，保障每个队员的特长都可以得到极大的发挥，顺利完成任务。

4. 技术可行性

在技术方面团队有根据实践内容要求进行选拔的摄影、视频剪辑或擅于撰写论文等各有所长的大学生精英，且有学院对实践团队的专项技术设备支持，包括摄像机、单反相机、录音笔等设备。队员会熟练使用 SPSS、PS、OFFICE、EDUIS 等工具软件，可以很好地开展音视频剪辑制作、数据分析等工作。

5. 实践方式可行性

在实践方式方面，团队采用采访调查法、访谈法、总结会、经验交流会、查阅文献、建立数据模型等多种方法，通过实地走访红色旅游基地，了解当地在旅游业发展的障碍和不足，最后通过调查反馈进行数据分析，得出相关结论。

在每天的实践活动结束后，组长召开组内总结会。组员分别汇报自己的所见所闻，小组整理、分析讨论实践获得的相关材料，总结经验教训并认真做好记录。社会实践活动结束后，我们会展开总结交流会，分享调研成果，共享调研数据与资源。通过网上资料库查询获取最新的一手资料，搜集调研地点的详细资料，形成初步认知，提出疑问，在实践中搜寻答案。我们还会通过收集大量的数据，运用统计学和 SPSS 整理分析数据，建立模型，分析调查中的各种因素，从而得到科学合理的结论，提出建议。

6. 实践构思可行性

该活动结合时代背景、社会需求、大学生发展视野等多方面充分立体构思，选择以当前遵义红色旅游资源发展瓶颈为主，并结合遵义当地的实际情况和地方特色，加之借鉴我国乃至世界类似有关地区的发展成果、经验与教训，进行交叉对比，开展研究。从而使得实践方案具体完整，可行性较强。

来源：H 大学《依托红色资源，建设绿色遵义——基于贵州遵义红色文化产业发展的调查研究（2017 年 H 大学"一带一路"贵州调研团活动策划）》

（二）安全预案

安全预案主要是针对实践过程中可能出现的安全问题进行分析和预防。安全预案主要包括两方面，常规安全预案和特殊安全预案。常规安全预案针对的是一般情况下会出现的安全问题，如一般的财产安全、人身安全等问题；特殊安全预案是针对特定的地点、特定的时间、特定的人员所制定的安全预案。在这里需要着重注意的是，特殊安全预案需要根据实践地的自然情况、社会经济情况制定，在实践时间上，也要注意特殊时间节点可能会对实践产生的不利影响，如重要的法定节假日、民间节日等。

（三）经费预算

经费预算也是实践方案的一个重要组成部分，合理的经费预算可以使经费较大程度发挥效用，也对实践所需费用做到心中有数（见表1）。经费预算一定程度上也会影响项目的立项审核、实践经费支持和外部资源支持。

示例10：

**表1　H大学社会实践经费预算**

| 事项 | | 单价（元） | 数量 | 次数 | 金额（元） | 备注 |
|---|---|---|---|---|---|---|
| 交通 | 出租车 | 20 | 2 | 14 | 560 | 住所—调研地点往返 |
| | 大巴 | 150 | 9 | 1 | 1350 | 调研地点与市区间往返 |
| | 火车 | 238.5 | 9 | 2 | 4293 | 各地级市间往返 |
| 餐饮 | | 15 | 9 | 27 | 3645 | |
| 住宿 | | 200 | 4 | 9 | 7200 | |
| 门票 | | 100 | 9 | 2 | 1800 | |
| 总额： | | | | | 18848 | |

来源：H大学"一带一路"陕甘调研团实践方案（以甘肃历史文化为研究主题）

第三辑 03

# 行者无疆

——"三下乡"社会实践的实施

第六章

# "三下乡"社会实践材料的备全整并

## 一、活动材料

### (一)介绍公函

介绍信是为介绍本单位人员到相关单位从事参观学习、联系工作、了解情况或出席会议等活动所写的一种书信,是用来介绍、联系、接洽事宜的一种应用文体,它具有介绍、证明的双重作用,可以使对方了解来访人员的身份和目的,以便得到对方的信任和支持。它是我们在开展社会实践活动当中一种应当掌握的应用写作研究文体,是我们在社会实践活动中需要同其他单位或团体联系工作、了解情况以及参与其社会活动时必要的函件。在社会实践活动进行的过程中,与政府、企业间的洽谈是不可避免的,因此介绍信在双方洽谈的过程中发挥着十分重要的作用。

介绍信主要用于在社会实践过程中联系工作、洽谈业务、了解具体情况以及自我说明。然而对于持信人而言,介绍信又能起到自我介绍、证明来意的双重作用。同时在社会实践活动进行的过程中也能够减少许多不必要的麻烦,增进实践团体同实践地点之间的信任度,有助于推进社会实践活动的顺利完成。因此拥有一封好的介绍信是确保社会实践活动成功的不二法宝,那么如何写一封好的介绍信呢?在写作和运用的过程中,有什么注意事项呢?我们将从介绍信的格式、种类、选择、原则等方面进行详细介绍,并列出介绍信模板以供参考。

1. 介绍信的格式

它一般包括称呼、正文、结尾、署名和日期等关键信息。正文中一般应包括被介绍人的姓名、身份、人数、事由以及有效日期等。结尾部分就接洽事项向接洽单位或个人提出希望,可写上"请接洽""请予协助"等话语。

2. 介绍信的种类

介绍信大致可以分为两类:一种是印好格式的介绍信,在需要使用时只需填空即可；一种是用公用信笺书写的介绍信。这两者之间各有优劣，前者的优点在于方便、省时，因为固定模板的格式可以满足大多数需要的情况，使流程变得简化，从而提高实践前的准备效率；缺点在于不够正式，并且在某些特殊的场合缺乏效力。而后者的优点在于具有针对性，一方面适用于正式的场合，拥有足够的效力，另一方面又可以给对方留下足够重视此事的印象，但是缺点在于书写需要耗费时间且要不断斟酌用词是否得当，语句是否得体。

印好格式的介绍信，应用范围十分广泛。这种介绍信通常由存根、间隙和文本三个部分组成。首先，存根部分由标题（通常为"介绍信"）、介绍信编号以及正文和开出时间等组成。这一部分力求言简意赅，并且所占的纸张的面积通常小于正式联部分所占的面积，从而便于携带和保存。其次，间缝部分应写明介绍信的介绍编号，要与存根部分的编号一致，并且要加盖实践团队所在单位（学校）的公章。最后，正式联部分与普通介绍信相似，不过应当在标题下面再次注明介绍信编号。值得一提的是，带存根的介绍信不易篇幅过长，要将所接洽的工作描述得尽可能简明具体，在字迹方面要做到干净工整，不能随意涂抹修改。同时还要注意应当注明使用介绍信的有效期限，天数应当用大写汉字注明。

便函式的介绍信在社会实践过程中发挥着重要的作用。这种正式的、严谨的介绍信能使对方更具体地了解所要接洽的工作，方便给予社会实践活动的大力支持，从而促进活动顺利、有序地展开。便函式介绍信不能随意选择纸张，通常用公文信纸来书写。信件的内容包括标题、称谓、正文、结尾、单位名称和日期、附注等几个组成部分，便函式介绍信的写作步骤有以下几个方面。第一，标题通常为"介绍信"三个字，应当顶格居中写，并且字体的大小应当恰当，避免标题与内容在书写上比例失调。第二，称谓另起一行，并在顶格部分写下收信的单位或个人姓名，通常在姓名后面加"先生、女士、同志"等称呼以表尊敬，最后再加上冒号。第三，正文要另起一行，开头空两格开始书写，若没有特殊情况就不必对内容进行分段。在写正文的时候，一般将以下几个信息交代明确：①参与本次社会实践的团体名称，必要时要注明个人姓名、参与人数、参与者的身份、参与者在学校的职务等。应当对实践团体进行明确的说明，从而使对方了解必要信息。倘若参与人数较多，可写成×××等×人的形式。②说明来意与目的，说明所要与对方联系的工作以及对方所需接洽的事项等。③对收信人或收信单位的希望与要求等，在提出要求时要尽量语气委婉，态度随和，常用格式如"请接洽、请予帮助"。④结尾部分应当写表示致敬或祝福的话，如"至此敬礼"，这个步骤有助于拉近同对方的距离，体现出实践团体良好的教养，更有助于实践活动的顺利展开。⑤要注明单位名称和日期等必要信息。⑥在附注部分注明介绍信的有效期限，应当注意的是具体的天数应当用大写。在正文的右下角部分应当写明学校的名称和介绍信的开出日期，并加盖公章。日期应当写在单位名称下方。

在草拟介绍信的时候要坚持实事求是的原则。要突出自身的优点，但是也不能避讳缺点。在写作风格上最好用事实陈述来代替华而不实的修饰语，恰如其分地介绍目的与期望。语气态度要诚恳，字句要不断斟酌，使用得当的措辞。用语应做到委婉而不隐晦，字里行间应当透露出年轻人的朝气和自信。整篇介绍信篇幅不宜过长，言简意赅，在有限的篇幅中要突出重点，并且保证文笔流畅。同样地，便函式的介绍信在格式上也要注明介绍信的有效期限，天数要大写，应当注意字迹工整，不能随意涂改，重要的介绍信应当经有关领导过目，得到允许确认无误后再进行使用。常用的介绍信模板如下。

（1）带存根的介绍信模板

### 介绍信（存根）
字第××号

兹介绍×××同志×人前往×××××××××××××××××联系×××××××××××。

×××年××月××日

_____

_____

_____

第　　　　　　号

### 介绍信
字第××号

×××：

兹介绍××等同志×人，前往你处联系×××××××××××××××××××××××，请予接洽。

此致

敬礼

（有效日期××天）

×大学××学院团委

×××年××月××日

（2）公用信笺书写的介绍信模板

## 社会实践介绍信

尊敬的_____：

您好！兹介绍我院_____实践团队在_____年暑假期间到贵单位进行社会实践活动，请予以接洽为盼。特此证明。

指导老师：

服务队负责人：　　　　　　　　　联系方式：

此致

敬礼！

（有效日期××天）

×× 大学 ×× 学院团委

×××× 年 ×× 月 ×× 日

3. 介绍信的选择

在社会实践活动中与不同的群体接洽时，应具体问题具体分析，因地制宜地根据不同的情况选择不同类型的介绍信。介绍信的合理使用能帮助实践团队在社会实践活动中减少许多不必要的麻烦，以保证社会实践活动能够有序开展。在社会实践活动的开展过程中，与人打交道是必不可少的部分，而一封好的介绍信就如同实践团队的名片一样，能够加深对方对个人的理解认识，是促进实践活动的顺利开展。

4. 介绍信使用原则

介绍信在使用的过程中应该本着专人负责、上级同意、存根留存、格式规范的原则。其一，专人负责的原则。介绍信作为大学生"三下乡"社会实践活动中的介绍信用凭证，需要对介绍信进行妥善保存，这里的专人负责有两层含义：一是开具介绍信的组织要有专人去负责核实团队身份，确保团队真实性，并处理后续事宜；二是使用介绍信的团队，要有专人去负责保存介绍信，保证介绍信不遗失。其二，上级同意的原则。介绍信作为介绍实践团队进行相关实践活动的证明凭据，代表的不仅仅是这个实践团队，还代表着开具介绍信的实践团队所属院校。为保证后续实践工作的顺利进行，在开具实践介绍信的时候，要经过开具院校老师领导的同意，最好能有相关领导的签字和有关单位的盖章，这样的介绍信才更有效力。其三，存根留存的原则。开具介绍信的院校一定要在使用介绍信的程序上进行规范，特别是留存已经开具的介绍信的存根，这样一旦出现问题容易查找，也有一定的制约作用，保证介绍信不被滥用。其四，格式规范的原则。介绍信作为一个院校开具的具有说明效力的证明，代表的是一所学校和一个学院的脸面，因此在开具的时候一定要做到格式规范。

**案例1：**

某日，某省某县委宣传部新闻科的同志一行来到县监察局采访一起超期欠薪案。在监察局，接待的同志在详细看过笔者的记者证（系国家新闻出版广电总局核发）之后，还询问其是否具有县委宣传部开的采访介绍信，并强调口头介绍不行。

事实上，在最近两年多的采访活动中，笔者和同事经常遇到类似的情况。拿着新闻出版广电总局核发的记者证和单位介绍信采访时受阻，理由是没有和当地的有关部门接洽。

的确，近年来个别新闻单位管理混乱。个别新闻从业者不尊重职业道德，让基层苦不堪言。

在上述案例中，有部分不遵守记者的职业道德，动辄以批评报道相威胁。囿于这种坏风气，对于大学生社会实践团队来说，介绍信显得格外重要，它不仅能够显现实践团队身份的合法性，还有助于赢得实践方的信任和配合，从而促使实践活动有序开展。

（二）访谈提纲

访谈，是指采访者通过与受访者面对面地交谈来了解情况、获取所需信息、搜集资料的一种调查方法，可以个别进行，也可以集体进行（如召开小型座谈会），它是一种常用且行之有效的获取第一手信息的途径和手段。在"三下乡"社会实践活动开展的过程中，对社会情况的调查了解和信息搜集是必不可少的，访谈正是我们获取信息的重要途径之一。

1. 访谈提纲的概念

访谈提纲是针对某一问题或现象，对受访者进行采访前所准备的访问大纲，其涵盖了采访目的、采访步骤以及采访问题等，是采访者进行采访的一个思路提示，对整个采访进程做到有效控制。访谈提纲能够让实践团队在访谈之前就对此次访谈的目的和方向有一个明确的认识和规划，不仅有助于提高访谈质量与效率，还有助于增强访谈内容的针对性，在与访谈对象进行访谈的过程中发挥着至关重要的作用。一份高质量的访谈提纲是实践团队获取所需信息、顺利完成访谈任务的有力保障，如果事先没有拟定一份相关的访谈提纲，那么在访谈过程中就很有可能像一只"无头苍蝇"一样陷入盲目的境地，在访谈过程中可能会出现思路中断的尴尬场面，难以保证获得高质量的有效访谈，也显露出对访谈对象的不重视与不尊重。

那么，访谈方式怎样分类的呢？其大致分为正式访谈与非正式访谈这两种。在进行正式访谈之前，需要同访谈对象提前预约，确保双方能在一个合适的时间与地点进行访谈。在访谈之前，实践团队应根据访谈对象身份的不同而制定不同的提纲，并且围绕访谈中心思想做充分准备，以确保访谈能够顺利进行，同时还要注意与访谈对象交流时的礼仪礼节以及措辞的使用。这种访谈方式，通常适用的访谈对象包括机关政府、企业及学者等。非正式访谈指实践主体在社会实践活动中，实地参与研究对象的社会生活，而与其进行的日常访谈。其形式上更多偏向于闲聊的形式，访谈双方不会过分受到时间与空间的局限，因此访谈过程是较为轻松而随意的。作为访谈者，要将实质性问题与功能性问题进行穿插询问，实质性问题言简意赅，直击主题；而功能性问题则是营造轻松访谈环境，拉近彼此间的距离，从而获得更加真实可靠的信息。

2. 访谈提纲的构成

一份完整的访谈提纲基本包括以下五个部分：

（1）访谈主题、日期、时间、时长。在"三下乡"社会实践开展的过程中，实践团队所进行的实践活动可能需要多次访谈，或是针对某项政策的落实情况对相关负责人进行访谈，抑或是对某人进行人物访谈。由于访谈的目的不同，为规范访谈过程，需要详细记录每一次访谈，以便于后期访谈过程的详尽整理。

（2）采访者个人信息。每一位采访者在采访过程中所呈现的个人思维、采访方式、采访风格等方面都各有不同，在后期整理、提炼访谈记录的时候，采访者本人信息是重要的一环，此部分也是规范访谈环节不可缺少的关键部分。

（3）受访者个人信息。受访者是获得所需要信息的给予者，对于每一位受访者，实践队员都需要详细记录其个人信息，方便后期就某些问题或是询问意见和建议等能再次联系到受访者。同时在访谈提纲中也应注意不能过多涉及受访者的个人隐私，建议此处记录内容可以包括：姓名、性别、年龄、联系方式、工作单位及职务，如果必须要记录受访者其他过于隐私的信息，必须征求受访者的同意，并且务必做到不能外泄相关隐私信息。

（4）拟采访的问题。这一部分是整个访谈提纲中的重中之重，也是整个访谈提纲的灵魂所在。因此需要整个实践团队下大力气、费苦功夫进行准备，既要考虑怎样设置问题才能够获得所需要的信息，还要考虑每个访谈问题的合理性与逻辑性。这一部分在访谈过程中也能够给采访者"提词"，使其掌控整个访谈，防止出现忘词等尴尬场面。

（5）访问记录。这一部分和第四部分的重要性是一样的。访问记录是采访者在提出问题之后，对受访者回答问题的记录，是实践团队获取所需信息进行总结和分析的信息源头。由于受访者语速通常快于记录者的笔头速度，因此在记录时应该选择"关键词"记录法，对受访者回答的问题进行关键词速记，必要的话，可以使用录音设备进行录音，后期再整理出较为完整的访谈记录。

以上这五个部分是实践团队在准备访谈提纲时需要明确的最基本的五个方面，其他例如访谈建议、访谈结果等部分，可以由实践团队自行决定和灵活使用。访谈记录模板如下：

| 主题名称 | | | | | |
|---|---|---|---|---|---|
| 访问者信息 | 姓名 | | 联系方式 | | |
| | 工作单位及职务 | | | | |
| 受访者信息 | 姓名 | | 联系方式 | | |
| | 工作单位及职务 | | | | |
| 访问日期 | | | 访问地点 | 时长 | |
| 采访问题 | | | | | |
| 访谈记录 | | | | | |

3. 访谈提纲的设计

访谈提纲的设计环节，主要包括访谈材料的前期准备和访谈中期的问题设计这两个环节。

（1）前期材料准备

在"三下乡"社会实践的过程中，需要进行访谈的主要有两种情况：一是针对某人的采访，二是针对某件事情或某项政策的采访。当实践团队需要对某人进行访谈时，首先要熟悉受访者的资料。例如，围绕受访者展开思考和调查，有过怎样的自我经历？读过什么样的学校？有着怎样的性格？办事风格是什么？最近发生过什么样的事件？等等。较为重要的一点是，也许有些资料对采访者来说可能用不上，但计划总没有变化快，在采访的过程中总会遇到一些突发情况，多掌握一些受访者的情况，做到"知己知彼"，有助于实践队员灵活应对突发状况，达到"百战不殆"的实践效果。

当采访的主题是某件事情或者是某项政策的时候，实践团队需要深入了解采访背景，并对采访事件先做一番调查。通过翻阅大量资料、回放重要媒体事件报道，多角度、多层次对上述途径搜集到的背景信息进行整合总结，做到对整件采访事情或政策烂熟于心。然后进行角色扮演反问自己，作为一名采访者还有哪些地方是不明白的？有哪些地方还存有疑惑？这些不明白的、有疑问的地方，就是实践队员采访时要重点提问的方向。

在准备访谈提纲之前应当学会换位思考，从访谈对象的角度出发，结合自身素质情况与团队现有的资源来制定合适的访谈提纲。应当避免反客为主，要时刻以被访谈对象作为访谈提纲编写的核心，寻找合适的切入点来对实践团队所关心的问题进行询问。诚然，访谈提纲的拟定，最重要的是明确访谈目的和访谈范围。在采访过程中，实践队员会发现有时候访谈并不会沿着预设思路进行，可能无法完美把控具体的访谈内容，访谈对象的回答也具有不可预见性。但实践队员应当以不变应万变，更多注重临场发挥和突发应变性，如果受访者不按照预设的访问思路进行，也可以在交谈中按照受访者的思路，但作为采访者，需要把握的是采访主题不能发生偏移，同时还要注意在采访过程中如果发现新的线索，可能是实践队员在前期准备过程中没有发现的线索，而采访过程中受访者说了出来，此时采访者就需要紧追不放，这可能是此次访谈优于其他访谈的亮点所在。但是这一切都要建立在充分准备的基础之上，只有实践队员在规划访谈提纲时把握问题要点，围绕问题来进行访谈，才能使访谈者在访谈过程中如鱼得水、游刃有余。

（2）中期问题设计

采访提纲中，相关采访问题的准备是非常重要的。实践队员应当在明确目的之后以此作为主线整理出一系列相关的问题。问题数量要根据情况调整，每个问题的篇幅不宜过长，6—8个问题为宜，不要超过10个。问题应当简明扼要、简单易懂，让采访对象能够完全理解。但值得注意的是，访谈提纲只能起到辅助作用，在具体访谈的过程中不应盲目遵循访谈提纲，而是当遇到值得深入挖掘却又不脱离最初采访目的的话题时，应该随机应变，灵活操作。这样实践团队才能收获更多有价值的信息，从而提升本次访谈的质量，更有助于完成社会实践任务以及后续的研究总结活动。

实践团队在设计问题的时候，要因人而异。诸如面对善于言辞、敏于思考、感觉自信的采访对象，实践队员在设计问题的时候要抓住核心问题，开门见山，从一开始就提出关键性的、紧扣主题的问题，然后扩展为比较笼统的问题。这种方式会给受访者一种高效的感觉。而面对需要采访的是较为不善言辞的受访者的时候，访问的设计可以由浅入深，渐次追问问题。让受访者逐步适应采访的环境，慢慢放松心态，打开心扉进行交谈。同时，当采访者需要提出一些尖锐、敏感的问题时，如果这类问题会让受访者闪烁其词，那么在设计问题的时候就可以先用一些宽泛的话题缓解气氛，逐渐引入正题；或旁敲侧击，追本溯源，引出未知的细节。

4. 访谈技巧的使用

（1）善于提问。采访者在进行访谈时，不能过于拘谨，更不能拿着提纲照读。问话要简洁、清晰并围绕主题，涉及到的一些专业术语、概念，不要不懂装懂，要虚心请教。当谈话渐入佳境时，可以根据当时谈话的内容，适当地插入简短的话或提问。如果在提问过程中有的放矢，就会促使谈话更加生动和深入，同时对于不同种类的问题也有相应的提问技巧。虽然采访中有分工，但谈话到一定深度时，其他成员也可以适当发言，以促使谈话内容更加丰富。

必须强调的是，要尊重受访者的隐私，对于某些个人的问题要回避，但是对于关键问题，要有"打破砂锅问到底"的精神，如果对方不愿意交谈，不要着急，要有一股锲而不舍的精神，保持一种平和的心态将采访进行下去。

（2）善于倾听。倾听是采访者在访谈中必须具备的素质，如果频繁打断受访者，会让受访者心理厌倦，从而影响访谈效果。倾听是一种有品质、有素养的体现，也能反映整支实践团队的素质。采访者在倾听受访者叙述的过程中，还要注意受访者面部表情、回答语气以及肢体动作等，这些细节往往都含有重要信息。在倾听的过程中，采访者也可以有点头等肢体动作来回应对方。

（3）善于记录。访谈是实践团队获取相关信息的重要途径，受访者每一句话中都可能含有实践团队所需要的信息，所以对于实践团队来说，完整记录受访者的话语对后期访谈结果的整理具有决定性意义。在访谈中，想要完整记录受访者的话语论述也存在一定的困难，记录者可以采取"关键词""简写"等方法来进行记录，也可以通过小组内分工合作的形式来实现访谈内容的完整性记录。同时，必要时也可以使用录音笔、手机等电子工具进行访谈过程的记录，以便后期整理文字访谈记录。

（4）善于沉默。沉默也是采访者在采访中的重要技巧。实践团队希望从访谈中获得要点性、针对性、独家性的回答，要注意不要去打断受访者的讲话和思路，有时候心中有数却不露声色，也能达到同样的效果预判。美国著名的电视节目主持人迈克·华莱士（Mike Wallace）说："我发现，在电视采访中最搞笑的做法就是问一个漂亮的问题，等对方回答完毕，你再沉默三四秒钟，仿佛你还在期盼着他更多的回答。你明白会怎样吗？对方会感到有点窘促而向你谈出更多的东西。"

综上，访谈提纲对实践团队访谈的进行有重要的辅助作用，可以帮助其梳理思路，并提出有针对性的问题，从而促进访谈的顺利进行。但在访谈过程中不能仅仅局限于访谈提纲之中，也需要提高访谈者的灵活应变能力和临场发挥能力，在明确范围的基础上挖掘更多有价值的信息，这也是访谈过程中的重要收获。

5. 注意事项的把握

在访谈的过程中，要注意几个方面的把握。首先，访谈过程中应当给予访谈对象充分的尊重。在社会实践开展的过程中，接洽的实践单位以政府机关和企业居多。不同的访谈对象，自然有不同的注意事项。有关政府机关的访谈，应当注意避免询问有关机密文件的话题；有关企业的访谈，要避免有关商业机密的讨论；而对个人的访谈，要在访谈前就其身份、职务、身体状况等多方面因素进行考虑，避免询问私事；在少数民族地区的访谈，应注意当地的风俗习惯以及宗教禁忌等。以上问题都是在准备访谈提纲的阶段就应当仔细考虑的问题，一方面出于对访谈对象的尊重，体现实践团体和实践个人的良好素养，另一方面也有助于拉近彼此的距离，使访谈能够高质量的进行，从而更高效完成社会实践活动任务。其次，录音、照相等需征求受访者意见。为了记录访谈过程的完整性，在访谈过程中如果需要进行录音或照相时，应当事先征求受访者的意见，承诺不外传，以示尊重。最后，要注意自身表现。作为采访者，在采访过程中要时刻注意自己的表情和语速，语言表述要清晰明了，语速要适当，要让受访者明白采访者所提出的问题。以下是访谈提纲的模板，仅供参考。

## 调研访谈提纲

我们向您承诺，今天访谈涉及的内容和您阐述的观点，只作为我们研究参考，您申明不宜公开的资料和观点，我们将严格为您保密。

| 主题名称 | | | 针对某县垃圾处理难的访谈 | | | |
|---|---|---|---|---|---|---|
| 访问者信息 | 姓名 | 张三 | 联系方式 | 187×××××××× | | |
| | 工作单位及职务 | | 某校×××调研团成员 | | | |
| 受访者信息 | 姓名 | 李四 | 联系方式 | ××××-××××××× | | |
| | 工作单位及职务 | | 某县办公室副主任 | | | |
| 访问日期 | 2019.05.17 | | 访问方式 | 正式访谈 | 时长 | 1.5 小时 |
| 访问地点 | | | 某县办公室 | | | |
| 采访问题 | | | 1. 作为政府工作人员您是否关注过所在村镇垃圾处理？<br>2. 您所在办公地点的垃圾主要有些？您是怎样处理的？<br>3. 您对这种垃圾处理方式有哪些看法及推荐？<br>4. 周边村民的日常垃圾有哪些？处理方式？<br>5. 您对居民垃圾处理方式有哪些看法及推荐？<br>6. 您了解的垃圾处理方式主要有哪些？（传统与新方式）<br>7. 我县目前处理垃圾的主要方式是建造垃圾填埋场，这种方式的好处与弊端？<br>8. 县委、县政府在建造垃圾填埋场、解决民生问题的同时是否与当地居民进行有效沟通与协商？（如：征地建厂、垃圾污染空气、水源等问题）<br>9. 县委、县政府目前对农村垃圾处理有什么新政策？ | | | |
| 访谈记录 | | | | | | |
| 访谈结果 | | | | | | |
| 受访者意见 | | | | | | |

谢谢您在百忙之中抽出时间接受本次访谈，相信会给我们的研究带来极大的帮助，再一次表示感谢！

### （三）调查问卷

#### 1. 调查问卷概述

调查问卷又称调查表或询问表，是以问题的形式系统地记载调查内容的一种印件，是我们在开展"三下乡"暑期社会实践活动过程中，快速进行各种数据收集的重要工具和主要方式。调查问卷有表格式、卡片式或簿记式等多种形式，其本身的历史可以追溯到社会调查广泛开展的十九世纪。如今，调查问卷也越来越多地被用于定量研究中，并和抽样调查共同成为社会学研究过程中的重要方法之一。

调查问卷按照使用问卷方法、问卷发放方式、问卷问题方式等不同的分类依据，可以分为多种类型。具体见表1。

表1　调查问卷的分类

| 分类依据 | 类型名称 | 备　　注 |
|---|---|---|
| 使用问卷方法 | 自填式问卷 | 指由被调查者自己如实填写回答 |
| | 代填式问卷 | 指调查者按照事先设计好的问卷向被调查者提问，根据被调查者回答，由调查者进行填写的问卷 |
| 问卷发放方式 | 送发式问卷、邮寄式问卷、报刊式问卷、人员访问式问卷、电话访问式问卷、网上访问式问卷 | |
| 问卷问题方式 | 封闭式问卷 | 这类问卷的问题设计，其答案选择是固定的。多以选择题形式出现 |
| | 开放式问卷 | 其答案选择不是固定的，被调查者可自由作答。问题一般为开放性问题 |
| | 综合型问卷 | 既有封闭式选项，也有开放性问题 |

面对诸多种类的调查问卷，实践团队需要根据不同的情况灵活运用，不同种类问卷的选择应当建立在对调查内容、调查对象等多方面的考量，最终选择出最适合的问卷形式进行调查。

#### 2. 调查问卷结构

一份调查问卷主要由标题、封面信、指导语、正文、编码号、致谢语、试验记录等要素组成。具体如下。

（1）标题。调查问卷的主题需要明确，一个好的调查问卷的标题应当遵循"明确＋简洁"的原则，这样不仅能够一目了然地反映出所调查的内容和方向，还能增强被调查者的兴趣和阅读的愉悦感。因此设计标题时需要多加注意，避免出现没有标题或者标题太过宽泛、甚至文不对题的情况。常用形式为"关于×××的调查"。以大理扎染产业为例，该项研究的选题可能是"关于大理扎染产业的研究"，调研问卷的题目可以是《大理扎染产业发展现状的调查》。

（2）封面信。在调查开始之前应当有一个简短的说明，这就是封面信，它没有严格的具体形式的限定，但是至少要说明此次问卷调查的目的，以及被调查者需要注意的事项，并强调对被调查者个人信息的保密等。设计说明的目的在于引起被调查者的重视并使其给予支持和配合。其基本内容要涵盖以下几个方面：①说明调查者的身份与联系方式，即实践团队是哪个学校的调研团队；②说明调查的意义和目的，即此次社会实践活动开展调研的方向是什么；③填写调查问卷的说明（不记名、选勾/写选项/写文字等）；④说明保密措施，关于匿名的保证；⑤调研用途的说明：学术研究还是商业用途；⑥感谢语，请求被调查者合作。以上的基本内容的展示，都能体现出一支实践团队的研究素养，所以一定要高度重视。总之，封面信的书写需要达到以下目的：我是谁？我们要调查什么？我们为什么进行这项调查？我们的这项调查有什么用？我们的调查不会损害被调查者的利益。此外，在一些大型的调查中，一般还会要求被调查者阅读和填写知情同意书。其目的不仅是让被调查者清晰调查的来意，还保证了研究的科学严谨性，让调查者更具合法性和规范性。

（3）指导语。指导语可以看作一组陈述，主要告诉被调查者如何正确回答问题，它对于问卷的作用相当于一部机器的使用说明书。有些指导语集中在封面信之后，并标有"填表说明"的标题。指导语的作用不容小觑，在一定程度上能够保证调查的严谨性和规范性，与后期问卷的数据处理与分析紧密相关。

（4）正文。这部分是调查问卷最核心的部分，需要调查者仔细斟酌问题和答案，并注意二者间的关联性，调查问卷所收集的信息内容也大都来源于该环节。这部分内容实际上将某种社会现象或问题转化为问题的形式来进行更为深入的研究。调查问卷的编制主要编写正文内容，正文一般来说，也可以分为两大部分，第一部分是被调查者的基本信息情况调查，第二部分是研究问题的调查。

（5）编码号。当我们需要拥有较大基数的被调查者时，每份问卷应当设计编码号。虽然并不是必要的部分，但是能起到方便管理、统计的作用。

（6）致谢语。为了表达对被调查者顺利合作的谢意，研究者应当写下表达感谢的话。这是在问卷的结尾部分。一般来说，也有两种形式。一来可以用一段短语内容对被调查者的合作再次表示感谢，还可以提出关于不要漏填与复核的请求；二来可以表述对本次调查形式与内容的直观感受，也可以在致谢中广泛征询被调查者的意见。

（7）试验记录。调研团队在设计好调查问卷的初稿之后，为确保问卷的有效性，需要对问卷初稿进行小范围测试，评估初稿有效性，并根据专家提出的具体建议进行修改，多次修改后才能定稿。这些测试记录能够在之后分析信息时进行内容的复核，以便复查时使用。虽然在格式上并没有严格的规定，但是内容应清晰、准确，在末尾还需附上调查者的签名并标注日期。

3. 调查问卷作用及意义

调查问卷的目的通常是为了收集特定人群对于某一问题的观点、信念和看法。对于大学生"三下乡"暑期社会实践而言，实践人员通常需要针对某个问题，面向不同群体搜集大量数据。如果不采用适当的数据搜集方式，对于实践人员而言，前中期搜集数据、后期整理数据，这样的工作量是极其巨大的。一份优秀问卷的制作可以帮助实践团队减少大量工作，增强实践过程的了解和认识，提升工作效率。因此，选用调查问卷来进行数据的搜集，不仅可以帮助实践团队在较短时间内，节省经费、人力等资源来获得大量需要的数据，还便于将搜集到的信息数据进行分析和处理。

4. 优秀调查问卷标准

既然调查问卷对实践团队的信息收集和数据处理有较大帮助，那么一份优秀的调查问卷应该有哪些标准呢？什么样的问卷才能称得上"优秀的调查问卷"呢？对于这个标准，可以有三个方面的考量：一是必须能够为调查者搜集到所需数据或信息。使用调查问卷的目的就是为了收集所需要的信息和未知数据，如果一份问卷未能提供所需的数据或信息，那么从设计出发点来说，它就是一份失败的调查问卷。二是必须充分为被调查者做考虑。被调查者作为调查问卷的填写者，每位被调查者所提供的数据或信息都与最终调查结果的准确性、真实性和可靠性有极大的联系，被调查者的意见会直接或间接影响整个实践的最终结果。因而在设计调查问卷时，要站在被调查者的位置，以被调查者的心态去考虑问卷的各个方面设计是否合理。诸如问卷中问题设置不能过多，6—15 个为宜，问卷填写用时控制在 8 分钟之内，用时太长会使被调查者产生厌烦心理，用时太短则不能为实践团队提供相应的数据或信息。再有，一次填写调查问卷的过程就是实践团队与被调查者之间的一次交流的过程，在问卷语言上，应避免使用专业术语和容易引起误解的词语，最好使用简单的日常用语，在文字中透露出亲切感，防止被调查者产生抵触心态。三是必须利于后期数据的整理和分析。调查问卷的使用是为了简化数据和信息的搜集工作。一份设计合理的调查问卷应该在设计初期就考虑到后期数据信息处理的便捷性、中期被调查者的填写以及后期数据的转化输入，否则在后期数据的处理中，将会带来巨大的数据处理压力。

5. 调查问卷设计原则

一份调查问卷的问题设计，要遵循目的性原则、可接受性原则、顺序性原则、规范性原则、非指向性原则和有效性原则。

（1）目的性原则。在实践团队使用调查问卷时，一般出于两个目的：一是搜集相关数据，如："您平均一个月观看多少次黄梅戏演出？"；二是针对某个问题，搜集信息。如："在您看来未成年人沉迷网络的主要原因是什么？"如果是出于第一个目的，首先要做大量的工作准备，诸如文献阅读等途径，来确定实践团队目前仍然未得到的数据是什么，之后问卷问题的设计初衷就是通过调查问卷来获取未能获得的数据，设计的问题就要紧紧围绕所需要数据的多个方面而设计若干个问题，同时也应注意避免设计无关的问题。如果出于第二个目的，那么在设计问卷问题时，就要分析并明确调研团队的调研主题，以调研主题为中心，确定研究范围，在通过阅读文献等途径的基础上，确定还未清楚的问题，针对发现的问题，与组员进行讨论和分析，设想一个假设性影响因素，这是整个问卷设计中的核心部分，其他所有问题都要围绕这个核心部分进行逐步探讨。在确定了假设性的影响因素后，再确定调查的若干问题，对于核心概念通过团队进行讨论再凝练，之后结合有关内容的资料背景，制定出调查问卷。

举例说明，假设要调研民众眼中的海南自贸区（港）政策，所设计的问题必须要紧紧围绕"海南自贸区（港）"这个关键词，可设计如下问题：Q1：您对海南自由贸易区（港）的了解程度是？Q2：您对海南自由贸易区（港）的了解主要来源于？了解程度、了解来源这两个要素，对调查结果有直接的帮助。在此基础上设计的调查问卷，既能够满足调查目的，也便于被调查者了解调查人员的意图。

（2）可接受性原则。调研问卷的某些问题可能在一定程度上会涉及被调查者的隐私。此外，被调查者有是否参加调查的绝对自由，可以选择接受，亦可拒绝。因此，在设计调查问卷的时候要充分考虑如何使设计的调研问卷更容易让被调查者的接受。可见，如何设计一份易于被调查者接受的问卷，对于整个调研过程的数据收集可谓是"重中之重"。针对此原则，调研问卷应遵循下面三条建议：①在问卷的说明词中，应清楚地告知答卷人调查的意义以及他们自己对调查结果答复的重要性；②调研问卷的用语要诚恳、尊敬，说明词要亲切、温和，提问部分要自然、清楚、礼貌，同时在称谓上要使用敬语，诸如用"您"代替"你"等；③要尽量避免设计有关被调查者隐私和敏感问题，如个人收入、家庭住址等。同时要注明调研团队会为被调查者回答的问题保密，以消除被调查者内心顾虑和心理压力，使被调查者自愿参与，认真填好问卷。此外，在问句构造上，尽量使用适合被调查者身份和水平的用语。

在实践团队进行问卷调查收集数据等信息的时候，通常都会面对若干群体发放问卷，来确保数据的全面性。因为面向群体的文化水平、认知程度、个人修养不同，设置的问题一定要被较多被调查者所接受，就此提出以下几点建议：问句一定要口语化、通俗化；尽量避免使用专业术语；避免使用不熟悉和含糊的词语、不常见的缩略语以及生僻词和生僻句，避免出现一些令被调查者难堪或感到尴尬的问题，问题的设置让被调查者能够理解和接受。假设要调研精准扶贫政策在某个贫困村的落实情况，如果是面对当地的驻村干部，询问："您觉得精准扶贫政策给村庄带来了什么改变？"会很容易做出相应答复，因为驻村干部对这一政策的认知程度较高。但是同样的一份问卷面对当地村庄的村民，如果还是问"您觉得精准扶贫政策给您带来了什么改变？"由于他们受文化水平的限制，部分村民可能理解不充分，这就会导致实践团队收集的答案不准确。但是如果换成"咱们这个扶贫政策帮咱家发展的咋样了？国家有啥补助？家里现在过得怎么样？"这样一来，问题虽然口语化很多，但不仅不会影响驻村干部这一群体回答相应问题，同时对于特定的村民这一主体，也会更易于理解和接受，调研团也更容易获得所需要的数据。

（3）顺序性原则。顺序性是指调查问卷在题目顺序的安排上，要保证调查问卷的整体条理清晰，能够迎合被调查者的心理活动，以提高问卷收集的效果，更高效地获得所需要的信息。调查问卷中的问题一般可以按以下顺序列出：①先易后难、先简后繁。容易回答的问题放在前面，难于回答的问题放在后面，简单的问题放在前面，复杂的问题放在后面。如果问卷的前几道题目很容易作答，能够提高回答者的积极性，有利于把问卷答完，这是一种预热效应。如果一开始就让被调查者感到费力，则容易使人内心产生抵触心理。②先问近期问题、后问远期问题。在设计问卷中，有时候会询问被调查者有时间顺序的问题，针对这些问题的设计，如果将较远期的事情放在靠前的位置，由于人的记忆对时间相隔较远的事情记忆会相对模糊，准确度会受到影响，进而使得被调查者内心出现不愿意继续接受调查的心态。在这种情况下，实践团队可以先以若干件有关近期的事情开头，这些类似问题易于回答，如用前天、一周前的问题引入。③先一般性问题、后敏感性问题。通常来说，尽量避免设计敏感性问题，如个人收入、家庭住址等，被调查者对这类问题会有所顾虑，而产生不愿意配合的情绪，若将这类问题放在前面，一旦遭到被调查者的拒绝，就会影响到后继问题的作答，阻碍调查工作的顺利进行。然而，如果将一些不会使被调查者产生顾虑或紧张的一般性问题放在问卷前面，敏感性的问题放在一般性问题后面，被调查者一般都会在回答完一般性问题的基础上，继续回答剩余的有关问题。即使被调查者不愿意回答问卷后面的敏感性问题，其他一般性问题也已做出回答，也可以获得一部分相关数据。④先封闭性问题、后开放性问题。封闭性问题，即选择题，包括单项选择、多项选择和不定项选择。这些问题，问卷设计者已给出可供选择的答案，被调查者只需从问卷中已列出的多个答案中根据题目要求选择一个或多个答案即可。例如：

Q1：您是否愿意把什寒村推荐给他人？

1. 非常愿意　B. 愿意　C. 不愿意　D. 非常不愿意　E. 不确定

Q2：您认为什寒村旅游发展的缺点有？（多选）

A. 交通不便　B. 卫生不佳　C. 基础设施不完善　C. 消费较高　D. 民族特色不明显　E. 具体娱乐项目和形式较少

此类封闭性问题由于被调查者不用花费过多的时间去考虑，可以在较快时间内做出相应选择，被接受程度较高，因此，封闭性问题应放在问卷前面。

开放性问题，即填空题或解答题，此类问题问卷设计者仅提出了问题，并没有给出供选答案，需要由被调查者进行作答。例如："您对今后青少年禁毒宣传工作的展开有什么建议？"一般来说，被调查者是不愿意花太多时间去完成调查问卷，同时也较为抵触回答一些需要文字书写的问题，而开放性问题大都需要花费时间来进行书面作答，较容易引起被调查者的抵触心态。因此，如果开放性置于前面，会使被调查者觉得问卷需要花费较长时间，从而拒绝配合进行问卷调查。而将开放性问题放在问卷后面，即使不作答，对整体数据或信息也不会有太大的影响。对于社会实践中设计的调查问卷，实践团队一般需要进行大量的数据搜集，面向的目标人群较为宽泛，所以建议实践人员在进行社会实践调查问卷设计的过程中，尽量避免设计开放性问题，如果必须设计开放性问题，建议问题数量控制在两个以内，可以设计封闭性问题，以另一种方式获得开放式问题需要的信息等，但也要注意调研问卷问题整体数量不宜太多，问题控制在 15 个以内，被调查者回答时间控制在 10 分钟之内为合适范围。

（4）规范性原则。规范性原则在这里有三点具体要求：问题的对象要明确、提问方式要合理、备选答案的设置要准确。①问题的对象要明确。在设计调查问卷的过程中，实践团队在提问主体的问题设计上，一定要把握准确。例如，在对校园食堂饭菜价格进行提问的时候，假如实践团队以"您对某校食堂是否满意？"这样的问题进行提问时，被调查者可能会陷于到底是对"食堂哪一方面满意？是价格还是口味？"这样的困惑中，对团队最后的数据的准确性会造成干扰。②提问方式要合理。假如某个实践团队要搜集"父母对新入学大学生参加学生组织的态度"相应数据时，设置的问题为"A. 同意 B. 不同意"。这样的问题设置并没有考虑到一部分新生家长对学生组织的认识情况，一些家长可能不了解学生组织，他们就不能表明自己的态度，此问题应该在补充一个选项："C. 不了解学生组织，不发表意见"，这样就保证了问题提问的合理性。③备选答案的设置要准确。由于开放性问题不需要问卷设计者给出备选答案，所以"答案设置的准确性"较为针对一些封闭性问题。一般来说需要注意两个方面：即程度副词和连词的准确使用。对于程度副词来说，在设计问题答案的过程中，难免会问一些关于程度方面的问题，如："您观看传统四川戏曲的频率大致是多少？"。假如实践团队设计的备选答案为"A. 经常会 B. 偶尔有过 C. 从来没有"，这样的备选答案过于笼统，不便于后期的数据整理，但是如果换成"A. 一周一次 B. 半月一次 C. 半年一次"，这样就对被调查者的观看频率了解得更加直观，也更利于后期数据的整理。

在问卷调查中，较为常用的是"李克特量表"。该量表由一组陈述组成，每一陈述有"非常同意""同意""不一定""不同意""非常不同意"五种回答，分别记为5、4、3、2、1，每个被调查者的态度总分就是其对各道题的回答所得分数的加总，这一总分可说明调查者的态度强弱或其在这一量表上的不同状态。此外，还有如鲍氏社会距离量表、瑟斯顿量表、语义差异量表、配对比较量表等。这些量表都是可以为实践团队在设计调查问卷问题的程度上提供帮助。

对连词的使用，实践团队在设计问题的时候切记避免出现"和""及"等表示并列关系的连接词。例如，在调查某高校学生对外卖的态度时，假设提问为"您对我校周边外卖是否满意？"时，备选答案有"A. 对价格和卫生满意 B. 对价格和卫生还算满意 C. 对价格和卫生不满意"。被调查者如果对价格满意，但对卫生不满意这样就导致了回答的尴尬，进而影响收集的数据的准确性。同时，连词的准确使用在问题的设置上，同样也要注意避免出现"您对我校周边外卖的卫生和价格是否满意？"这样表述不清的话语出现。

（5）非指向性原则。非指向性原则具体来说有三点：一是，不能加入问卷设计者本身的个人主观倾向，不能带有个人感情色彩。例如，如果以"我团队看来这种收费制度不合理，请问您的看法是＿＿＿＿＿＿＿。"这种方式进行提问，那么调研团本身的看法将会影响被调查者做出公正的选择。二是，不要用调研团队预设结果来误导被调查者。假如某实践团队在调查影响大学生晚睡因素的时候，预设影响因素为"手机"，那么在问卷问题中，如果这项预设因素在问卷问题、答案中出现过多，在某种程度上等于变相告诉被调查者，该实践团队认为就是手机会影响大学生晚睡，会干扰被调查者进行自我判断，他们只能按照问卷设计者预设好的步骤逐步进行选择，最后的结果也很可能和调研团队预设的一样，就失去了调查问卷的意义。三是，问题的设置要保证中立，不能有任何提示性、诱导性的词语出现。例如，实践团队可以问"您觉得此项政策怎么样？"而不能问"您觉得这项政策很好，是吗？"提示性、诱导性的词语会使回答结果不客观，影响数据的准确性。

（6）有效性原则。调查问卷是实践团队搜集相关信息或数据的重要工具，收集的信息以及数据的真实性都会对最后调研结果产生一定的影响，严重的甚至会导致调研的失败，因此调查问卷的设计，需要确保其本身设计以及回收问卷的有效性。①调查问卷设计的有效性。为了保证问卷具有较高的可靠性和有效性，在形成正式问卷之前，应当对问卷进行测试，并对测试结果进行信度和效度分析。信度（Reliability）即可靠性，它是指采用同样的方法对同一对象重复测量时所得结果的一致性程度。一般有四种方法，即重测信度——再测法（跨时间的一致性）；复本信度——等价法（内容上的一致性）；内部一致性信度（题目间一致性）；评分者信度（多位评分者一致性）。效度（Validity）即有效性，它是指测量工具或手段能够准确测出所需测量的事物的程度。美国心理学会在 1974 年所发行的《教育与心理测量之标准》一书中将效度分为三大类：内容效度（Face Validity）、准则效度（Criterion Validity）和架构效度（Construct Validity）。②回收问卷的有效性。在实践过程中，实践团队并不能保证每一位被调查者在填写问卷的时候，均是抱着认真、细致、负责的态度进行的，其中难免会遇到有一些问卷的质量不尽如人意。如果不对回收问卷的质量进行监管，筛选其中不合格的问卷，在某种程度上会使最终的调研结果出现偏差，降低调查结果的说服力，影响调研质量。因此对每一份回收的问卷都需要使用适当的方式进行有效性筛选，对问卷有效性筛选使用的较多的是 SPSS 法。

在社会实践的调查问卷设计中，因为实践团队成员大都是初入大学的新生，掌握的相关实践技能并不多，运用也并不熟练，多数实践成员会死板地照搬网上一些调查问卷模板，或是进行部分的细节改动。如果实践团队在设计问卷时，可以遵循以上给出的六点设计原则，在一定程度上会少走一些弯路，保证问卷调查质量，帮助实践活动可以顺利进行。

## 二、安全材料

### （一）家长知情书

知情同意权是指行为人在社会行为中，特别是民事行为中，要求对对方信息的了解和知悉程度应与对方对自己的了解和知悉相对称，并在此基础上选择是否同意对方的行为的权利。它包含主动知悉权、被动告知权、自主选择权、拒绝权和同意权这几个方面的权利。从上可以看出，知情同意权是由知情权和同意权两个密切联系的权利组成，知情权是同意权得以存在的前提和基础，没有知情权的存在，当事人或监护人不可能有效地行使同意权。在大学生"三下乡"社会实践活动中，知情权的行使有赖于学校或学院的告知，一般应包括实践日期、实践地点、团队人数以及实践目的等，这些信息只有在当事人或监护人知情之后才能更好地使用同意权。

在社会实践中，实践人员大多为在校大学生，普遍具有独立性不高、社会经验不丰富的特点，大部分学生仍对家长有较大的依赖性。"三下乡"社会实践一般需要前往远离家乡的地区或国家，实践团队的家长都有了解的义务与责任，签署知情同意书实际上包含了知情、理解、同意或否决这三个过程，一方面是对社会实践安全方面的保障，另一方面也是对家长的尊重。只有大学生家长（即其监护人）在完全了解知悉所要开展的实践活动的情况下的答应或允诺，才能在某种程度上敦促家长对大学生子女外出实践活动进行监督，尽量减少意外情况的发生和紧急情况的应急处理，为实践活动增添一份保障。

家长知情书没有过于严格的格式限定，但依然有需要注明的部分。首先，应写明标题，并在内容中注明对于此次行程的大致介绍；其次，应注明出发时间、地点以及回归时间等必要信息；最后，应由其有效监护人及其本人的身份证信息、联系方式、手写签字以及签字日期。家长知情书是社会实践活动开展前的必要准备工作，但往往也容易被大家忽视。需要注意的是，为保证家长真正做到知情，避免出现实践成员代替签字的情况出现，实践团队必须要求家长亲笔签名并附有身份证信息图片。在收集家长知情书的过程中要注意对家长知情书进行妥善保存，不能泄露家长或实践成员的个人信息，特别是身份证信息，有条件的可以对图片进行水印处理。家长同意书模板如下：

## 社会实践家长同意书

本人是贵校××学院_____级_____专业_____班_____同学的家长（父亲/母亲），我已知晓并同意_____同学参加××学院暑期社会实践团队（团队名）_____，并于××年_____月_____日至××年_____月_____日赴_____进行社会实践，在外出期间，我会督促_____同学遵守相关法律法规，自觉维护国家利益，服从学院和指导教师安排，并承诺_____同学实践期间由于违反法律法规及团队纪律等个人原因所造成的一切后果由自身承担。


家长签名：

时间：

联系电话：

身份证号码：

```
┌─────────────────────────────────┐
│                                 │
│                                 │
│       家长身份证复印件、照片         │
│           （正面）                 │
│                                 │
│                                 │
├─────────────────────────────────┤
│                                 │
│                                 │
│       家长身份证复印件、照片         │
│           （反面）                 │
│                                 │
│                                 │
└─────────────────────────────────┘
```

（二）安全责任书

"三下乡"社会实践活动是大学生外出的暑期社会实践活动，安全问题是学校、指导老师、大学生以及学生家长都要考虑的首要事项，因此安全责任书是出行前必要的准备工作。

签署安全责任书的目的，一方面是从每个参与者人身安全角度考量，使每个实践参与人员树立安全意识，重视实践前期的安全准备工作以及实践中期的安全问题，保障每个参与者的人生及财产安全，有效防范重大安全事故的发生。另外一方面，也是明确责任主体，落实各项责任具体到位，避免一旦出现安全问题后，问题得不到妥善处理的情形。

在安全责任书的具体格式中，首先应有一个明确的题目，其次应列举相应法律规定，表明相应责任认定依据，然后再详细列举学校、学生以及家长三方必须遵守的规定，明确相应责任和义务，由三方相应负责人亲自签名并各自存留一份。在安全责任书中，应表明此次活动是本着自愿参与的原则，强制进行的不具有法律效应。同时，实践团队在设计安全责任书的时候，应注意标明安全责任书的有效期限，此期限应该取各个实践团队的实践时间的并集，将实践时间全部包含在内，避免出现遗漏，造成危害。安全责任书模板如下。

### 2018 年 H 大学大学生暑期社会实践活动安全责任书

为贯彻落实国家、学校有关安全工作管理规定，防患于未然，进一步帮助学生明确安全工作的规范要求，增强安全观念，提高学生的自防、自卫、自救能力，确保学生参加实践活动的安全完成，特签订此安全责任书。

本人自愿参加 H 大学 2018 年学生暑期社会实践活动，并保证本人身体和心理状况适合参加本次实践活动，对本次实践的目的、性质、实践地的情况以及可能的风险有清楚地了解，详细阅读并全部理解教育部令第 12 号《学生伤害事故处理办法》（2002 年 9 月 1 日生效）。在我实践期间，本人保证将自觉遵守国家法律法规和学校纪律，严格执行学校关于暑期实践的各项规定。

1. 参加本次活动，学生自愿报名，已征得家长的同意并签署"家长知情同意书"；

2. 由于本人过错、不可抗力、意外事件导致的自身人身伤害依据《学生伤害事故处理办法》（教育部令第 12 号）第十二条处理；

3. 本人财物的遗失、被盗、损坏等经济损失由本人承担；

4. 团队成员要服从队长统一安排，不得擅自行动，做到有事请假；

5. 到目的地后调研工作，团队成员集体要求租车开展调研活动；

6. 遇到突发事件，需与队长、指导老师及其他成员取得联系并及时解决；

7. 备好应急药品，应对突发性疾病；

8. 本人实施的违法行为或违反事件的各项规定，以及民族习惯等行为所造成的损失和引起的法律责任由本人承担；

9. 由于本人的过错造成的第三方的人身伤害或经济损失由本人承担；

10. 活动结束队员返乡回家后，要及时告知指导教师，由指导教师告知院、部（系）团委书记。

此责任书一式三份，学校、学院和学生本人各执一份。

此责任书的有效期为 2018 年 7 月 9 日至 9 月 1 日。

本人已经详细阅读并认可本责任书，对整体内容和各项规定均无异议。

学　　院：

年　　级：

本人签字：

家长签字（代）：

年　　月　　日

（三）商业保险

以 H 大学为例，H 大学 Y 学院在 2018 年暑假期间开展的社会实践活动，共有近 200 人参加，为保证学生实践期间的安全问题，学院要求全体学生在出发前购买保险。在经过确认全体实践人员均购买保险之后，才允许各实践团队前往各地开展实践。没有购买保险的或没按照要求购买保险的均不允许外出参加实践活动。H 大学 Y 学院此举保证了全体实践队员的安全，虽然是强制性行为，但也是极其必要的举动。因为大学生在社会实践过程中，大都会前往非家乡地区开展实践活动，环境的不熟悉、语言沟通的障碍等一系列可能发生的意外情况都会对实践人员的人身安全造成一定的威胁，难免会遇到各种意外和风险，而保险无疑就是转移风险带来的经济损失及其连带问题的最佳手段和重要保障。短期人身意外保险是一种非常适合大学生在社会实践过程中购买的保险，实践人员应该在实践出发前购买保险，这样倘若有意外发生可以最大程度的保障参与学生的利益，避免纠纷的发生，减少经济损失。在购买保险时应注意的事项有以下几点。

（1）通过正规渠道购买保险。现在社会上一些不法人员借推销保险的名义诈骗顾客钱财的事时有发生，所以应尽量避免从上门推销保险的保险员手里购买保险，应选择知名的、有保障的保险公司营业点或官方网站进行购买。

（2）充分了解保险公司。对于投保人来说，买保险是一项保障。因此，在选择保险公司时，我们必须了解公司的基本情况，如注册资金、业务开展情况、理赔情况等，做到心中有底。

（3）购买保险要"货比三家"。如今保险项目繁多，只要细细比较一下，就会发现同样的保险在不同的保险公司会在缴费、保险范围、领取保险赔偿等方面有所不同，所以在购买之前应该进行多方面对比。

（4）购买保险要有主见。在买保险时自己必须要有主见，切不能偏听偏信，人云亦云。毕竟每个人情况不同，所以选择保险时答案自然也就会有所不同。

（5）必须读懂保险条款。投保人在投保之前，必须仔细研究所投保险条款中的保险责任和责任免除这两大部分，应了解这种保险其保险责任是什么？怎么缴费？如何确保自身利益？有无特别约定等。对一些过于专业的保险条款，如果一时弄不明白，应向保险公司的有关人士进行咨询。

（6）购买保险不要贪便宜。购买保险时不能光看同类的保险哪种需要花的钱最少，而应首先应考虑保险的保障作用。有些人为了省下几元钱保费，就少购买几天保险日期，这种貌似"精明"地选择，出险后会后悔莫及。在实践前购买保险时，应确保保险期限大于或等于实践日期。

（7）购买保险不能碍于情面。有的人认为熟人或亲友介绍的肯定不会错，不看保险条款就买下了。在这种情况下买的保险，购买者买后往往会后悔，倘若不适合自己，退保受损，不退又无用。买保险一定要做到只选保障、不重人情。

（四）体检报告

大学生"三下乡"社会实践活动具有开展时间较长、远离家乡、进入较贫困偏远的地区等特点，再加上实践期间来回奔波等情形，对实践人员个体的身体素质来说都是一个较大的挑战。如果某位实践人员在实践的过程中出现身体意外，由于大部分实践人员的急救知识并不完善，那么对于出现紧急问题的状况可能会处理不到位，从某种程度上甚至会危及实践人员的生命健康。因此，需要在实践活动开始前就对所有实践人员进行强制体检要求，此举并不是无理要求，而是本着对实践个人与整个团队双向负责所进行的考虑。参加体检，一方面可以对每个实践人员身体情况有一个充分了解，以便更好地选拔实践人员，另一方面，也是让实践活动负责人或指导老师对实践人员身体情况有一个总体认识，在紧急情况出现后可以进行及时、对症的治疗，避免浪费宝贵的时间，威胁生命安全。体检报告注意事项包括以下几点。

（1）需要到正规医院或医疗机构参加体检。部分实践人员为节省时间、金钱，本着不想"费事"的错误心态前往一些不具有体检资质的小药房或不正规的医疗机构参加所谓的"体检"，这样的体检不仅仅是对自己和实践活动的不负责任，同时也可能因为这些不正规的医疗机构的不专业等原因，或出具错误的体检报告，坑骗钱财，引起个人心理恐慌，或采用不卫生、不安全的器械造成身体健康受影响。

（2）征求医生建议，进行全面体检。受家族病史、年龄、嗜好的影响，人与人的身体状况不一样，不能为了省钱而专门选择常规检查项目中的几个项目进行检查，这样检查出来的结果是不能准确反映出整个身体的情况的。专家指出，体检者需要检查的项目不要自作主张，最好征求一下医生的意见。正确的做法是，由专业医生制定个性化体检方案。受检者在体检之前将个人有关情况详细向医生说明，医生进行综合分析之后，才能根据受检者的身体状况"量体裁衣"，做出既符合受检者的体检项目又比较经济实惠的个性化方案。

（3）抓住必要体检项目的重要提示。心、肺、肝、胆、胃等重要器官作为人体的重要器官和血压都会对人体健康有影响，同时也是一些潜在病的易生器官；内科、外科、五官科、胸透、心电图、血常规、尿常规等都是必要的体检项目，同样不能少。

（五）心理测试报告

心理健康是指人的内部心理与外部行为的和谐与统一，并能良好地适应社会、环境的一种心理状态。它有这样几个指标：对自己有恰当的认识，正视并能接受现实，有良好的人际关系，热爱生活，乐于学习和工作，能协调控制自己的情绪，保持良好的心情，有健全的人格，心理特点要符合年龄特征。心理健康类量表主要用于评定个人是否存在心理问题和心理问题的严重程度，可作为筛查、诊断心理健康问题，综合评定个人的心理健康状况，以及早期发现有心理问题的个人，预防心理问题的发生。

大学生"三下乡"社会实践活动开展的过程中，往往因为客观条件的限制，导致很难关注到每一个参与成员的心理状况，而心理情况是社会实践互动前最容易忽视却又是非常重要的部分。心理障碍等问题在社会实践活动中往往是难以察觉的，但其危害是巨大的。在开展社会实践活动之前，有条件的情况下应当要求每个参与者提交心理测量报告，可以让负责人对每个参与者的心理状况有一个大致了解，并且若有人在出发前出现心理不稳定等情况，可以立即让其停止参与本次活动。因此推荐在出征前进行心理量表测试，以保证每个参加成员都能以轻松、良好、健康的心态参与社会实践活动。

一般来说，推荐采用的心理测试量表叫做症状自评量表（SCL90），又名90项症状清单，是世界上最著名的心理健康测试量表之一，是当前使用最为广泛的精神障碍和心理疾病门诊检查量表，能够评定一个人是否具有某种心理障碍及其严重程度如何。此外还有成人人际关系量表、成人心理压力量表、社会适应能力量表、心理适应性量表、社会支持问卷、心理年龄量表、生活事件量表、防御方式问卷、情商（EQ）测试等。

### 三、实践器材

#### （一）记录工具

记录工具是实践团队或个人在实践过程中，对人、物或其他某一对象言论、动作等进行记录所采用的东西。可对实践过程进行记录，便于日后实践成果的形成及固化。

1. 记录工具分类及分析，详见表 2

表 2　记录工具分类及分析

| 记录工具 | 优势 | 劣势 | 适用地区 |
| --- | --- | --- | --- |
| 纸质记录工具 | 携带方便、易于获得 不易损坏 | 记录速度慢 记录方式单一 | 偏远地区 基础设施不完善地区 |
| 电子记录工具 | 携带方便 记录方式多种多样 | 需考虑电量 需携带适配设备 易损坏 | 城市等易于到达地区 基础设施较为完善地区 |

2. 选择记录工具注意事项

大学生"三下乡"社会实践是需要实践团队或实践个人前往不同地区，对不同受众进行采访的活动，针对不同的实践地点及实践对象，要学会选择较为合适的记录工具。由于采访对象和采访地点不具有一般性，加之不同记录工具的优劣势不同，因此我们在选择记录工具时也需要进行多方面的考量。在当前网络时代，电子产品普及率越来越高，一般实践团队也都会选择电子记录工具，如手机、平板等，纸质记录工具选择较少。但是在实际实践中，实践团队在选择记录工具的时候，应保证携带一定量的纸质记录工具作为备用记录工具，以备手机等电子设施出现问题而影响实践记录工作的进行。下面就两个案例进行分析。

**案例 1：**

H 大学 Y 学院在 2018 年暑期建立海南自贸区（港）调研团，前往海口、天津、广州开展调研。其中，天津分队在调研过程中遇到了大风天气。

案例 2:

H 大学 Y 学院在 2015—2018 年,连续派出调研团前往甘肃乡村进行调研。在 2015 年间,调研团来到甘肃省陇西市定西县永胜村,该村当时基础设施不够完善,电路等基础设施不能做到全覆盖,但是在 2018 年调研团又一次前往该村时基础设施已经发展较为完善。

在第一个案例中,调研团遭遇大风天气,此时纸笔等纸质记录工具便不适于现场记录,在这种情况下用手机进行文字记录较纸质记录工具而言更为便利。同时,调研团还利用手机等电子工具进行视频拍摄,以备后期采访记录和成果的多样化地整理。在第二个案例中,2015 年时,调研团进行实地调研过程中,电子记录工具在电源补充上存在较大困难,再加上当地较为偏远,山路崎岖,电子产品已经损坏,此时纸质记录工具便适用于记录当时的实践状况。2018 年调研团再次前往该地时,基础设施都已有较大改进,电子产品便在记录上更加便利。

通过对两个实践案例的分析得知在实践过程中,选择记录工具应注意实践地区的路况、实践地的天气情况以及实践地区的基础设施情况等。综合上述情况进行多方面考量,选取最合适的记录工具进行记录。

(二)电子设备

目前已经进入网络时代,各种电子产品越来越多地进入到我们的日常生活中,给我们的生活带来空前的便利。对于"三下乡"社会实践活动而言,也可以借助电子产品来协助实践团队进行实践活动开展的相关工作,使实践成果更多元、更牢固、更真实。在实践过程中,我们日常使用的手机、平板这一类较为常用的电子设备,已经能为社会实践提供一定的帮助,但其帮助是较为有限的,手机和平板在照片及视频的清晰度等上有一定的缺陷,在某种程度上会影响实践成果的完整性。因此如果要将社会实践的成果做得更多元、更牢固、更真实,就需要更加专业的设备,如摄像机、录像机、电脑、无人机等。这些设备可以协助实践团队拍摄出更加完美、清晰的实践照片,帮助记录更真实、全面的实践视频等。

诚然,电子设备虽然在一定程度上给社会实践带来了一定的便利,但也有一些问题需要去注意。

1. 携带的全面性

在实践过程中,由于电子设备所需要的配件较多,配件可能会影响整个电子设备的使用,因此携带的时候也应该周密考虑。

（1）重视电子设备的携带。在社会实践结项的时候，不仅需要实践论文或调研报告，还需要有不同种类的实践成果，如实践照片、实践视频等，这些在一定程度上对论文的完成也是较为有力地支撑，促使实践成果多样化。因此，在社会实践前期准备过程中，就应携带不同功能种类的电子设备以确保后期实践成果的多元化，如表3所示。

**表3　电子设备及功能**

| 电子设备 | 功能 |
| --- | --- |
| 手机 | 录制音频、记录文字、拍摄照片、拍摄视频 |
| 照相机 | 拍摄照片 |
| 录像机 | 拍摄视频 |
| 摄录机 | 拍摄照片、视频 |

（2）重视电子设备辅助工具的携带。某学校下属二级学院在某年开展实践活动时，其中一支实践团队在实践过程中，实践队员想实地记录当地民众用小船劳作的过程，但由于小船较为晃动，实践队员拍摄的视频和照片清晰度不达要求，没有取得较为满意的实践成果。在上述的这个案例中，如果该实践团队准备三角支架等协助拍摄的工具，在一定程度上可以减少晃动带来的影响，获取更好的实践素材。还有其他辅助设备也可以帮助更好地进行实践活动，例如，为保证电子设备工作续航时间长，备用电源的准备；为保证拍摄更清晰，需要准备长镜头；为保证实践视频拍摄的稳定性，需要准备三角支架等，如表4所示。

**表4　电子设备及辅助工具**

| 电子设备 | 辅助工具 |
| --- | --- |
| 手机 | 移动电源、手机镜头、自拍杆、自拍支架 |
| 照相机 | 移动电源或备用电池、长短镜头、三角支架 |
| 录像机 | 移动电源或备用电池、长短镜头、三角支架 |
| 无人机 | 移动电源或备用电池、数据线、内存卡 |

（3）重视备用电子设备的携带。某大学下属学院一支团队在近年开展的社会实践过程中，因为需要前往一些交通不便的村庄，考虑到这些路上花费时间较长等问题，该团队携带一台摄录机和一台照相机进行分工合作。在具体实践中，优先使用照相机进行工作，将视频录制时间省掉以节约电量，如果照相机没有及时得到电量补充，再使用摄录机。现在的电子设备因其功能的多样性，有时往往一个电子设备便能完成许多实践工作。虽然如此，由于电子设备续航时间在很多时候难以满足我们的实践需求，仍建议在实践前的准备工作中，在全面携带所需电子设备的基础上，再携带一个功能较为全面的电子设备备用，考虑好设备的使用顺序，避免同时使用多个设备，减少耗电。

2. 携带的便捷性

"知行合一，以行践言。""三下乡"暑期社会实践活动是大学生广泛接触社会、增长见识、锻炼成才的有效途径，是学生了解国情、服务社会的必由之路。实践队员必须脚踏实地到各地一线，在实践中亲身体验来获取第一手资料，而非通过互联网等途径拼凑信息，要在社会实践中实现"受教育、长才干、做贡献"的实践效果。

电子设备由于其本身需要较多的配套设备，如电源适配线等，总体重量较重，在行进过程中对实践队员的体能是一种不小的消耗。如果实践地点在城市或者便于到达的地区，则影响较小，但如果是一些偏远或者交通不便利的地区，电子设备则会是一项携带的"负担"。同时，电子设备有易损坏性和难以修复性的特点，例如，手机屏幕易碎，自己修复难度较大，因而在携带电子设备时，需要多注意电子产品的保护问题。

综上，实践团队需要根据实践地点的情况来考虑电子设备携带的数量及种类，携带合适且需要的电子产品，有利于实践队员合理分配体能和精力，也有助于实践团队获取更好的实践成果。例如，某大学下属二级学院在某年暑假期间，前往云南大理就洱海治理以及少数民族特色发展问题，展开为期一周的暑期社会实践活动。实践地点分布较为分散，且实践团队成员大都为女生，由于该团队为国家级立项团队，实践队长经验丰富，在准备阶段就对实践中期可能遇到的问题进行充分的考虑，在出发前便制定了在实践过程中所需要电子设备携带清单，即一部摄录机、备用电源和三角支架。

3. 携带的适用性

大学生"三下乡"暑期社会实践的活动范围随着时代的发展而不断扩大，实践主题范围也在不断拓宽，部分实践团队也会选择前往国外进行实践项目调研。某高校外国语学院就充分发挥其学院特色，开展"公共外交"主题调研活动，连续三年前往马来西亚、越南、英国等国家开展实地调研，因为不同国家、不同地区在生活习惯、设备配置上会有所不同，这支实践团队在第一次前往外国的时候，由于准备不充分，团队所携带的电子设备在充电这一细节问题上就遇到了较大困难。以这支团队前往英国调研为例，英国常用插头为三个方头，团队入住的酒店配备的插座均为三个方头的，而中国使用的是三个扁头的，所以团队入住之后花费不小的力气去购买所需要的转换器。

　　通过这个案例我们不难发现，前往其他国家进行实践调研时，由于两国或地区间存在的差异性，实践团队在出发前就需要就电子设备在其他国家的充电电压是否一致、电源插头形状是否一样、是否可以正常修理等细节问题做出思考和相应准备，避免因为这些问题影响电子设备的正常使用。以下是部分国家和地区的电压标准及插头情况，如表5、表6所示。

表5　电压标准

| 电压标准 | 主要适用国家或地区 |
|---|---|
| 100V | 日本、韩国 |
| 110～130V | 中国台湾、美国、加拿大、墨西哥、瑞典、古巴、俄罗斯等30余国或地区 |
| 200V | 中国香港特区 |
| 220～230V | 中国大陆（内地）、英国、德国、法国、意大利、澳大利亚、印度、新加坡、泰国、荷兰、西班牙、希腊、奥地利、菲律宾、挪威等约120国或地区。 |

表6　插头形状

| 插头标准 | 特征 | 主要适用国家或地区 |
|---|---|---|
| 国标插头 | 三个扁头 | 中国、澳大利亚、新西兰、阿根廷 |
| 美标插头 | 一圆两扁 | 美国、加拿大、日本、巴西、菲律宾、泰国等国家 |
| 英标插头 | 三个方头 | 中国香港特区和英国、印度、巴基斯坦、新加坡、马来西亚、越南、印度尼西亚、马尔代夫、卡塔尔等国家和地区 |
| 欧标（德标）插头 | 两个圆头 | 德国、法国、荷兰、丹麦、芬兰、挪威、波兰、葡萄牙、奥地利、比利时、匈牙利、西班牙、瑞典等欧盟国家及韩国、俄罗斯等国家 |
| 南非标插头 | 三个圆头 | 南非、印度、俄罗斯 |

4. 携带的注意事项

某校下属二级学院在 2015 年组织实践团队前往我国某省开展社会实践活动。当时该实践团队携带了一架无人机，但在实践过程中突遇暴雨极端恶劣天气，一名实践队员为保护无人机的正常使用，将自己衣服脱下裹住无人机。通过上面这个事例，不难发现电子设备在携带的过程中比较"脆弱"，容易受到多方原因造成损坏，而大多电子设备都较为贵重，一旦损坏，代价过高，因此在社会实践的过程中，电子设备的保护问题应当高度重视。以下是整理的部分电子设备保护措施，如表 7 所示。

表7　部分电子设备保护措施

| 设备名称 | 易损坏情况 | 相应保护及维修方法 |
|---|---|---|
| 手机 | 进水 | 不要进行任何开关机操作，用吹风机冷风吹屏幕，然后尽快维修，挽回损失 |
| | 碎屏 | 就近找维修店维修<br>应提前做好屏幕保护工作 |
| 摄（录）像机 | 快门速度突然不正常 | 在弱光环境下拍摄，相机的快门速度就会变慢，这个是很正常的。这个时候只需要调高感光度或者增大光圈，获得足够的光量就行。<br>另外，拍摄模式使用错误也会导致快门速度不正常。比如，不小心把拍摄模式调成快门优先模式、光圈优先模式、全手动模式拍摄等，相机就会根据这个快门速度进行曝光，那么就会出现快门不正常的情况 |
| | 相机按下快门不反应 | 第一个是拍摄模式选择的问题，除了单张和连拍外，延时自拍或者 Mup 模式都不会自动释放快门。<br>第二个不对焦不释放快门，在相机菜单哪里可以设置不对焦可以释放快门，也可以设置不对焦不可以释放快门。<br>第三个是相机连着 WiFi 传输，很多机子在这个时候是不能进行拍摄的 |
| 电脑 | 自动关机或重启 | 等待 1—2 分钟，然后电脑重启，如果不能重启，应立即维修 |
| | 死机（屏幕无反应） | 长按开关键，强制关机然后重启 |

第七章

# "三下乡"社会实践的出征仪式

俗话说："兵马未动，粮草先行"，出征仪式是社会实践正式开展前的重要环节。通过出征仪式对实践队员进行相关教育指导，鼓舞实践团队士气，为社会实践的顺利开展奠定良好的基础。出征仪式需统一实践思想，培训实践技能，普及安全教育，让大学生充分认识到实践的目的，提高参与实践的能力，具备应对意外情况的防范意识。

## 一、统一思想

认识对实践具有反作用，统一思想，用正确的思想引领社会实践是保证社会实践顺利开展的前提。"三下乡"社会实践是在校大学生利用暑期生活，充分运用所学知识走入社会、服务社会，从而全面提高个人综合能力的活动。观察国情社情，体味人间百态，触发创作灵感，完成课题研究，是大学生为社会做贡献的一个重要途径。"三下乡"社会实践活动是将理论与实践相结合，是认识社会、了解国情、接受教育、增长才干、锻炼品格、培养团队精神、提高文化素质和自身修养、增强历史使命感和社会责任感的最佳方式。开展"三下乡"活动，每个人都应该充分认识社会实践的意义，激发开展实践活动的潜力，强化实践开展的纪律，规范实践过程中的行为举止，以此推动社会实践活动的高效有序开展，最终达到朝一致的方向前进、为共同目标奋斗的实践状态。开展大学生"三下乡"社会实践活动，实践团队要以饱满的热情和积极的态度参与，充分认识到社会实践的深远意义，要自觉遵守实践活动应注意的纪律和规范，全力促使实践活动的顺利高效开展。

### （一）认识意义

青年是国家的希望、民族的未来，党和国家历来高度重视青年、关怀青年、信任青年，始终把青年作为党和国家事业发展的主力军。特别是党的十八大以来，习近平总书记明确指出"青年兴则国家兴，青年强则国家强。青年一代有理想、有本领、有担当，国家就有前途，民族就有希望。"新时代背景下，青年的地位和历史作用被赋予新的定位和新的要求，青年要更好地投身于实现中华民族伟大复兴中国梦的进程中，只学习书本中的理论知识是远远不够的，还应该积极投身于社会实践，将理论与实践相结合。大学生"三下乡"暑期社会实践活动能让大学生以志愿者和参与者的身份深入社会，传播先进文化和科技知识，体验民众生活，调研社会现状。通过一系列的实践活动，为基层群众服务，为国家建设服务，不断提高大学生社会实践的能力和思想认知的水平，不断促进大学生自身综合素质的全面提高，对推动社会向前发展和国家繁荣富强有着积极深远的意义。

出征仪式的一个重要作用就是使实践队员充分认识到开展实践活动的真实目的与实际意义，从而明确自己参与实践活动的目标，规范自己参与实践活动的态度。出征仪式应从实践队员的价值意识、服务意识、问题意识和吃苦耐劳的意识等方面进行思想统一。

1. 价值意识

大学生参与社会实践活动要充分认识到社会实践的现实价值。"三下乡"社会实践活动的开展，一方面能够让大学生所学的专业知识和理论思想得以应用于实践，使其在实践中增强对课本知识的现实理解，提高大学生的认识水平，改善思维方式。另一方面，它也为大学生提供了深入基层、深入群众的机会，通过体验生活艰辛来磨砺品格、锻造意志，增强大学生为人民服务的责任意识，进一步明确作为当代青年大学生所肩负的历史使命，勇于担起时代责任，为祖国向前发展贡献自己的青春力量。

2. 服务意识

开展社会实践活动，要明确对待社会实践的态度。社会实践为大学生服务社会、奉献社会提供了新途径，"三下乡"社会实践通过爱心支教、走访调研、理论宣讲等活动形式，展现当代大学生风貌和志愿者风采，传播先进知识与文化，增强青年社会责任感，通过深入社会了解国情、社情，发现当今社会发展所面临的热点问题，抓住社会需求痛点，探索解决问题的新途径和新路子，服务社会和国家的过程，也是"受教育、长才干、做贡献"的过程。

3. 问题意识

开展社会实践活动，要认真思考参加社会实践的动机，要带着问题去实践，带着思考去调研。大学生长期处在青葱校园中，缺乏社会阅历与磨练，如果只重视课本中的理论知识，极不利于实践活动的开展。参与"三下乡"社会实践活动，实践团队必须明确实践目标，清楚调研目的，以充分了解国家方针政策和时事热点为前提，在广泛接触社会群体的过程中体察国情、社情和民情，在实践中发现问题、分析问题、解决问题。

4. 吃苦耐劳的意识

参与社会实践活动，要具备吃苦耐劳的意识。"三下乡"社会实践使大学生深入基层社会，体验民众生活，了解社会现状，培养大学生珍惜劳动成果，热爱劳动的良好品德，筑牢大学生坚毅勇敢、吃苦耐劳、艰苦朴素的精神成果。实践团队要做好思想引领工作，让全体队员明晰实践活动的目的和意义，要克服懒惰，做好吃苦耐劳的思想准备；要有服务意识和坚定决心，不得因活动艰苦而中途退出；要努力克服各种困难，真正达到在本次实践活动中锻炼自己、提高自己的目的。

（二）严明纪律

没有规矩，不成方圆。强化纪律的制定，能让实践团队将遵守秩序、执行命令、规范行为、履行职责成为一种习惯。一项社会实践活动的顺利开展，离不开纪律的规范和约束，严明的纪律是大学生"三下乡"暑期社会实践活动的重要内容。

强化纪律首先要让实践队员充分认识到遵守纪律的重要性，只有在纪律的规范下，实践活动才会更有秩序、更加高效。实践团队中的每一员都需要遵守纪律，积极参与纪律的制定，严格遵守相关纪律要求，通过引导实践队员参与纪律的讨论和制定，化被动为主动，最终达到全体队员自觉遵守纪律、主动承担违纪后果的目的。为保证大学生"三下乡"社会实践活动顺利、安全、高效地开展，必须强化以下几项意识。

1. 集体意识

俗话说"人心齐，泰山移。"实践团队只有思想上统一，行为上一致，才能在实践活动中有所作为，有所贡献。要使集体思想统一，首先需要各团队选出具有高度责任感的队长作为主要负责人，队长要密切了解活动的进展情况和组员的动态，及时了解和关心组员的生活状况及心理状态，强调活动要求和集体纪律等事项，以便加强组织与管理，更好地进行活动安排。活动期间，队长可每晚召开一次例会，总结当天工作，全体成员在会上进行批评与自我批评，对工作进行反思、总结和提高，增强凝聚力与活力。此外，每位队员也要主动对实践活动的安排和开展加以认识和认同，要有较强的团队合作精神，不得推诿工作，要及时积极与队长进行沟通交流，确保活动开展过程中"一切行动听指挥"。相应地，全体队员要团结协作、互相尊重，禁止自私自利、搞个人主义的行为，保持行动和思想高度一致，配合协调开展实践活动。

2. 自律意识

实践团队要将全体队员组织起来集中学习本次社会实践活动的相关纪律，要树立高度的自律意识，确保实践活动的高效开展。团队全体成员必须自觉遵守相关纪律规定，服从指导老师和团队队长的安排指挥，同时团队个人要注意言行举止，礼貌待人，尊老爱幼，不得在公共场合大声喧哗、乱扔垃圾，不得损坏农作物，不得擅自外出，不得贪玩晚归，要爱护公共财物，自觉遵守公共秩序，要抵制诱惑，严格要求自己，切实维护好个人和学校的形象。

3. 安全意识

安全是大学生社会实践最基本的要求，也是实践活动顺利开展的关键。全体成员都要留下最新和最方便快捷的联系方式，在活动期间随时与其他组员保持联系；各队队长必须随时清点人数（特别是晚上就寝前），考察本队成员情况，并及时上报；实践队员要加强交通安全意识、财务安全意识、投宿安全意识、食品安全意识、疾病预防意识等，同时学习相关野外安全与突发意外应对措施。此外，后勤组应注意观察活动期间天气变化状况，如遇天气突变要及时通知负责人；若遇上恶劣天气，负责人要尽早通知活动方案的更改状况，同时提醒各成员在此期间要保持联系畅通。质言之，实践团队应从多个主体、多个方向、多个角度维护实践安全，确保实践顺利进行。

4. 大局意识

开展社会实践活动，要明确活动目标，具备大局观念，只有这样，团队成员才能拧成一股绳儿，劲儿往一处使。团队负责人是团队的核心，要对所开展社会实践的选题方向、活动目的、实践方法和预期成果都有比较深刻的认识，同时带领团队成员积极进行实践活动的筹备、实施、总结等各阶段的工作和任务；实践活动开展过程中，团队要和实践地建立良好的合作关系，有耐心且态度诚恳地与当地居民沟通，使其尽可能地理解此次活动的目的和意义，从而积极配合实践工作；实践活动结束后，团队需尽快提交相关材料，对实践活动的组织开展、困难问题、解决办法、作用意义、成果收获、改进提升等方面进行总结，以此达到固化成果的目的。

（三）鼓舞士气

"三下乡"社会实践活动是意义重大的，而参与其中的团队成员只有保持高昂的士气，才能在实践中勇于承担责任，积极开展工作，将自己的青春力量真正发挥到刀刃儿上。鼓舞士气，有助于巩固实践团队团结奋斗的共同思想基础，凝聚广泛的思想共识，熔铸坚实的精神支撑，使实践团队积极作为、开拓进取、稳定鼓劲、凝神聚气，增强其精神力量和行为动力。拿破仑曾说过，"一支军队战斗力的四分之三是由士气决定的"。同样，一个实践团队的力量也是由团队内各个成员的士气决定的。那么，如何有效地提高实践团队的士气呢？除了培养积极的心态，以宏伟的目标计划来鼓舞人心外，采取有效的激励措施也是十分关键的。

弗鲁姆（V. H. Vroom）的期望理论提出：X（激发力量）＝V（效价）＊E（期望值），鼓舞士气需要使实践队员充分认识到参与社会实践的意义，应该为实践团队明确实践目标，表达实践期望。首先，鼓舞士气需要向实践团队强调参与实践的意义。在"三下乡"社会实践活动中，大学生可以提高自身综合素质，促进自身全面发展，按照新时代的要求和历史使命增长才干、成长成才；大学生可以增强自身的社会责任感和使命感，提高服务社会、奉献社会的意识；大学生可以培养自己吃苦耐劳的品格，磨练自己的意志，使自己在以后的生活中更好地面对人生境遇。同时，"三下乡"活动为实践地的发展带来生机与活力，带来希望和祝福，发挥着促进经济社会快速高质发展，提高全民思想道德素质，维护社会和谐稳定的作用。"三下乡"活动有利于促进我国先进生产力的发展，为我国发展建设培养优秀的后备军，还有利于我国坚持和发展习近平新时代中国特色社会主义，实现中华民族伟大复兴的中国梦。其次，鼓舞士气需要为实践团队制定参与实践的目标。制定目标必须与实践团队的能力相一致，目标太高，容易让实践队员失去信心，遇事怠惰；目标过低，则会让实践队员失去目标价值，缺乏成就感，同样也不会努力去完成实践任务。而衡量目标的标准可以根据"摘苹果定律"，只有跳起来摘到苹果时，人才会最用力去摘。因此，制定实践目标，表达实践期许要适度，易于达到期望值。

总之，出征仪式需强调社会实践的目的，使队员了解实践开展的意义，明确实践活动的目标；也需要告知实践开展过程中可能面临的困难与挑战，调整团队成员面对实践的心态；更需要调动起全体队员的斗志与激情，积极地投身到实践中去，为实践活动的顺利开展奠定良好的基础。

## 二、实践培训

实践活动的顺利开展，需要对参与活动的全体人员进行专业培训，以全面提高实践素养。掌握正确科学的研究方法是实践队员做好调查研究的首要前提，实践队员掌握基本的实践技能操作可以从多方面保障实践活动高效有序地开展。

（一）确立方法

《共青团十七届三中全会关于加强和改进全团调查研究工作的决定》中曾明确指出："团干部只有加强调查研究，才能深入了解青年群众的所思所想、所急所盼，才能准确把握工作落实的效果，才能做到有的放矢、科学决策。"同样地，在开展大学生"三下乡"社会实践活动的过程中，实践队员也需要加强调查研究，只有这样才能深刻了解社会实践的真正内涵，把握其真正要求，才能准确领悟社会实践的作用和意义，才能做到有的放矢、科学选题。而要做好调查研究，掌握科学的研究方法是首要前提，任何事物和过程都是质与量两个方面的统一体，在进行"三下乡"社会实践的调查研究中，实践团队常用到的主要是定性研究和定量研究这两种研究方法。

1. 定量研究

定量研究也叫量化研究，与定性研究相对，是一种为考察和研究事物的量而采用数学工具对事物进行数量分析，对事物及其运动量的属性做出回答的研究方法。它侧重于用数字来描述和揭示事件、现象和问题，进而去分析、检验和解释这些问题与现象，最终获得结论与意义，并且其结果用大量的数据来表示。定量分析使用的是专门的、标准化的资料分析技术，这些技术已经发展得很完备，其基础是应用数学。定量分析通常是等到实践队员将所有资料都收集完成并转换成数字后，才开始进行资料分析，最终将数字排出顺序，以求其类型或关系。定量分析更多是通过操纵代表实证的数据，以检验某种带有变量结构的抽象假设，其主要是借助统计的法则，通过寻找大量数字中各种变量关系和变化规律，来揭示社会生活的性质。它是实证主义方法论（即认为社会研究应该向自然科学看齐）在研究方式上的典型特征，是社会科学领域的一种基本研究范式，也是科学研究的重要步骤和方法之一。

2. 定性研究

与定量分析不同，定性分析是对事物质的分析。两者的标准化程度、分析的起始点、与社会理论的关系以及分析的方式和所用的工具均有所不同。

定性研究是一种研究者通过历史文献、资料分析、观察访谈、经验积累等方法获得完成研究所需的资料，并用非量化的方式对其进行分析、获得研究结果的研究方法。它侧重于用语言文字描述、阐释所研的事物，是人文主义方法论（即充分考虑个体的特殊性，要求研究者在研究过程中充分发挥主观能动性）在研究方式上的典型特征。实践者依据一定的理论与经验，直接抓住事物特征的主要方面，并将同质性在数量上的差异暂时略去进行定性研究。定性分析通常是采用归纳的方法，很少有标准化的分析程序或技术。定性研究往往是在没有变量、没有概念的背景下进行资料分析，是通过经验材料的分析和归纳，将实证证据和抽象概念混合在一起的新概念。定性分析需要依赖于各种不精确的、零散的、片段式的文字记录材料，所采用的分析方式也主要是主观的、顿悟性的和感性的，对社会生活事件的描述和对社会生活内涵的表达，也主要是采用基于上下文的，而且可能具有多种不同含义的文字表述。

3. 运用方法

在研究目标上，定性资料分析与定量资料分析相类似，也将描述和理解作为基本目标。但是，定性资料分析在描述方式和研究最终目标上，与定量资料分析有所区别。定量研究除了描述概况外，往往通过因果假设去检验或证实某种普遍的法则，而定性资料分析的主要目标是将大量的、特定的细节组织成一幅清楚的图画，一种概括的模式，或一组相互连接的概念。在实际研究中，由于定性资料本身的特点，对经验现象进行概括时也会遇到较大的困难，因而许多定性研究者几乎完全只是对研究对象进行描述，而不进行理论分析。

在开展"三下乡"社会实践的调查研究中，通常是将定性研究和定量研究两种研究方法结合起来运用。定性研究与定量研究两种方法兼而有之，便是定性与定量研究方法的组合。虽说定性研究是定量研究的基础和指南，但只有同时运用定量研究和定性研究两种方法，才能精确定量。因此在开展大学生"三下乡"社会实践活动前，首先要做好团队组建工作，保证团队中既有逻辑、历史等专业知识的同学，又有概率、统计等方面专业知识的同学，便于研究过程中对专业知识的灵活运用；既有文字功底较好、语言表达能力较强的同学，也有对数字敏感、数据分析能力较强的同学，便于研究结果的分析与展示；在开展调查研究过程中，既要采用实地观察、行动研究、历史研究等具体方法，也要兼具开展实验、实地调查、数据统计等具体方法；既要尽量提高定性研究和定量研究的水平，推动两者更好结合，也要准确把握定性研究和定量研究两种研究方法适用的条件和范围，避免出现误用或者滥用研究方法的情况，最后还要注意两种研究方法固有的主观性，避免主观色彩过于浓厚。

要做好大学生"三下乡"社会实践的调查研究工作，选好研究方法显得尤为重要，了解定性研究和定量研究两种研究方法的基本内涵，明确两者之间的差别和联系，并在开展"三下乡"社会实践的过程中做到两者的有机结合，对大学生实践活动的成功开展意义重大。

**案例 1：**

针对此次实践活动，我们团队采用四种研究方法：

1. 文献分析法。通过中国知网、中国期刊网、万方数据库、Wiley Inter Science、Science Direct、Springer、Cambridge University Press Journals 等中外文数据库、网站、专著等文献材料，对国内外精准扶贫相关政策、理论、大学生参与精准扶贫实践等相关主题文献进行了较为广泛的查阅。梳理和掌握前人的研究成果，并在此基础上进行深度的思考和设计，为本调查研究奠定坚实的理论基础，在方案设计和调查报告上力求创新和突破，保证调研的实用性和可行性。

2. 实地调研法。选取海南省乐东黎族自治县抱由镇红水村等六个代表市县和甘肃省定西市陇西县，系统地考察和分析精准扶贫示范市县的先进经验和做法，深入农户走访调研，并分析其中存在的问题与不足。同时在海南省各贫困市县和海南省大学内分别开展入户调查和问卷调查，问卷回收后，利用专业的数据分析软件进行问卷分析，得出科学的调查数据，形成调研报告，结合大学生的实际，提出大学生参与到精准扶贫中的有效模式与做法。

3. 综合分析法。课题研究过程中除了体现对政治学、社会学、教育学、思想政治理论学等学科的综合运用外，还结合海南省当代大学生参与精准扶贫实践的现状，系统分析了大学生参与精准扶贫实践的有效性，通过实地调研和案例分析，全方位、多视角、多方面探索大学生参与精准扶贫实践模式的具体途径，丰富了调查研究的整体性、针对性和实效性。

4. 案例分析法。结合从实地调研和实践过程中收集的大量实地案例，分析总结海南省和甘肃省精准扶贫的现状、存在的问题及相应的解决方案，探究在校大学生参与精准扶贫的实践模式，并提供有力的实例支持。如通过调查乐东黎族自治县抱由镇红水村的农户现状，了解其贫困的原因和需要解决的具体问题，并通过学习了解"合作社＋农户"农业养殖模式的先进经验，分析该模式的可行性和先进性，为大学生更好地参与精准扶贫实践提出真实可靠的意见和建议。

本次实践调研进行了问卷调查，发放问卷150份，回收问卷149份，其中有效问卷144份，总有效率为96%；在实地调研时实带入户调查表100份，共计下发调查表90份，回收调查表81份，其中有效入户调查表为74份，总有效率为82.22%。

——摘自人民网【国情观察】H大学"精准扶贫"社会实践调研服务团项目报告

（二）保障技能

为保证社会实践具体工作和每个环节的顺利开展，不能盲目地直接去实施计划，为了实践而去实践，而是需要掌握社会实践的基本方法与技能。出征仪式需要组织开展相关社会实践技能的培训，让每一位实践队员都能学习相关知识，掌握相关技能，从而推动实践活动的顺利开展。

　　首先，需要进行安全工作的培训。安全是实践活动开展的基础和重中之重，开展"三下乡"社会实践活动，实践团队会深入到全国各地进行调研，其中以偏远山村和贫困地区为主，这直接增加了在实践活动开展过程中可能遇到突发事故的可能性。因此在实践过程中，要注重消防、交通、治安、饮食、财产和身体等方面的安全，通过培训应对安全事故的相关技能和突发事件的处理能力，可以保障实践队员安全健康地开展实践活动。其次，需要进行宣传工作的培训。"三下乡"社会实践活动要有服务意识，更要有创新意识。做好"三下乡"实践活动的宣传工作，以感人的实践影像展示青年学生投身精准扶贫、服务乡村振兴战略和奋斗新时代的生动实践风采，是总结成果的有效方式。活动报道需要紧跟政策变迁与时事热点，从关切人们实际生活的角度出发，善于捕捉实践过程中的线索，提升自我敏感性和洞察力，提升新闻价值。所报道的内容应突出宣传价值，讲究实效性，同时力求眼界广一点、视野宽一点、思想深一点、笔锋尖一点，准确表达实践过程中的所见所闻、所观所感。除此之外，实践队员需要掌握一定的摄影及剪辑视频的能力，以最生动的形式传达实践意义和思想。最后，需要进行撰写工作的培训。实践过程中团队成员必须及时进行材料整理、中期反馈，实践结束后进行反思总结、成果归纳。论文作为实践成果的重要表现形式是必不可少的，因此具备一定的论文撰写能力，是非常必要的。

　　（三）应急预案

　　应急预案是指针对具体设备、设施、场所和环境，在安全评价的基础上，为降低事故造成的人身、财产与环境损失，就事故发生后的应急救援机构和人员，应急救援的设备、设施、条件和环境，行动的步骤和纲领，控制事故发展的方法和程序等，预先做出科学而有效的计划和安排。开展大学生"三下乡"社会实践活动，遇到危险事件和安全事故是不可避免的，而面临一系列安全威胁，必须制定一份完整的应急预案，以预防意外事故的突发和保证所有队员的人身安全，防患于未然，为整个实践活动的开展提供应对意外事故的解决措施，促使"三下乡"实践活动可以安全高效地开展。

　　应急预案应形成体系，针对各级各类可能发生的事故和所有危险源来制定专项应急预案和现场处置方案，并明确事前、事中、事后的各个过程中相关部门和有关人员的职责。应急预案能够提供突发事件应对的标准化反应程序，是突发事件处置的基本规则和应急响应的操作指南。应急预案主要有四种类型，分别是针对已辨识的危险制定应采取的特定应急行动，即应急行动指南或检查表；针对现场每项设施和场所可能发生的事故情况而编制的应急响应预案；相邻企业为在事故应急处理中共享资源、相互帮助而制定的互助应急预案；以及详细描述事故前、事故过程中和事故后，何人做何事、什么时候做、如何做的应急管理预案。而在大学生"三下乡"社会实践活动中，我们主要是制定应急行动指南和应急响应预案。

为应对和处置大学生社会实践活动中的突发事件，做好提前准备，做到防范在先，制定好应急方案来保证实践活动的顺利进行显得意义重大。社会实践活动的应急预案在制定后，不能一成不变，要不断调整和完善，在实践中积累经验、吸取教训，整理成相关文字信息作为应急预案的参考方向，并根据事态的发展、环境的改变，有针对性地加强应急预案的可操作性，使其不断更新，以适应各方面情况的改变和各类安全事件的发生。

**案例1：**

为有效预防、及时控制和妥善处理我团暑期社会实践活动中的各类突发事件，提高快速反应和应急处理能力，确保实践活动顺利开展，事先需制定每项活动的具体计划。在进行活动之前，必须要有计划、有纪律地实行活动调研，避免造成活动无目的、人员工作无秩序而导致时间浪费和人员安全问题的出现。团队做好充分准备，进行全面的安全教育工作，并配备可以预防和治疗常见身体不适和轻微受伤的日常药物。在活动之前，社会实践的活动人员必须事先了解当地的地理环境、生态环境和人文环境等。在对所有成员安全教育的前提下，调研小组安全工作分配必须明细。安全保卫人员可分为：总指挥、监察人员、保安人员、医务服务人员。

出现较大突发性事件，团队负责人可以根据情况终止社会实践活动，需要联系交管或公安部门的，应与当地110或交管部门取得联系，并及时联系校应急工作组。团队成员要齐心协力，相互帮助共渡难关。具体制定应急预案如下。

1. 自然灾害问题：如地震、暴风雨、台风等自然灾害

（1）了解天气情况，如遇阴雨或极端天气备好雨具并及时做出日程调整；

（2）加强安全保卫教育，当地震发生时，学会一些应急的应对措施。

2. 人身安全问题：如交通事故、遇到抢劫等

（1）遵守交通规则，注意交通安全；

（2）在遭遇强盗时，不可盲目争斗，应视实际情况，尽可能报警呼叫救援；

（3）实践期间尽量不要单独行动。不单独去陌生或偏僻的地方，夜间不单独出行，女生外出要有陪伴，并跟家长、学校保持联系；

（4）遇到可能会产生的纠纷或斗殴，必须保持冷静，尽量避免与陌生人发生任何形式的冲突，以免带来不必要的麻烦。

3. 饮食卫生安全

（1）实践期间确保饮食安全，不喝生水，不在小摊小贩处购买食品或就餐；

（2）实践期间出现感冒或发烧现象，要及时服用正确的药物。情形严重的要立即送往就近医院并及时通知学校。

4. 财产安全问题

（1）活动之前，务必事先了解调研活动地方的交通和地理环境；

（2）公交车、街道上小心保管自己的财产和重要资料，不与陌生人过多接触，尽量少带贵重物品或现金。发现偷窃或可疑人物要及时联系调研小组。

5. 语言沟通障碍问题

（1）认真倾听对方传递的信息，若对方会说普通话，用普通话进行沟通；

（2）当地人不会说普通话，寻求会说普通话的当地人帮助翻译；

（3）出行在外，注意文明礼仪，要做到服装整洁，朴素大方，仪表端庄，文明礼貌，不说脏话。做事之前应认真考虑，注意维护学校的形象。

6. 当地人的风俗习惯问题

（1）事先了解当地人的风土人情，避免在当地人活动繁忙期间调研；

（2）善于谅解和尊重当地人的风俗习惯。

7. 民族风俗宗教信仰问题

（1）调研之前，事先了解当地人的信仰状况；

（2）在与当地人沟通时，尊重当地人的宗教信仰。


### 三、安全教育

保证全体队员的人身安全是"三下乡"社会实践活动开展的前提，在活动正式开展前需要对全体队员进行适当的安全教育。通过安全教育的开展，有利于全体队员具备防范自然灾害的基本意识和发生自然灾害后逃生的基本技巧，有利于全体队员具备遵守交通规则意识，保证出行的安全，还有利于全体队员注重饮食安全，防范食物中毒。同时全体队员适当开展野外活动时也能确保自身安全。由此可见，安全教育对"三下乡"社会实践活动的顺利开展意义重大。以下，将以近几年发生的重大伤亡及生命安全的实践活动为案例，列举应对灾害的措施，做到防患于未然。

（一）灾害应付

夏季是全国各地自然灾害高发期，常见的自然灾害可分为四大类，即地质灾害、气象灾害、海洋灾害和生态环境灾害，每一大类自然灾害下面又可分若干个小类自然灾害。开展大学生"三下乡"社会实践活动的主要时间段聚焦于暑期，因此最常遇到的自然灾害主要有暴雨、洪水、崩塌、滑坡、泥石流等，实践过程中也可能会有地震、大风、沙尘、雷电等自然灾害，因此参加实践活动的每位成员都应该了解关于自然灾害的基本常识，使自己具备一定的防范意识和自我保护意识，避免自然灾害对自己造成过大的伤害，确保"三下乡"社会实践活动安全顺利地开展。

**案例 1：**

2009 年 8 月，某大学地质系学生小韩，率领学生实践团到云南省某山区进行地质考察活动。一日实践团在上山途中，天空下起了瓢泼大雨。很快，小韩隐隐约约听到远处传来类似火车轰鸣或闷雷般的声音，山谷深处突然变得昏暗无比。小韩结合实践前老师讲授的地质安全知识，怀疑这可能是泥石流爆发的前兆。于是他言简意赅地向队员说明情况，安抚队员的情绪后，迅速改变原上山计划。小韩带领队友避开泥石流可能经过的低洼地带，找到附近一个地质结构比较稳定的山头。当他们再回头看的时候，原先停留过的位置早已经淹没在泥石流之下。

案例 1 主要描述了由于夏季暴雨引发的泥石流现象，实践队长敏锐地察觉到了泥石流发生的前兆，并及时制止了接下来的实践活动，以"安全第一"为原则，利用所学知识带领队员在泥石流发生前逃离危险地带，避免了悲剧的发生。针对类似的地质灾害，实践团队应该了解此类灾害的地区、发生前兆以及相应的求生技能和逃离方式。

1. 频发地区

诸如地震活动频繁，有多条断裂带，地层破碎；地形复杂，起伏很大，斜坡和沟谷众多；植被不良，夏季降水强度大，受到人类活动严重影响等地区，是经常会发生滑坡和泥石流等地质灾害的区。广大山区的极高山、高山、中山和低山区，都为易发泥石流、滑坡、崩塌和地裂缝的地区。地质灾害严重程度的总趋势是西南地区最重、西北地区次之，华北和东北地区旗鼓相当，可并列第三，而华东和中南地区相对较轻。

2. 发生前兆

地质灾害发生前会有以下自然现象：①崩塌发生前，一般会有崩塌的前缘不断发生掉块、坠落、小崩小塌的现象；崩塌的脚部会出现新的破裂形迹；不时会听到岩石的撕裂摩擦声；出现热、气、地下水异常、动物异常等前兆。②滑坡发生的前兆一般是滑坡前缘出现裂缝，土体出现隆起，滑体后缘裂缝急剧加宽加长，新裂缝不断产生，滑坡体后部快速下座，四周岩土体出现松动和小型塌滑；滑带岩土体因摩擦错动出现声响，并从裂缝中冒出气或水；在滑坡前缘坡角处，有堵塞的泉水复活或泉水、井水突然干涸；动物出现惊恐异常；滑坡体上的观测点明显位移；滑坡前缘出现鼓丘；房屋倾斜、开裂和出现醉汉林、马刀树等。③泥石流发生前沟内有轰鸣声，主河流水上涨和正常流水突然中断；动植物异常，如猪、狗、牛、羊、鸡惊恐不安，老鼠乱窜，植物形态发生变化，树林枯萎或歪斜等现象。

3. 应对措施

发现前兆时，必须立刻停止手中的工作马上离开，并将情况告知当地居民，使其做好防范工作，同时也要通知实践队负责人提醒其他队员注意安全、远离危险区，队员一定要听从指挥，切勿擅自行动。灾害发生时，遇到滑坡发生，若处在滑坡体上，应保持冷静，迅速环顾四周，向两侧奔跑撤离；当遇到无法逃脱的高速滑坡体时，更不能慌乱，如滑坡是整体滑动，可原地不动或抱住大树等物；当处于非滑坡区而发现可疑的滑坡运动时，应立即告诉邻近的村、乡、县的居民，并及时提醒队友注意安全。若遇到泥石流发生，首先应观察地形，向沟谷两侧山坡或高地跑，逃生时要丢掉一切降低奔跑速度的物品，切忌躲在有滚石和大量堆积物的陡峭山坡下，也不要在低洼的地方逗留，更不得爬到树上躲避灾害。

案例2：

2011年7月，某大学8名大学生在安徽天柱山附近开展社会实践活动时，由于遭遇雷击，造成4人受伤，1人死亡。事发时他们的实践活动并未结束，实践团队于7月23日上午路过天柱山，决定上山游玩，上山的时候天气很好。等到了当天下午2点多，正当他们向主峰进发时，天突然变了脸，很快就下起暴雨，并伴随着闪电和巨大的雷声，带去的两把遮阳伞很快就被大风吹散架。于是，8名同学和游客们跑到附近躲雨，其中，小王和几名同学跑到了一个山洞附近的亭子里。小王回忆说，当时天上雷声滚滚，到处都是在奔跑着躲雨的游客，耳边充斥着雷声、雨声和人们的尖叫声。不久，他就看见附近的一块大岩石被闪电劈下了一块，他眼看着同学小林被石头砸伤头部，但却无法出去救助他。等了约20分钟，待雨小了一点儿后，小王跑去找同学，发现在一块巨石下，有3人倒在了地上，其中一人是他的同学。小王立即跑上前给同学做人工呼吸，小王的这位同学眼睛发红、脸色发灰，口里还有一股火药味，心跳非常微弱，最终因为雷击伤势过重当场死亡。

案例 2 主要是由于雷击这一气象灾害而引起的事故。地势较高和无防雷装置的房屋和离高大树木、电线杆等物体很近的房屋等都是雷雨天中易发生雷击的场所。而大开门窗，赤脚站在泥地或水泥地上，接触天线、煤气管道、铁丝网、金属窗、建筑物外墙，使用带有外接天线的收音机或电视机，拨打、接听电话，用喷头洗澡，站在大树下、电线杆旁等都是在雷雨天中易发生雷击的行为。被雷击中者可导致心跳、呼吸停止，脑组织缺氧而死亡，同时也会造成不同程度的皮肤烧灼伤。应对此类气象灾害，尤其是在雷雨天的时候，在室内应关好门窗，防侧击雷和球状雷进入室内；拔掉电源插头，切断电器电源；不使用带外接天线的收音机和电视机，不接打电话；不用喷头洗澡以防雷击。在室外应寻找避雷场所，不待在电线杆、旗杆、干草堆、帐篷、高大建筑物等无防雷设施的物体旁；取下佩戴的金属物品；不停留在外露金属物旁和树林边；要立即停止户外活动；警惕地上掉落的高压电线；关闭手机，不能接打电话。

（二）交通保障

开展大学生"三下乡"社会实践活动，无论是在往返途上还是在活动过程中，都不可避免地要接触到交通工具、通过交通道路，因而掌握基本的交通常识、确保交通安全、避免交通事故发生是"三下乡"社会实践活动必不可少的内容。

**案例 1：**

2010 年 7 月，湖南某大学"三农"问题调查实践团前往长沙附近的乡村进行暑期社会实践活动。由于准备仓促，没有预定车票，加之大雨天气，实践团队匆忙之下临时决定搭乘路过的小客车作为交通工具，结果在前往实践地的途中酿成严重车祸。经调查，发现车祸发生的主要原因是客车经营者严重违规运营。首先，实践团队所乘坐的小客车没有营运执照，车辆没有定期维护检查；其次，车辆严重超载，准乘 15 人的小客车竟挤了 30 多人。加之下雨导致道路湿滑，驾驶员连续疲劳驾驶，在驶过一弯道时刹车失灵，客车直接冲出桥梁，翻入河中。当时河水湍急，车中乘客被困，情况十分危急。幸亏现场目击村民及时报警，当地有关部门迅速出动组织救助，但最终仍造成多人伤势过重。实践团 6 名成员中 4 人轻伤，2 人骨折。

**案例 2：**

2018 年 10 月 28 日 10 时 08 分，重庆市万州区长江二桥发生重大交通事故，舟某驾驶大型普通客车由江南新区往北滨路行驶，当车行驶至万州长江二桥桥上时，与邝某驾驶的由城区往江南新区行驶的小型轿车相撞，造成大型普通客车失控，冲破护栏，坠入长江，小型轿车受损、驾驶人受伤的交通事故。此次事故的发生原因是乘客与司机发生争执，相互攻击而导致车辆失控向左偏离越过中心实线，与轿车相撞冲上路沿、撞断护栏坠入江中，造成 13 人死亡，2 人失联。

在社会实践过程中，一定要乘坐合法安全的交通工具，同时遵守安全规范和交通规则，服从管理。除了要掌握相关交通安全常识外，还要熟知自救措施与逃生技能。针对此类汽车和大巴坠江事故，要从以下方面进行自救逃生。

1. 汽车落水前的自救

下落过程中，双手抓紧扶手或椅背，身体后仰紧贴靠背，随着车体翻滚；还应紧闭嘴唇，咬紧牙齿，以防咬伤舌头，这样可以避免汽车在翻滚入水之前，车内人员被撞击昏迷，以致入水后无法自救而死亡。如果车在要落水前有反应的时间，一定要先解开安全带，方便自己活动，可把头伸进空气泡中呼吸；要开亮前灯和车厢照明灯，既能看清四周，也便利救援人员搜索；要尽全力快速打开门窗，保证自己不被困在车里。

2. 如果车头已经扎入水中，从后座逃生

车头有发动机比较重，当车刚落水时通常都是车头先进水后车尾慢慢进水，车尾还有些浮在水面上的空间。此时不要想着马上打开车门，因为车内外的水压不一样，车门和车窗是无法打开的，如果打开车窗，水浸入的速度反而更快。这时候要做的是赶快解开安全带，拿着钥匙迅速爬到车尾，将车后排座位放倒，找到打开后备箱的拉扣，从后备箱逃脱。

3. 破窗或开门逃脱

开窗逃脱的最佳时机是在水位淹没车窗前。①车辆入水后，电动车窗还能工作 3 分钟左右，如果能在第一时间打开车窗，会比开车门逃脱更省力。如果电动车窗失灵了，可以用车内尖锐的物品（高跟鞋、车座椅上有金属插棒的头枕、金属皮带等）敲击窗户边缘。②首选侧车窗玻璃，前挡风玻璃击碎后不易散落，而且容易误伤。最好的工具是安全锤，如果车内没有或安全锤在够不着的地方，可以用座椅靠枕下方的金属杆撬玻璃边缘。注意敲击的时候最好敲击窗户下面边缘，这样敲碎后玻璃就会自动脱落，不用多次敲击，节省自救时间的同时，还防止玻璃碴子飞溅伤人。③如果车窗与车门都无法打开，这时将面部尽量贴近车顶，以保证足够的空气。待水从车的缝隙中涌入，在车快灌满的时候试着打开车门，由于水的进入，这时候车内外压力差会减小，车门更容易打开。④逃出车外后保持面部朝上，尽量浮上水面，如果不会游泳，在离开车前尽量找一些可以漂浮物抱住，并且迅速游向水面寻求救援。

（三）饮食安全

俗话说"民以食为天"，食物是人类赖以生存的物质基础，同时也是实践过程中每天必不可少的环节，因此饮食安全尤为重要。实践团队需要掌握基本的饮食常识、注意饮食安全、维护身体健康，从而保障"三下乡"社会实践活动的顺利开展。

**案例1：**

2018年6月25日，宁波市第二医院接诊了一位"水中毒"患者。据了解，王师傅是一名建筑工人，当天上午在工地上干活时感到特别累，于是到阴凉处坐下休息。之后，王师傅感觉身体仍旧在大量出汗，他怕体内水分失去太多，就一连喝了五大瓶白开水。本以为喝水后身体会好些，但过了一会儿王师傅便开始全身抽搐。工友们发现后吓坏了，赶紧把他送到宁波市第二医院急诊科，经诊断王师傅是"水中毒"。"水中毒"一般是由大量饮水导致，尤其是在夏天体力劳动、剧烈运动时发生。高温环境下，特别是已经出现中暑症状，肌体已丢失水电解质，短时间大量饮用白开水其实是大忌。

案例1主要是由于饮用过量水而引发的中毒事件。夏季天气炎热，人体出汗量也会明显增多，因此饮水在夏季颇为重要。因此在社会实践途中，在大量出汗后，队员饮用过量凉水是不可取的行为。夏季饮水要注意以下几点：①喝温不喝凉。即使天气很热，依然要饮用水温在10℃—30℃的温水，喝凉水会使胃肠黏膜突然遇冷，引起肠胃不适甚至会导致腹泻。②喝淡不喝甜。夏季各种甜饮料高糖、高能量，营养素含量较低，不推荐大量饮用。天热时可喝些淡盐水补充钠，或者柠檬水，不饮用不洁净的水或者未煮沸的自来水。尽量饮用白开水。少喝饮料，既能消暑降温，又能补充维生素。③慢喝不快喝。快速大量喝水会迅速稀释血液，增加心脏负担，而且容易喝下大量空气，从而引起腹胀或打嗝。正确的方法是，把一口水含在嘴里，分几次徐徐咽下，既能滋润口腔和喉咙，又能缓解口渴。

**案例2：**

2017年9月3日上午，某市民何小姐因蛋白质中毒，出现呕吐和昏迷症状，被送往青医附院急诊室抢救。经医生诊断，何小姐是突然大量进食高蛋白质食物导致的蛋白质中毒，呕吐、昏迷的症状已经达到中度。经过治疗后，何小姐渐渐好转。她告诉记者，前晚她下班后到菜市场里买了6只大个梭蟹，回家煮好后没有吃饭，就一口气吃了4只，还喝了几杯啤酒。到了晚上她开始呕吐、头疼、腹痛，3日上午，便出现了昏迷症状。

　　案例2中的暴饮暴食也是威胁生命安全的一个重要因素。国内外各地美食丰富多样，在实践过程中，团队往往会面临许多美食诱惑，一旦毫无节制暴饮暴食，可能会出现食物中毒现象，危害身体健康。因此，在外实践还应注意个人饮食和卫生习惯，预防食物中毒，以下将针对近年来频发的饮食安全事故提出几点注意事项：①不吃无卫生保障的生食食品，如生鱼片、生荸荠；少吃油炸、油煎、烟熏、烧烤的食品；不随便吃野菜、野果。②不吃已确认变质或怀疑可能变质的食品，在进食的过程中如发现感官性状异常，应立即停止进食。③不暴饮暴食，不贪食贪吃，病从口入，懂得克制。④注意所购买食品是否适合自己食用，了解自己是否对其中某些原料过敏等。

　　（四）野外保护

　　大学生"三下乡"社会实践活动常常会有一些必要的户外活动，而这些活动中通常伴随着或多或少的安全隐患，特别是在自然条件恶劣的野外，团队一定要注意做好安全防范工作，牢记"了解环境，充分准备；集体行动，量力而行；严防迷路，避免侵害"的二十四字方针。

　　**案例1：**

　　2011年4月，北京某高校39名学生登山爱好者相约组成登山队到北京房山区的猫耳山探险。猫耳山山势陡峭，地形复杂，非常容易迷路，即使是当地村民也不敢轻易上山。登山队不顾当地居民的善意提醒，执意盲目进山，途中险恶的地形使登山队行进异常艰难，大部分女生体力不支，队伍被拉散。天黑后队员们迷失方向，困在山中。无奈之下，团队负责人报警求救。房山区周口店派出所民警迅速出警搜寻，北京市公安局组织消防、治安、巡特警等多个警种赶来支援，出动两架警用直升机参与搜救。出于地势险要，天黑路滑，深山没有手机信号等原因，搜救过程异常困难。被困学生大多精疲力竭，有的腿抽筋了，有的腿在不停发抖，还有的女生已掉下了眼泪。由于所带食物与饮用水已基本用尽，加之没有携带好保暖衣物，一名队员出现昏厥。为加快应急进度，搜救人员不顾自身安危，从一条可快速上山但异常险要的路径攀登。在救援过程中一名搜救队员不幸坠落身亡。次日清晨，所有队员在被困 13 个小时后全部获救。

**案例 2：**

2017 年 7 月 19 日上午，69 岁的叶先生像往常一样外出放牛，他牵着牛来到草木茂盛的地方让牛吃草。9 点左右，他突然发现旁边草丛有动静，便随手一摸，发现是一条黑白相间的蛇在草丛里，还没等他回过神来，那条蛇便咬了他的右手无名指一口，随后钻入草丛消失不见。叶先生看了一下被咬的部位，伤口不大，除了流少量血和轻微疼痛以外并没有其他不良反应。但他知道这蛇有毒，所以马上在家人的陪同下去市第三医院就诊。当天中午 1 点左右，叶先生出现了肌无力、呼吸衰竭、神志模糊、瞳孔散大的症状，医护人员立即展开抢救，叶先生的病情才渐渐有了好转。医生说，还好送医及时，毒素和神经结合得比较少才没有生命危险。经过几天的治疗，毒素慢慢被释放出来，住院 7 天后，叶先生康复出院。

在野外活动，为避免迷路，队员们应该掌握一些判定方向的基本方法，若需要露营，为确保安全，正确选择营地也十分重要。在野外，虫兽出没频繁，天气变化异常，也要注意预防虫兽的侵袭和各类自然灾害等。此外，还要选择正确的穿着和准备好常用医药箱，这样才能在野外活动中更好地保护自己和他人，当发生严重受伤或被毒虫毒蛇咬伤时，务必及时到附近的医院就诊。在野外活动时，要做好如下准备。

1. 判定方向

夜间可以通过寻找北极星确定北方。白天可以通过观察树木枝叶和年轮辨别南北，独立大树通常南面枝叶茂盛、树皮光滑，树桩上的年轮线通常是南面稀、北面密。同时，还可以利用手表判定方向，将手表时针正对太阳方向，时针与十二点处之间的夹角平分线指向正南正北方向。

2. 营地选择

若要在野外露营，营地选择十分重要，为确保选择的露营地安全，应遵循以下几个原则：靠近水源，但要远离瀑布、湍急的河流等危险地段；有充足干燥的燃料，方便生火取暖、驱虫等；便于躲避风雨且蚊虫和野兽较少；远离河床、避开山谷，选择在地势平整且较高，通风良好的地方。

3. 防虫蛇等

面对防虫蛇等，需要有不同的准备。①防蚊虫：穿长衣长裤；经常涂抹防蚊药水，如花露水、清凉油等；多吃维生素 B2 或复合维生素片；不在潮湿处逗留；在帐篷周围烧艾叶、青蒿、柏叶等。②防蛇：着长衣长裤；若蛇在身上，屏住呼吸不能动；迎面来蛇不能跑，可先向它扔一攻击目标后再跑；随时准备好蛇药。③防蜂：看到蜂窝后自觉远离，避免惊吓蜂；当蜂发起攻击时，选择就地卧倒不动，并掩盖好暴露之处。

4. 注意穿着

在野外，穿着应遵循以下几个原则：运动方便；长衣长裤；衣裤上有袋子；鞋子大小合适、耐磨；帽子颜色鲜艳、明显。

5. 备急救箱

在野外，没有人能够预料会发生什么事情。一个急救箱或许可以拯救生命，务必随身携带。急救箱应包括以下各种物品，以备基本急救之用。

（1）绷带。

（2）敷料。

（3）敷料包。

（4）消毒药水。

（5）洁净的棉花球。

（6）消毒胶布。

（7）胶布。

（8）各种药丸。

（9）蛇药。

（10）其他。如眼药水、万花油、止血贴、清凉油、驱风油、花露水等。

（五）突发事件应对

开展大学生"三下乡"社会实践活动，实践团队需要深入到不同的地区进行调查研究。正所谓"十里不同风，百里不同俗"，各个地区的民族构成、文化传统、风俗习惯、宗教信仰、生活方式等都有很大差异，实践队员作为"外地人"初到实践地，如果对上述差异不了解或者不尊重，就不可避免地会与当地人出现纠纷。同时，除了由自身原因引起的突发事件外，也有一些诸如犯罪分子等客观社会因素引起的突发事件。因此，了解突发事件产生的原因，避免类似案件的发生，以及掌握发生突发事件时的正确应对方法，也是参与"三下乡"社会实践活动不可或缺的一部分。

**案例 1：**

2015 年 7 月 10 日，某大学实践团队正在开车去往实践地的路上，途中经过甘肃省一少数民族聚居区时，一辆出租车与他们的车追尾并发生了轻微的碰撞事故，双方由此起了争执。他们的争执很快引来了群众的围观。争吵愈加激烈，实践团队中几个性情莽撞的成员差点和乘客动起手来。带队老师为确保实践团队全体成员的安全，及时出面制止那几个学生，并将此次事故的全部责任揽到自己身上，给出租车司机一定数额赔偿，而后此次突发事件才慢慢得以平息。

**案例 2：**

2003 年 8 月，某大学实践团队在前往实践地的途中，于火车上遇到一起突发事件。实践队员小李在火车上泡完泡面回座位时，被某位乘客撞了一下，不小心把面洒在了该乘客的身上，对方立马气势汹汹地要求小李赔偿道歉，并做出要打人的手势。与此同时，周围走过来两三个不像乘客的壮汉，四个人把小李围在中间，大声叫嚷。这时带队老师及时出现，并带来了车上的安保人员，安保人员上前劝阻，四个人仍不罢休，车上乘客也开始恐慌，于是老师给予那位乘客一定的赔偿，他们才就此罢手。

两个案例均秉持了生命安全大于财产安全的原则。在实践过程中遇到类似人多势众的情况，一定要懂得生命安全大于一切，必要时候，可以牺牲财产来保障人身安全。古人言"入国而问禁，入乡而问俗，入门而问讳"，在社会实践过程中，要做到求同存异、彼此尊重，了解禁忌、入乡随俗，从而避免因为一些不必要的误会而引起麻烦。一方面，要对调研地相关的特殊习俗有所了解，无条件地尊重调研地特有的风俗习惯，与当地居民和谐相处，顺利完成"三下乡"社会实践活动。由于实践团队需要在实践地生活较长时间，这就需要实践队员在日常生活中多些包容，遇事冷静，千万不能让自身成为冲突来源。

另一方面，实践团队在选择实践地前要对实践地做好充分的调查研究，选择治安较好、居民友好的实践地点。当发生突发事件时，也要掌握正确的逃生方式，实践团队要确保自身和他人不受伤害，此时实践团队要注意以下几点：①尽量远离人员集中、人流量大等易发生突发事件，且发生后难以逃离、伤害性较大的场所；②当预知或遇到突发事件时，首先应报警，请专业人员来控制场面，并积极配合警察及相关人员的工作；③在外多注意自己的言行，时刻保持一颗宽容大度之心，切勿激怒突发事件的实施者；④面对非自然灾害型突发事件时，要保持冷静、量力而行，千万不可因为盲目的见义勇为而使自身受到不必要的伤害；⑤若身处突发事件发生现场无法逃脱时，带队老师要安抚、稳定队员情绪，不要产生畏惧感，找大型器物做掩护，以减少对自身的伤害，并认真观察现场状况，寻找合适的时机带队员离开现场；⑥经历事件后，切忌讨论传播。

案例 2 这样的突发事件在汽车站、火车站频发，而针对这类事件，实践团队除了要知道应对措施外，还应该了解怎样避免此类事件的发生。实践团队在出站后或者进站之前的车站广场上，走路的时候一定要小心谨慎，尽量不要接触到任何人，尤其是那些没有带任何东西，双手空空等不像乘客的人。总之，在实践地开展"三下乡"社会实践活动，实践团队既要了解突发事件发生的原因，避免由于自身言行不当而造成突发事件的发生，也要学会在遇到突发事件发生时选择正确的处理方式，尽量减少自己和他人受到的伤害。

在正确处理突发事件后，实践队及时号召队员讨论总结，将队伍在面对突发事件的工作安排进行必要的评价总结，明确事件处理过程中处理得不当之处。整理或系统的具有借鉴意义的突发事件应急预案，为今后的社会实践提供参考。①

（六）国际安全

随着当今国际形势的激烈变化，我国各方面的国际化趋势也在不断加强，影响安全的因素越来越多。国际安全也是大学生开展"三下乡"社会实践活动中不可忽略的安全因素。

**案例：**

某大学实践团队原本计划于 2017 年 8 月 15 日至 8 月 22 日前往美国弗吉尼亚州开展暑期社会实践活动，却由于美国弗吉尼亚州夏洛茨维尔于 12 日发生的大规模集会期间的突发事件而被迫推迟。

据悉，夏洛茨维尔市政府此前决定移除市中心一尊美国内战时期南方将军罗伯特·李的雕像，上千名民族主义者从 11 日晚开始在夏洛茨维尔聚集，并举行火炬游行。12 日，反对抗议的人们也组织集会，双方随后在夏洛茨维尔街头发生冲突。据市政府统计，冲突导致 15 人受伤。弗吉尼亚州州长麦考利夫当天 11 时许宣布夏洛茨维尔进入紧急状态，随后警方进入市中心驱散抗议人群，所有集会计划被取消。但州政府的禁令并未立即奏效，当天下午一辆汽车冲入集

---

① 吴磊，唐念行，田宇．浅析如何应对大学生社会实践过程中的突发事件［J］．高教论坛，2013（11）：98—99．

会人群，这一事件导致 1 人死亡、19 人受伤。

案例中该团队由于国外游行集会发生的突发事件而取消了实践行程，从而保障了全体成员的人身安全，同时也警示了要开展国外实践的团队，在选择实践目的地时，要先对实践地进行充分考察，一定要选择治安稳定、环境安全的实践地点。

除此之外，实践团队还需要防患于未然，在开展国外社会实践活动的过程中，应该注意以下事项：第一，为保证国际安全，首先应选择符合国际发展潮流的实践课题，其次在开展实践活动的过程中应宣扬维护国际和平，注意自己的言行，切忌发表过激言论。第二，战争风险、国际格局演变、经济全球化走势、大国关系变化、科技创新与变革是当今影响国际安全的主要因素，因而实践团队在选择实践课题的时候，应避开这些敏感的话题。而和平统一、经济全球化、社会信息化、文化多样化等是当今国际发展的主要趋势，实践团队所选择的实践课题可以向这些方面靠近，符合世界发展的潮流，用正确的世界观指导实践活动的开展。第三，在开展实践活动的过程中，实践队员也要注意自己的言行，尽量宣扬符合国际发展潮流的积极言论，避免谈论政治敏感话题，切忌发表过激言论，特别是在活动期间撰写的新闻报道，以及活动结束后撰写的实践报告和实践论文等，都要注意言语的恰当性。综上，随着全球化的发展趋势不断加深，国际安全在各个方面都越来越受到重视，而大学生作为新时代社会主义建设者和接班人，更应该深刻了解国际形势的变化和影响国际安全的因素，成为国家安全和利益的自觉维护者。

# 第八章

# "三下乡"社会实践的持续推进

本章将从社会实践的基本礼仪、社会实践的具体安排以及社会实践的宣传资料准备和记录材料四个方面，具体论述"三下乡"社会实践的开展情况。实践形象、举止谈吐、尊重风俗是社会实践的基本礼仪；实践地点走访与实践访谈是社会实践开展过程中必须要做的具体安排；新闻稿、田野日记、影像材料等宣传材料和访谈记录、问卷整理、问题汇总，以及每日会议在内的记录材料是社会实践必须要准备的材料。

## 一、实践相关的礼仪风俗

礼仪是指人们在社会交往中，为表示相互尊重、敬意、友好而约定俗成的、共同遵循的行为规范和交往程序，它涵盖各种大型、正规场合的隆重仪式和人们在社交活动中的礼貌礼节。而在社会实践中，实践队员对于调研地礼仪的学习和了解是十分重要的，这是一项基础性工作，也是一项意义深远的工作，能在很大程度上促进社会实践的顺利开展，主要表现为以下三个方面。

一是礼仪塑造形象。在大学生"三下乡"社会实践中，一名实践队员就是一面礼仪"旗帜"，也是一个学校在外的形象代表，队员们良好的实践思想意识、工作方法和行为举止是保障社会实践项目被大众接受、引起大众关注、吸引大众参与的三要素。规范的礼仪培训能塑造队员个人基本修养、丰富个人精神需要、增强个人阅历见识，而实践队员的良好礼仪举止则彰显了整支实践队伍的基本形象。因此，这就要求每一名实践队员对于礼仪的学习要做到不可忽视、不能懈怠、不能放弃。

二是礼仪维系友好。在社会实践中，合适的礼仪是展现实践队伍良好素质与被考察对象表达善意最好的价值载体。在实践初期，一方面，由校（院）团委或高校负责管理"三下乡"社会实践的相关部门，组织各实践队伍就不同考察地基本礼仪情况进行讲解培训。另一方面，由指导教师或实践领队牵头，集中实践队员做内部学习和讨论，进而总结归纳出符合实际且科学客观的实践礼仪准则。这样一来，实践队员们在走访、采访过程中就能少碰礼仪禁忌"红线"、少吃"闭门羹"、少走弯路。与此同时，通过对相关礼仪的掌握，实践队员可以更好地融入当地环境与群众，这不仅有利于拉近队员与受访者之间的关系，还有利于消除和缓解不必要的摩擦或隔阂。

三是礼仪赢得尊重。恰当的礼仪能在一定条件下转化为保障"三下乡"社会实践活动平稳实施和拓展创新的动力因素。倘若全体队员能够对实践地点的礼仪文化进行系统学习和详细梳理，便能从中找到并总结出有关礼仪的关键内容，队员们就能按照正确的采访步骤进行考察调研，这大大提高了实践效率。此外，实践队员在采访期间与受访对象交谈沟通时，若直接引用或间接切入相关礼仪知识来进行提问，往往会取得较好的效果，这在本质上得益于受访人感受到了实践队员对当地文化的喜爱和尊重，继而受访者也会逐步敞开心怀，以平等尊重的态度，做到互处互待。

以下是在社会实践活动中有关礼仪的基本要求，仅供大学生"三下乡"暑期社会实践活动团队成员参考。

（1）仪态仪表礼仪。在着装的要求上，一般情况下，社会实践团队要求实践队员统一着装，显示良好的团队精神和实践风貌。

（2）见面礼仪。在社会实践的过程中，见面礼仪是实践队员必须要注意的基本礼仪，见面礼仪大体分为握手、介绍、致意这三种情形。①握手。通常年长（尊）者先伸手后，实践队员应及时呼应。来访时、主人先伸手以表示欢迎；告辞时，待实践队员先伸手后，主人再相握。握手的力度以不握疼对方的手为限度。初次见面时，时间一般控制在3秒钟内。②介绍。采访时应先由指导教师或实践队长向受访对象进行团队介绍和自我介绍。介绍时陈述的时间宜短不宜长，内容宜简不宜繁。同时避免给任何一方厚此薄彼的感觉。③致意。即表示问候之意，指在实践场合中，根据具体情况来采用举手、点头、欠身等方式向相识的人打招呼。

（3）谈话礼仪。在社会实践过程中，还应随时注意使用礼貌用语，这也是谈话中的基本要求。主要包括问候、道歉、应答、慰问这四种形式。①问候。实践队员可以根据彼此的关系问候"您好""你好""早上好"等，初次相识可说："您好，见到您很高兴"。②道歉。在采访过程中，如果不经意打扰别人应该说："对不起，打扰了""对不起，打断一下"等。③应答。当受访人对实践队员表示感谢时，实践队员要给予一个积极回应，可以回答说："您不必客气""没关系，这是我们应该做的"。④慰问。当实践队伍初到实践地或者向实践地、受访人寻求有关帮助时，应及时表达感谢之情和慰问之意，可以说："您辛苦了""让您受累了""给你们添麻烦了"等。

（一）遵守基本礼仪

在"三下乡"社会实践中，要时刻注重个人举止。此时的个人举止不仅代表着个人的形象，还代表着整个实践团队的形象。下面是在"三下乡"社会实践中可能遇到的情形和要注意的事项。

1. 如实践队员需赴采访对象工作地点或家中访问时。进门之前要先按门铃或轻轻敲门，然后站在门口等候。按门铃或敲门的时间不要过长，无人或未经主人允许，不得擅自进入室内。

2. 要注意在采访对象面前的行为举止。当看见采访对象时，应该点头微笑致礼，若没有与受访人提前预约时间就冒昧前来采访，应先向其表示歉意，然后再说明来意。同时，要主动向在场人表示问候或点头示意。

3. 要注意在别人（采访对象）未坐稳之前，不应先坐下。坐姿要端正，身体微往前倾，不要出现跷"二郎腿"、抖腿等行为。

4. 要注意用积极的态度和温和的语气与采访对象谈话。与采访对象交流时，要认真倾听，回答时要以"是"为先。同时，要注意眼睛看着对方，观察对方的神情，领会对方的情感。

5. 要注意站姿和礼仪。站立时，上身要挺立，双手安放两侧，不要双手抱在胸前，身子不要侧歪在一边。当采访对象起身或离席时，应同时起立示意。当与其初次见面或告辞时，要不卑不亢，不慌不忙，举止得体，有礼有节。

6. 要注意良好的习惯，克服不雅举止行为。例如，不要在实践对象面前做出掏耳朵、剔牙齿等不雅举动，这虽然是一些细节，但却能构成他人对你（实践队员）和整个实践团队的整体印象。

（二）注意举止谈吐

谈吐礼仪能够体现一个人的修养，在社会实践活动开展的过程中，某些行为举止可能会引起他人反感，因此要十分注重交谈时的礼貌语言。在社会实践的实际交际过程中，有以下令人讨厌的几种行为：一是避重就轻，只谈论表面，或不断重复一些肤浅的话题；二是态度过分严肃，不苟言笑；三是言语单调，喜怒不形于色，情绪呆滞；四是反应过敏，语气浮夸粗俗；五是以自我为中心；六是过分热衷于取得别人好感。

交谈时的礼貌语言，大体分为敬语、谦语和雅语。其一，敬语。敬语是表示尊敬的礼貌词语。使用敬语，除了礼貌上的需要之外，还体现一个人的文化修养，也是社会实践期间必不可少的礼节。诸如日常使用的"请"字，第二人称中的"您"字；初次见面要称"久仰"；请人原谅要称"包涵"；麻烦别人要称"打扰",托人办事要称"拜托";赞人见解要称"高见"等。其二,谦语。谦语是向人表示谦恭和自谦的一种词语。谦语最常用的用法是在别人面前谦称自己和自己的亲属。自谦和敬人,是一个不可分割的统一体。采访人通过自谦的态度对被访者表示尊敬与看重,这种谦语的使用能够让采访过程变得更加顺利。其三,雅语。雅语是指一些比较文雅的词语。在社会实践期间的所有场合,尤其是有长辈和女性在场的场合,实践队员不能随意进行话语表述,更不能使用粗俗的言语。雅语的使用,是对被访问者表示礼貌的体现,也是访问阶段双方互敬互尊的基础,还是实践队员个人修养的体现,更是彰显实践队员乃至整个团队良好风貌的重要载体,与此同时,它间接影响着社会人士对实践院校的看法和态度。

(三)尊重地方习俗

尊重风俗是指要尊重个人或集体的传统风尚、礼节、习性等,它是特定社会文化区域内人们历代共同遵守的行为模式或规范。主要包括民族风俗、节日习俗、传统礼仪等。在社会实践开展时,必须要始终尊重当地的民族风情和相关习俗,主要有两个方面的原因。

一方面,尊重风俗是维护实践队伍形象的手段。尊重风俗在"三下乡"社会实践过程中,起到的作用是显著而关键的,它是社会实践活动顺利进行的充分保障;尊重风俗是对实践地和被访者的敬重和礼仪,是维护实践队伍形象的必要手段;尊重调研地风俗,在本质上就是一种良好的行为习惯,这样的行为能够最大化体现实践队伍的调研形象,是队员们对调研地和访问对象的重视和基本礼仪的最好展现。另一方面,尊重风俗是促进访问双方关系的保证。尊重当地风俗更容易获得当地群众对实践队员的认同,是加强访问双方联系的纽带,也是衡量双方友好关系的重要尺码之一,更是促使实践全过程顺利展开的关键点。各地风俗习惯是群众文化的集中反映,尊重风俗就是尊重他人文化。在调研中,尊重他人既是获得当地机构、群众积极配合和帮助的途径之一,又是有效避免因触碰调研地风俗而导致双方发生摩擦或潜在矛盾的重要影响因素,其作用巨大、意义深远。

## 二、实践过程细化安排

(一)实地走访

在社会实践开展前,前期的学习和培训是社会实践中后期开展的基础和前提,进入社会实践的中期环节,即正式对调研地展开走访调查,这个环节是整个社会实践的核心步骤。其价值与内容的考察,对社会实践的成果走向具有直接甚至决定的影响作用。在实地走访前期，团队成员在指导教师的整体部署和队长的配合执行下，在目标地展开社会实践。在这个环节中，首要的是队员的安全问题，其次在保障全体队员安全的前提下，提前与实践采访对象联系，做好正式的采访记录。

（二）深度访谈

在实践访谈的过程中，实践采访队员要将理论与实践相结合，将事前采访与效果预判相结合，同时实践采访队员要自信以对，面对采访对象时要灵活处理。

1. 理论与实践相结合

理论和实践是息息相关，相辅相成的。只有掌握了扎实的理论知识，在实践中才会有清晰的认识。然而，理论与实际始终存在很大的差异，即使掌握了相关理论知识，也不见得在真正的实践采访中能够得心应手。因此，队员需要把理论和实践相结合，把所学的理论知识融入到社会实践当中，只有这样才能更好地运用理论知识去指导实践队员做好实践采访工作。

2. 事前采访与效果预判相结合

事先有研究、有准备，是采访深入、高效的关键。正所谓"不打无准备之仗"。在采访前，准备充实是十分必要的，实践前期准备不能草率，要做好访谈纲要，做到心中有数，问之有度。让采访的节奏掌控在自己的手中，做出达到采访效果的预判，并为想要达到的采访目标效果而努力。在整个采访过程中，实践队员需要在被访人平凡的叙述和平淡的事实中深入挖掘实践内容，这不仅需要实践队员具有扎实的专业知识功底，更需要对整个社会实践内容和目标成果"了如指掌"。

3. 自信以对，灵活处理

在实践采访的过程中，实践队员的自信和灵活处理应急事件的能力是必备的技能。实践采访是一种包含许多环节在内的系统活动，每一个环节都能对另外的环节产生影响，而在每一个环节中也有许多规范和要求。它们既是技术的，又是艺术的。这里主要讨论在实践采访前期准备过程中可能遇到的问题。采访的准备工作分为两种，即提前准备和临时准备。队员在与受访对象交谈中一定要边听边动脑分析，运用启发式的方式去引导被采访者多谈一些与实践项目有关的素材，主要方法有三。一是要善于启发被采访者主动交流的意愿；二是要善于抓住中心问题，围绕中心问题展开提问；三是要善于抓住细微的变化，在现场采访观察时，要做到全面、入微、深入。整个采访过程要保持谦虚的态度，这是采访成功的关键。总的来说，采访提问是一门艺术，不可轻视，也不可忽视。

### （三）访谈记录

访谈记录是实践活动材料记录中一项最基本的环节，是保障大学生"三下乡"暑期社会实践前、中、后期的活动开展最为关键的工作之一。在采访过程中，倘若实践队员没有将相关详细访谈内容记录清楚，那么很有可能就会直接影响到实践新闻稿、田野日记、总结论文（报告、提案）等文字材料的撰写。例如，倘若没有将访谈期间的数据、实验样本在内的关键信息细心记录整理，实践队员在撰写书稿时，在很大程度上会发生数据内容表述含糊不清、模棱两可的现象，甚至出现内容的杜撰、篡改等不符合实际的言论和行为，与此同时，实践的全过程就容易出现不合规、不合理、不合情等不符合客观现实的现象。

### 三、实践相关材料的组稿撰写

在"三下乡"社会实践开展的过程中，实践新闻稿、田野日记和影像材料都是需要搜集和整理的宣传材料。但是，实践队员常常把实践的新闻稿和田野日记相混淆，许多实践队员对二者的基本概念和写法具有一定的模糊性和不确定性，为了明确二者写法的不同，在此，主要围绕两个方面进行简单区别。

第一，定义具有不同性。实践新闻稿指的是在社会实践期间，由实践团队（队伍）发送给传媒的通信渠道，用来公布有新闻价值的消息。主要包括六要素，简单理解为"五个 W ＋一个 H"。其中，"五个 W"是指 Who（何人）、What（何事）、When（何时）、Where（何地）、Why（何故），"一个 H"是指How（如何），即实践新闻稿的六要素为时间、地点、人物、事件的起因、经过、结果。而田野日记指的是在社会实践开展期间，由指定的实践队员向中国大学生"一带一路"协同发展中心，或者是各实践队伍所属组织官方微信公众号、微博等信息平台所发布的有关队员实践感悟和体验的文字材料。

第二，特点具有独特性。实践新闻稿主要有消息、通讯、评论三种分类。其结构主要包括标题、导语、主体、结语和背景五部分。其中，标题、导语、主体是主要部分，结语和背景是辅助部分。总的来说实践新闻稿具有内容观点鲜明、真实具体、发布迅速及时、语言简洁准确等特点。而田野日记主要是个人对于社会实践期间的所思、所想、所悟的表现形式和文字载体，其特点是情感真实自然、语言干净质朴。

为了更细致说明实践新闻稿、田野日记和影像材料这三种宣传材料的不同之处，下面逐一进行细化描述。

### （一）新闻投稿

新闻稿的撰写在整个调研过程中所起到的作用是至关重要的。作为实践内容输出的重要窗口，新闻稿件的质量高低直接影响全社会对于实践个人或实践团体所开展的社会实践项目的认同度的强弱。因此，写好新闻稿就显得颇为关键和必要。一篇合格的新闻稿原则上要符合时间、地点、人物、事件的起因、经过、结果这基本的六要素。此外，新闻稿的格式有很多，不同时期的格式也有所不同。从写作要点来看，它的写作要律是必须具备一定的新闻价值、正确的格式和把握住诉求的标题，行文应力求简洁切要，叙述应有事实基础，文稿标题则以简要、突出、吸引人为原则，用字要避免冷僻、艰深，以提高文稿的可读性，篇幅以1—3页为宜（1页尤佳）。从写作技巧来看，要做到清晰简洁、段落分明、使用短句、排版清爽。切忌偏离事实、交代不清、内容空洞。

以大学生"三下乡"暑期社会实践新闻稿为例，其撰写原则基本与上述原则相吻合。明确写作格式是撰写社会实践新闻稿的第一步，明确投稿格式则是社会实践新闻稿优秀成品诞生的重要前提和基础。在此，中青校园 APP 发布的投稿标准为基本样板，并附优秀案例。

1. 三下乡官网投稿简况介绍

新闻投稿必须是原创的"三下乡"社会实践内容。"三下乡"的投稿栏目包括实践纪实、实践图片、实践视频、感悟收获和实践报告这五种。实践纪实是以文字为主的"三下乡"社会实践新闻报道；实践图片是以图片为主的"三下乡"社会实践新闻报道；实践视频是对"三下乡"社会实践的视频报道；感悟收获是对"三下乡"社会实践的个人感悟或体会文章；实践报告是对"三下乡"社会实践的总结报告。

2. 新闻报道作品的投稿规范

这里主要包括新闻标题、电头、人物称呼、文字稿件以及图片和视频稿件的具体要求。

（1）标题。10—30个汉字，不允许用"精彩飞扬——××大学实践队"的形式，要用一句话作为标题。

（2）电头。格式为"中国青年网＋地点＋时间电（通讯员×××）"。例如，中国青年网济南7月1日电（通讯员　张明），地点为所在地级市名称，多名通讯员之间加空格。

（3）人物称呼。禁止出现"我校""我院""师兄""学长"等校内宣传稿件用语。

（4）文字稿件。表述要流畅，不可写三段式的宣传稿，要注重细节性描述，注重采访和写实，不要空发议论或抒发感情。

（5）图片要求。文字稿件图片要在 4 张以内，组图稿件可达 6—40 张图片。图片要求画面清晰，单张照片文件大小 1M 以上，尺寸为 900＊600 像素（纵向不小于 400＊600 像素），格式为 JPG 或 PNG。图片要有图注，说清图片里的故事，让读者明白这张图要说明的新闻故事。要注重特写与全景的搭配，要注意拍摄角度和画面质量，选择具有代表事件的图片，让图片来讲故事。

（6）视频稿件。要求画面清晰、不变形、无杂音、长度 3 分钟以上，分辨率不小于 720＊576 像素。画面宽高比例为 4：3 或 16：9，格式为 FLV 或者 MP4。视频中以静态照片的时长不得超过视频 1/4 的长度。

3. 投稿禁止内容

如果作者的投稿内容存在以下情况，将无法通过审核，并且视情节对账户进行相应处罚，情况严重者将移交司法机关进行依法处理。

（1）发布的内容违背相关现行政策与法律法规。具体包括：违反宪法确定的基本原则的内容；危害国家安全、泄露国家秘密、颠覆国家政权、破坏国家统一等损害国家荣誉和利益的内容；煽动民族仇恨、民族歧视，破坏民族团结的内容；破坏国家宗教政策，宣扬邪教和封建迷信的内容；散布谣言，扰乱社会秩序、破坏社会稳定的内容；散布淫秽、色情、赌博、暴力、恐怖或者教唆犯罪的内容；侮辱或者诽谤他人，侵害他人合法权益的内容；煽动非法集会、结社、游行、示威、聚众扰乱社会秩序的内容；以非法民间组织名义活动的内容；含有法律、行政法规禁止的其他内容；涉及未成年人、侵犯未成年人权益的严重刑事案件的内容等。

（2）发布的内容含有一定的广告商业信息。例如，新闻稿件内容含有二维码、电话等联系方式和推广信息；推广与所发新闻稿件内容无关的信息；发布的内容中含有购物链接、网盘资源等下载链接；发布商业产品、品牌、活动的推广软文及广告；以及以任何形式与新闻主旨内容毫无相关性的推广。

（3）发布旧闻或重复发表内容。诸如发布过时的法律法规、国际政策；发布已过期的强时效性内容，如体育比赛、活动或节目预告、天气预报等；用新近发生的语气来陈述早已发生了的事件，或者发表与该平台已重复发表的内容。

（4）发布不实内容。例如，内容违背科学常理；发布与已发生事实相悖的事件情节等。

（5）发布标题党内容。诸如使用过度夸张的惊叹词，故意营造悬念引人好奇；再如题文不符，标题存在歧义，断章取义，捏造正文中不存在的人、物、情节等。

（6）发布的内容格式存在问题。标题中含有错别字、繁体字或特殊符号；标题不通顺，标题使用全英文、外文等。

4. 优秀范例

在此，从 2018 年全国大学生"三下乡"暑期社会实践新闻稿中抽选出三篇优秀的新闻稿作为基本撰写样板，以供参考。

**案例 1①：**

【电头】中国青年网陇西 8 月 21 日电（通讯员吴淞宁芸静）（When）7 月 20 日，H 大学甘肃精准扶贫调研团前赴（Where）甘肃省定西市陇西县马河镇团结村进行考察。上午十时，晨风徐徐，调研团一行乘坐大巴抵达调研地。马河镇被誉为"柴胡之乡"，该地柴胡种植历史悠久、规模大、面积广、质量高。长期以来，马河镇成为陇西县药材外售体系下的柴胡重要补给区与稳固货源地。因而，柴胡种植售出也成为支撑该地经济发展重要方式之一。

（What）但近年来，受中药材牛市行情的拉动，中药材行情上涨，高价刺激下，药农种植积极性大增，柴胡种植面积扩大，造成供给远大于需求，家种柴胡开始产大于销，库存积压，价格回落。基于这一现状，团队通过走访当地政府了解到，马河镇委、镇政府高度重视这一问题，第一方面在内部积极调整柴胡种植结构、宏观调控销售渠道，另一方面又立足本地优质自然景观，在外部引进各级美术协会、美术学院考察团前来参观写生。这有效夯实了柴胡种植的可持续性，又创新村域发展思路、通过"美景引客、参与消费"的旅游模式加速了马河镇的脱贫致富之路。第三方面，从（Who）马河镇委吴书记介绍中我们了解到，团结村从 2015 年就已开启精准扶贫专项贷款。但由于农户自身条件的局限性，专项贷款对推动村民精准致富还存在较大差距。镇政府在征求农户意见后，选择将农户的专项贷款移交至部分帮扶企业进行资金整合与投资，等产生利润后，企业再对农户分红。如此一来，政府便能更好地引导村民，调动农民的积极性，实现了团结村经济发展的双赢局面。

团队在走访团结村时了解到团结村村民的收入来源主要有三项，分别是劳务输出、中药材和家禽养殖。其中调研团重点询问了该村中药材种植的一些现况。

据（Who）团结村驻村张组长介绍，近年来，（Why）当地出现较多药材价

———————————

① 案例 1 出自中国青年网——《海南大学学子三下乡：柴胡之乡展新貌，文化写生促增收》

格恶意炒作的不良现象，从而导致药材市场产生经济泡沫，所以药材价格也出现了一些波动。不过庆幸的是，包括柴胡、党参等药材在内的销售量整体上保持稳定。随后，团队成员提出关于当地政府不考虑组织农户形成合作社与药厂合作的疑问。张组长向团队成员解答，他解释道，由于当地青年人都到外地务工，留在村中的大多数为中老年人，青年劳动力严重缺失，因此团结村中药材供应量不足，无法与药厂直接进行合作。

张组长还解释说，（Why）村中的药材大部分都选择散户种植和出售，与此同时，当地大多数药材都由药贩子下乡来收购，销售利润较低。关于这一问题，团结村村支书蒋文杰还告诉我们，团结村村支两委在政府的指导支持下也最大力度发挥基层自治组织的作用，邀请了一批药材种植专家对农户进行科学培训，让药农在有限的土地中栽培出最优质的柴胡，做到地有所用、药有所效。另一方面，自筹经费完善写生基地相关基础设施建设，提高村内服务接待能力，又开拓更多体验项目，让游客体验景在人中、人在景中，享受获得感。

以我之见，马河镇尚且还存在着旅游开发资金短缺、服务配套设施不健全、管理体系运转迟滞等方面的不足，（How）但只要政府、村委会、农户之间能构成合作互补"铁三角"关系，就必定能在旅游资源特色性重组开发、创新中药材产业发展、旅游经济与生态效益协同发展等方面发挥着重要作用和深远影响。

### 政府引领构筑特色发展支架平台

新时期下，政府作为旅游产业发展的重要支撑点，宏观调控着特色旅游项目的采集设计、开发重组。马河镇因中药材质高而闻名，政府必须坚持合理开发原则，牢牢把握中药材发展优势，从药材种植前、中、后期中发掘其他衍生附加价值，比如，打造马河特色药材种植体验基地，吸引周边市（县）游客前来观摩体验，可以重点打造亲子主题项目，让城市游客能在游玩的同时，能加强家庭成员内在和谐关系，还能起到家长对子女间的沟通教育作用。其次，为了保证马河镇特色旅游的推进深入，政府应持续帮助情况符合实际的村寨建立写生基地，以点带面，有利于以"写生游"为载体特色小镇、村寨的构建延展。

与此同时，一方面要从政策上给予马河镇各村经济支持，另一方面向当地群众宣讲特色旅游对精准脱贫的重要意义，并邀请专业团队来镇，为农户做旅游服务接待相关培训，力争实现"户户懂旅游、人人懂接待"的新目标，此外政府指导村委会成立专项小组，主体负责旅游服务工作。这一举措切切实实地帮助农户们提高经济收入，更加速了马河镇精准致富、快速脱贫的进程。不可忽视的是，政府还要通过官方渠道做好马河镇特色旅游资源的宣传推广作用。抓好线上，可以通过新媒体、互联网做好旅游资源及项目的宣传介绍；抓好线下，及时对接县级旅游部门以及当地旅行社，以此扩大宣传范围，有利于招来更多游客前往游玩休闲。

### 村委发挥基层组织自治战斗劲力

村委会作为基层群众性自治组织，必须有效发挥基层"上＋下"作用，对"上"，马河镇各村委会要全面贯彻落实上级相关部门的要求，积极与政府沟通特色村落旅游建设事宜；对"下"，要密切群众联系，深入村户家中了解村民生活所缺所需，还要做好关于村寨发展旅游业不足因子的调研工作，积极寻找开发创新点，在实际中把控发展痛点，集中解决、分批攻破。以"农业游"发展来说，各村委会应配合马河镇政府积极进行农业结构调整，将推进农业产业化经营作为增加农民收入的主要举措来抓，此外要在产业化中探索旅游开发亮点——依托黄土梁卯与河谷地形，由村委会牵头打造"休闲旅游农作基地"。

由于马河镇各村多数青壮年外出务工，家中闲置土地较多，村委会可以集中土地划分包含种植四季豆、小包菜等板块，供外来游客有偿体验种植，其中的获利一方面作为村务经费，一部分向供地农户分红，这有利于缓解村委会专属旅游经费的投入压力，一定程度上保障了旅游开发的可持续性，在闲置或废弃土地上做文章，真正创造了让"无用的土地也能创造有利的价值"的奇迹。这扩大了贫困户经济来源，助力脱贫，利家利人。

### 农户融入旅游新产业释放新活力

农户是特色旅游发展的必要参与者和获利者，应当提高增强对旅游扶贫概念的意识和理解。在日常农作中，做好保障药材的正常生长工作——坚持种植不洒农药、合理灌溉。药材的品质可以让游客在体验中增强对党参、黄芩在内的一批药材的购买欲望，刺激消费，为农户换来收入。

另一个方面，农户绝不应该做旅游的"旁观者"，要积极参与政府或村委会药材种植科学化与旅游管理服务专业化的技能培训。农户应当在马河镇特色旅游发展过程中做到召之即来。例如，在旅游旺季时，农户可以暂时搁置家中农务，在写生基地或者其他接待中心做好旅游服务工作；在旅游淡季时，农户仍旧可以通过种植中药材或者其他农作物来维持生计。这有利于马河镇农户实现年年有收、月月增收。

**案例2**①：

【电头】中国青年网北京10月2日电（通讯员李浩）（When）7月21日至

---

① 案例2出自中国青年网——《清华大学实践团开展暑期调研了解中俄能源合作与未来》

8月10日，来自清华大学能源与动力工程系、新闻学院和法学院的8名学生走进俄罗斯，（Where）赴圣彼得堡和莫斯科等地开展了主题为"一带一路下的中俄能源合作"的社会实践活动。

支队先后来到圣彼得堡彼得大帝理工大学、中石化俄罗斯代表处、中国国家电网驻俄罗斯办事处、中国驻俄罗斯大使馆教育处、莫斯科大学等地进行参观和学习，并积极与来自不同国家、地区的教授和同学交流，（What）聚焦于俄罗斯能源结构与能源结构调整，探寻一带一路下中俄合作的机遇和挑战。学习交流之余，支队同学积极感受俄罗斯文化。尤其把握了圣彼得堡和莫斯科是十月革命和共产主义实践的重要历史地点这一机遇，支队同学通过建立临时党支部、阅读相关文献资料、开展党组织生活，结合参访中共六大会址纪念馆、阿芙乐尔号巡洋舰和红场等地，将实践与党课学习、读书学习紧密结合起来。

在圣彼得堡彼得大帝理工大学，支队同学对能源结构、俄罗斯能源现状等进行了深入的学习。其间，支队同学向来自世界各地的老师和同学们做了关于中国能源现状和发展的介绍。支队还邀请了来自巴西、印度、奥地利和俄罗斯等国家的同学，对"未来国际能源合作的内容和趋势"进行了讨论。学习之余，支队还随理工大学的志愿者参观了列宁格勒核电站、Electroapparat Holding 等企业。

在中共六大会址纪念馆，支队同学们聆听了（Who）馆长马先军的讲述，了解了中共召开六大时面临的形势、经过和对中国革命的意义。马先军讲道："1928年到1949年，在六大上当选中央政治局委员的10人中，只有2位没有牺牲和叛变，看到了新中国的胜利。革命很不容易，有牺牲才有成就……"马先军的讲话让同学们动容。他勉励大家："作为后来人，要珍惜所在的环境，好好学习，有志向、有技能，坚定信仰，为国家服务。"

在中石化俄罗斯代表处和中国国家电网驻俄罗斯办事处，支队和工作人员进行了座谈。支队成员对关心的中俄之间的能源贸易的现状和发展趋势、"一带一路"政策对中俄能源合作的影响、中石化和国电在俄罗斯开展的主要业务、俄罗斯电力市场现状、在国际交流和合作中需要注意的地方等问题进行了提问和交流，收获颇丰。支队成员李祎鹏表示："在能源互补性强的大背景下，从政治考量到经济效益，从能源安全到技术合作，这背后的方方面面都在对中俄能源合作形成着合力。复杂、深刻，这也是我学到的能源合作的特性。"

在中国驻俄罗斯大使馆教育处，公参于继海邀请支队同学们参加了和中国留俄学生总会的交流会。交流会上，于继海介绍了中俄近年来在教育方面的合作现状。他介绍道："长期在俄的留学生有3万多，短期的有5万多，中国政府希望在 2020 年达到 10 万人。"留俄学生会的学长学姐们介绍了留俄学生会的历史和这些年在国内外的交流和发展，大大开拓了支队同学们的视野。支队同学们也分享了自己这几周在俄罗斯的感受，气氛十分融洽。

此次俄罗斯之行，从驻外机构到纪念场馆，从科研院所到企业工厂，支队成员们深刻感受了俄罗斯"能源之国"的独特魅力，亲身探寻中俄能源合作与未来。支队成员徐亦鸣表示："在生活与交流的惊喜与落差中，感受到祖国的强大之处也探微其不足之处。"立足中国，放眼世界，是清华学子"走出去"的目标；从世界看中国，反思其然与否，则是"再回来"的意义。

清华大学能源与动力工程系"中俄能源合作与未来"暑期实践支队加入了清华大学校团委设立的本科生海外社会实践支持计划。（How）今年暑期，该计划共支持来自 22 个院系的 35 支支队分赴"一带一路"沿线等全球 20 个国家和地区开展社会实践，近 400 名学生通过文化浸润和深度交流，提升了全球胜任力和国际视野，增进了对构建人类命运共同体的理解。

**案例 3①：**

【电头】中国青年网成都 9 月 18 日电（通讯员王僬婷　史雪聃）为深入学习贯彻习近平新时代中国特色社会主义思想和党的十九大精神，引导广大青年不忘初心、牢记使命，切实增强"四个意识"，树立"四个自信"，今年暑期，（Where）西南财经大学 4000 余名学生、近 400 支团队奔赴 33 个省、市、自治区以及省内 44 个县市开展了以"用行动践行十九大精神·用青春谱写新时代篇章"为主题的暑期"三下乡"社会实践活动。（What）此次活动以"四大行动"为主要内容，涉及社会财经调研、民生民情调研、传统文化传承、公益志愿服务等方面，并重点开展了"习近平新时代中国特色社会主义青年学习研究会"专项调研、"对口精准扶贫、助力乡村振兴"专项活动、"一带一路"青年社会专项实践和"青年红色筑梦之旅"专项活动等社会实践，使同学们在实践中接受教育、坚定信念、锤炼品格、增长才干，进一步增强新青年的使命感和责任感。

　　聚焦"一带一路"　共话青年担当

（When）7 月，西南财经大学校团委、学生会和习近平新时代中国特色社会主义思想青年学习研究会的 50 名同学前往新加坡开展了"一带一路"专项社会

---

① 案例 3 来源于中国青年网——《聚焦"一带一路"助力精准扶贫：西南财经大学 4000 余名学子投身暑期社会实践》

实践活动，这是学校对学生骨干培养的积极创新。通过为期一周的青年领导力课程学习，同学们的国际视野和全球胜任力得到了提升。其间，西南财经大学学子与 NUS（新加坡国立大学）、MSU（新加坡管理学院）的同学们进行了深入交流，并共同组织召开了"一带一路"中新青年圆桌会谈，通过深入的对话探讨，两地学子进一步加深了对"一带一路"倡议和"构建人类命运共同体"的认识和理解。金融学院 2016 级的杨皓月同学表示，通过在新加坡的实地学习与经验交流，自己的视野和格局得到了很大提高，更能体会到新青年在新时代面临的责任和挑战，自己定将在追逐人生理想的道路上与祖国共命运。

### 助力精准扶贫　凝聚青年力量

为响应习近平总书记"动员全党全国全社会力量，坚持精准扶贫、精准脱贫"的号召，西南财经大学今年专门设立"助力脱贫攻坚——红色筑梦之旅"实践调研专项活动，号召西财青年奔赴全国各扶贫开发工作重点村县展开调研，为服务乡村振兴、助力精准扶贫贡献青年力量。统计学院实践队等 18 支队伍，前往学校定点扶贫地凉山州美姑县井叶特西乡采竹村、阿坝州金川县独松乡嘎五岭村，跟随当地扶贫干部和党员先锋队亲身参与并协助向村民普及生态建设与扶贫开发的相关政策，将调研成果形成建议书供当地政府参考，为精准扶贫建言献策。国际商学院实践队走进四川省遂宁市桂花镇，通过走访地方政府企业，了解基层扶贫工作进程，协助地方乡村产业振兴。通识教育学院实践队奔赴宁夏回族自治区固原市泾源县大湾乡杨岭村，通过与村支书交流、进村入户采访座谈、实地考察等方式，进一步了解了精准扶贫政策的实施情况。公共管理学院实践队进入贵州省大方县青松村开展实践调研活动，旨在了解农业模式改革对乡村经济发展的影响。经济信息工程学院实践队前往阿坝州金川县和西昌市盐源县，协助当地电子商务公司开展金川县国家级电子商务进农村综合示范项目，向当地村民培训宣讲电子商务基础知识，交流探讨当地电子商务发展有效路径。

### 传承文化基因　彰显青年自信

为引导西财青年做社会主义核心价值观的坚定信仰者、积极传播者、模范践行者，西南财经大学校团委积极号召在校师生走进革命老区，感悟并弘扬社会主义先进文化；去往非遗文化工坊，探寻传承中华优秀传统文化之路。马克思主义学院实践队赴梁家河重走习近平总书记当年下乡的知青路，了解北京知青下乡生活的艰辛，感悟知青吃苦耐劳的精神，学习习近平总书记身上的无私奉献的精神。通识教育学院实践队换上红军装，来到了革命圣地井冈山进行调研学习活动，重温革命前辈伟大而艰辛的奋斗史，走好新时代青年的新长征路，在追逐人生理想中迸发青春活力、彰显时代风采。会计学院实践队在西安俗易社领略了优秀传统文化秦腔的风采，与戏曲演员台前幕后近距离接触，感受秦腔和华夏文明的豪迈慷慨，铿锵有力。法学院实践队前往贵州省安顺市针对非物质文化遗产——安顺蜡染文化的产业现状与发展进行了实地走访调研。工商管理学院实践队前往邓小平故里深度学习，赴红军渡·西武当山艰苦锤炼，在学习中缅怀历史、坚定信仰，在奋斗中磨砺心性、体悟成长，在红色精神熠熠闪耀的新时代贡献卓越青春力量。

**发挥专业才能　展现青年风采**

为践行"经世济民，孜孜以求"的大学精神，将所学知识用于分析、解决现实问题，西财青年深入城镇、乡村及各类企事业单位，深入观察、专业思考。公共管理学院实践队心系农家乐的发展，在温江绿道及三道堰周边进行了实践调研，了解到当地农家乐的经营模式及其发展受土地、淡旺季、资金成本等条件的限制，同时从消费者反馈的问卷情况为走访的农家乐提出了可行的发展建议。国际商学院实践队来到贵州省织金县，对当地政府、部分乡村、中小微企业商会以及慷骅集团在引入商业项目至精准扶贫的角色及影响进行了为期八天的实地调研访谈。财税学院实践队在达仙市古镇通过实地调研及采访，结合四川省文化强省建设的指导方针，对仙市古镇及盐文化的开发宣传发展等方面提出了团队的意见。保险学院实践队赴深圳、上海、北京，通过采访企业代表、金融与保险行业精英、创业典范、追踪西财校友职业发展状况，感受西财力量，树经世济民之志向、怀厚生惠民之大爱。经济数学学院实践队前往甘肃省陇西县，调查分析企业于产业集群化模式上的成效与问题；调查农户金融意识，了解其对产业集群发展的态度，征询其对未来农村农业生产改革发展的建议。

（How）西南财经大学暑期"三下乡"社会实践活动作为学校长期坚持的人才培养和实践育人的品牌活动，是新时期下推动思想政治教育工作、实现全过程育人的重要环节和有力抓手之一，使大学教育与国家建设之间的桥梁更加紧密牢固，促进广大西财学子在社会实践中坚定理想信念、在社会实践中勇于学习创新、在社会实践中砥砺高尚品格，用行动践行十九大精神，用青春谱写新时代篇章！

（二）田野日记

在大学生"三下乡"社会实践期间，实践团队要根据不同组别的实践主题、实践成果要求来科学合理地安排实践活动的宣传工作，并按时提交田野日记。田野日记作为评选表彰的重要依据，各实践团队要指定专人负责，按时对材料进行收集、整理和上传。

1. 内容要求

在社会实践期间，每个实践团队要根据所在专项的实践主题和实践成果的要求来提交田野日记。田野日记要真实反映实践的主题和相关活动内容，它是实践成果的重要材料来源。同时，田野日记要注意与实践团队的实践成果内容相匹配，要具有一定的连贯性，真实反映实践过程。可以述写人物故事、深描人物性格，也可记录企业发展故事、描述企业发展历程、分析企业发展遇到的问题，还可以撰写实践队伍的心得和感悟。

2. 数量和格式要求

每个团队至少要提交 4 篇田野日记，每篇字数要求 800 字以上，以"日期＋实践团队名称＋队员名字＋田野日记"的形式命名。要求为 WORD 文件，标题黑体三号居中，"团队名称＋作者姓名"楷体四号放在标题下面；正文要求字体为仿宋，字号为小四号，行间距为 1.5 倍。

**案例 1①：**

（情感回顾）晃眼之间，我们汉语教材调研小分队在泰国的行程即将结束，就仿佛是一场梦，而这场梦中我们最后的一个驿站是位于泰国曼谷的中国城（China Town）。中国城，顾名思义是泰国曼谷华人的聚集之地。我们考虑到这里有大量的中国人，而且是中国游客旅游的必经之地，那么应该也会有很多会说中文的泰国人。于是乎，这里成为了我们开展街头采访的重点区域。

泰国当地时间 2018 年 8 月 24 日大约早上 9 点，我们汉语教材调研小分队成员来到了这个遍地写着中文的繁华地带。我们三人在此处的重点采访对象是店铺的老板和工作人员。本来想着在这里开展调研应该会比较容易，但是我们出师未捷就接连遭受打击。由于中国城游客太多，街道上的人摩肩接踵，店铺之中人满为患，无论是路人还是老板都无暇顾及我们所提出的问卷调查的请求，有些甚至粗鲁地拒绝了我们的请求。就这样在街头晃了将近一个小时，我们一无所获。直至我们来到一家卖猪肉脯的小店，店铺老板听说我们是来自中国的学生，这才答应帮助我们填写"一带一路汉语推广中汉语教材"的问卷。不过让我们有些诧异的是，原本我们认为她们应该是会中文的泰国当地人，没想到老板居然是不会中文的华侨。

---

① 案例 1 来源于中国大学生一带一路协同发展中心官网——《百转千折街访路，热情高涨中国城》

或许是因为在华人聚集的中国城中，我们的队员热情高涨，越挫越勇。随后我们算是正式进入调研的状态，店铺的老板和工作人员一听我们是学生，都欣然为我们填写问卷，我们先后在燕窝店、一日游旅行社、纹身店、杂货店、钟表店等数十家店铺对其会中文的工作人员进行了问卷调查。让我们印象最为深刻的是在一家纹身店，两位会说了一点点中文的泰国小哥，在我们殷切恳求下答应帮助我们填写问卷，不过附带的条件是我们要用中文为他们店铺写一句中文的广告语，无奈之下我们也只能应允。不过两位小哥在填写问卷时态度十分认真，遇到不明白的还主动询问我们，仔细程度不亚于我们考试时的模样。

（实践顺序）随着时间的推移，在不知不觉间已经临近中午，由于时间关系我们不得不结束街头问卷调查的工作。尽管在中国城的时间不长，但是我们也收获颇丰。我们了解到在曼谷的中国城，很多泰国当地店铺的老板都会一些中文，但是大都与做生意相关。他们几乎没有在学校或者中文培训机构学过中文，汉语会话能力完全靠平时与大量的中国人接触，但大多也只会一些简单的，类似于"你好""你需要些什么"之类的交际用语。对于中文的熟悉程度完全比不上他们的英语口语。同时他们也告诉我们，因为工作太忙以及中文比英文难学，在经营过程中虽然他们必须要接触大量中国人，但是他们还是不太愿意系统性地去学习，而更加愿意学习英文。这让我不禁感慨，中文的需求真的非常大，而汉语在泰国成年人中的推广，真的需要我们细细思量对策，争取让我们的汉语在泰国第二外语学习中夺取桂冠，开辟崭新的天地。

**案例2①：**

（历史回顾）张骞出使西域，打开了中西之间的交通，从此中国与西方及中亚、西亚、南亚地区的友好往来迅速发展，"使者相望于道，商旅不绝于途"。此番破除文化政治地域禁锢的征途，被史学家司马迁誉为"凿空之旅"。而今，"一带一路"——21世纪的"凿空之旅"，承接了千年前的流风余韵并将之发扬光大，走出了一条比先贤们更坚定、更宽广的道路。

7月30日，河南财经政法大学会计学院"筑梦中原"暑期社会实践考察团乘坐一个小时地铁来到了位于西安市北郊的西安国际港务区，一下车就看到了一个巨大的"聚焦'三六九'振兴大西安"的宣传版面。在通关服务中心，成员们见到了陆港集团多式联运有限公司的线路总监周峰、任佳和运输部副经理

---

① 案例2来源于中国大学生一带一路协同发展中心官网——《十年造港 筑一带一路枢纽 追赶超越 树内陆开放标杆》

朱子静。在座谈会之前，成员们观看了陆港的规划宣传片，了解到集团"立足西安，服务中国"的宏观目标和中亚班列、中欧班列的发展现状，这里海陆联运的新形势和保税物流中心的完备体系令成员们感到震撼。

座谈会上，周总监告诉成员们："陕西省西安市为打造内陆改革开放新高地而设立的经济先导区，是省市践行国家'一带一路'倡议、建设对外开放大通道的重要抓手和主要平台，是陕西自贸区的核心板块。"针对保税区这一新名词，周总监向成员们解释道："保税的意思并不是不交税，而是延迟交税，是一种有利于企业资金融通的措施。"当成员们问到陆港作为一个新成立的公司对人才有何需求时，任总监表示："我们港务区隶属于国际港务区管委会，属于政企，偏向于社会招聘，不接纳实习生、管培生，但是仍然建议大学生在本科和研究生期间能够有全方面的发展，这样会比较有利于去外企工作，他们是十分接纳管培生的。"朱经理提到，对刚就业的毕业生来说，最重要的是"干一行，爱一行"。周总监说出了他个人的观点："倘若今后就业时专业不对口，那我的建议是尽量选择你喜欢的，有发展前景的工作。"但同时，周总监还说道，"毕业后的第一份工作应该允许它并不顺心，甚至可以是一份自己不喜欢的工作，这样才能在之后的时间里更加清楚自己想要什么，才能去追求自己所喜爱的。"

随后，周总监带着成员们参观了中欧班列营运中心（丝路创新创业基地），向成员们介绍了西安到汉堡、西安到布达佩斯、西安到科沃拉等精品中欧班线的时效、发车频次等具体情况，并带领考察团到西安港现场参观。成员们看着无数个排列整齐的集装箱，无不对西安陆港的繁荣发展感到震撼。最后，任总监表示，国际港务区的发展前途不可估量，倘若成员们今后能就业于港务区，希望能有一种为国家做贡献的自豪感。

（真实情感）"一带一路"像一条神奇的纽带，让中国与世界各国的交往变得绚丽多彩；"一带一路"是一条可以"发酵"的路，促成了国家之间的勾连，让这条路拥有了广阔的发展前景。十年陆港梦，风雨兼程，一批批陆港人埋头苦干、艰苦创业、砥砺奋进，国际港务区从小到大、从弱到强、茁壮成长。如今，在国家推进"一带一路"建设的战略大背景下，这方热土又迎来新的历史机遇期，西安港借"一带一路"的东风，吹响了国际贸易的号角。下一步的中国，将在走出去的基础上，开始向走进去发展，向走上去迈步。

（三）影像材料

影像材料主要包括社会实践的活动照片和音像视频。

1. 实践照片

实践活动所提交的照片，要求能够真实反映实践的主题和相关活动内容，各实践团队在社会实践过程中所提交的照片应与实践最终成果内容相匹配，同时要具有一定的连贯性，能够真实反映实践过程的点滴。需要最终撰写案例分析和案例集的各专项实践团队，应提供相关人物、周边环境、访谈现场、成员实践实景、团队合影等类型照片若干张，其中人物类照片应包括全身、半身清晰图，无摆拍痕迹；环境类照片应包括远景、近景图，真实反映现场环境；实践过程类照片应囊括团队成员、实践地现场及实践对象等，能够生动形象地展示实践过程。

（1）数量格式要求。每个实践团队每天至少提交 3 张社会实践活动照片，整个社会实践活动期间至少提交 30 张活动照片。其中，人文、景观类照片不得超过 3 张，团队合影（含手举实践旗帜、着实践服装的合照）至少 1 张，但不得超过 3 张；杜绝无意义的图片，如大头照、与实践无关的观光照；同一拍摄场景和活动内容的照片不能超过 3 张。

（2）照片内容要求。如前所述，在社会实践期间，每个实践团队要根据所在专项的实践主题和成果要求提交田野日记。田野日记要真实反映实践的主题和相关活动，注意与本团队的实践成果内容相匹配，具有一定的连贯性，真实反映实践过程，把田野日记作为实践成果的重要材料来源。可述写人物故事、进行人物深描，也可记录企业发展故事、描述企业发展历程、分析企业发展遇到的问题，还可撰写实践心得和感悟。照片要求分辨率 1280 * 960 以上，JPEG 格式，要求对焦清晰、白平衡正确（不偏蓝或偏黄）、亮度适合（人脸不黑），照片以"时间 + 实践团队名称 + 事件描述"的形式命名。

2. 实践视频

在"三下乡"暑期社会实践期间，每个实践团队需要提交总时长不少于 15 分钟的实践视频，要有效反映各专项实践的主题，生动真实反映实践调研过程，如调研、采访、队员互动、当地景观和人文视频等。同时要注意所拍摄视频和实践主题的相关性，例如，人物类，可拍摄人物日常工作生活短片、访谈记录等；场景类，可拍摄工厂生产流水线、公司全貌、产品等，队员互动可拍摄日常讨论、调研场景等。

视频要求对焦清晰（不要虚）、白平衡正确（不偏蓝或偏黄）、亮度适合（人脸不黑），要求横向拍摄，分辨率在 1280 * 720 以上。注意拍摄画面应保持整洁稳定，不要出现太多噪音与干扰因素。注意把握拍摄角度和构图，保证拍摄内容具有可观性。拍摄时注意选取被拍者的位置，主体的人物要在整个视频画面中占据五分之一以上，一般情况下，背景约占画面的三分之二，而人物约占画面的三分之一。要选择合理的光照方向，使视频清晰完整。视频以"日期＋实践团队名称＋事件描述"的形式命名。

**四、实践全程的记录材料**

在"三下乡"社会实践活动的开展过程中，主要包括访谈记录、问卷整理、问题汇总、每日会议这四个部分的材料记录。其中，访谈记录是一项最基本的环节，问卷整理是一个繁琐且具有决定性质的环节，问题汇总是最容易被忽视、也是具有难度的阶段环节，每日会议对社会实践的开展起到保障和促进作用。

（一）问卷整理

问卷整理是一个繁琐且具有决定性特质的一个环节。问卷的整理储备是十分必要的，这主要集中体现在两个方面。一方面，在社会实践开展期间，由于全队要携带准备的材料与相关文件较多，很容易将问卷遗失，因此在完成问卷后就需要委托专人（可以是实践队长或者实践队员）对其进行保存，为后期样本数据的抽调和分析提供纸质版依据。另一方面，要及时对相应的问卷做好分类，对不同主题和方向的问卷，原则上要仔细进行区分、筛选，另外有条件的可以准备一份副本，以备不时之需。

（二）问题汇总

该环节或许是大学生"三下乡"社会实践中最容易被忽视、也是最具有难度的阶段之一。主要原因是问题具有特殊性、现实性和复杂性的特点。具体来看，在社会实践期间，问题的充分准备是相当关键的，采访者要提前拟好采访纲要，抛出优质问题，这在很大程度上可以吸引被采访者的注意力，勾起采访对象的谈话欲望，然而不同问题具有各自的特殊性，因此实践队员在对问题进行梳理时，要充分考虑到采访对象的学历、经历、背景等条件，以此使受访者对相关问题接受和理解。另外，实践问题是现实的而非空洞的，在设置问题时，要进一步深化问题，但要做到"深入浅出"，用接地气的姿态与语气同受访者进行交流，切忌摆架子、高姿态。而问题的复杂性是整个采访过程中比较难掌握的一个角度。受到各类主客观原因的限制，问题的设置其实要在访问前仔细斟酌，如何将问题变得普遍，对全体队员来说确是一个不小的挑战。

（三）每日例会

每日都要召开会议的目的主要有两个，一是总结当天实践成果；二是汲取经验教训、部署次日工作任务。每日会议，集聚了大量的参会人员，可以营造出一种工作氛围和气氛。好的会议是深刻而意义重大的，对参与"三下乡"暑期社会实践的大学生来说亦是如此。首先，它可以对当天的实践成果进行小结，深层次剖析，是进一步固化成果的必经阶段。其次，它可以达到集思广益的效果，集中大家的智慧来解决在社会实践过程中遇到的各种问题。最后，它的形式是比较高效和实用的，在社会实践过程中，通过开会的方式对次日实践活动内容做好规划安排，对整个实践团队高效实践、有序调查奠定了重要的基础，发挥了巨大作用，具有重大的实践意义。

第四辑 04

**春华秋实**

——"三下乡"社会实践的成果固化

# 第九章

# "三下乡"社会实践报告的谋篇布局

## 一、调研报告撰写的步骤设计

调研报告的撰写主要分为提炼主题、拟定提纲、精选材料和撰写报告这四个环节，每个环节之间都联系紧密，只有做好每一环节的工作，才能将整篇调研报告联系成一个有机整体。

### （一）紧扣主题

主题是调研报告的灵魂，能准确地反映出实践活动的内容和主题。在实践开始之前，即撰写实践方案时，实践团队就应该确定调研报告的主题范围，从撰写方案到开展实践再到撰写报告，是一个一脉相承的过程，应当有一个明确的统一思想作为指导。一般情况下，调研报告的主题要紧紧贴合该项实践的主题，否则就不能很好地反映出实践成果，也不能体现实践的价值，主题中所体现出的关键性问题就是实践过程的中心问题。同时，实践团队需要根据实际开展实践的具体内容和发现的问题继续细化主题，做到有针对性。例如，当一项社会实践活动涉及的内容较多，范围和领域都很广时，就需要从中选择部分内容形成调研报告。很多时候，由于客观因素的影响，社会实践的实际开展会与实践方案略有不同，实践团队可以根据实践实际开展情况来拟定主题，不必拘泥于实践方案的主题，但必须做到贴合实践本身。另外，在题目的拟定上，需要做到准确、简洁、突出实践重点。准确性要求题目的用词必须精准，切忌空话、套话和含糊不清的词语；简洁性要求题目的长度适中，要用最精炼的词句表达最饱满的意思；突出实践重点是在把握实践全局的基础上，凝练出最重要的部分。

**案例1：同一实践地，主题范围影响成果质量**

2017年4月1日，中共中央、国务院决定设立国家级新区——雄安新区。设立河北雄安新区，是以习近平同志为核心的党中央作出的一项重大的历史性战略选择，是继深圳经济特区和上海浦东新区之后又一具有全国意义的新区，是千年大计、国家大事。对于集中疏解北京非首都功能，探索人口经济密集地区优化开发新模式，调整优化京津冀城市布局和空间结构，培育创新驱动发展新引擎，具有重大现实意义和深远历史意义。

2017年暑假，来自T大学和H大学的两支团队奔赴雄安新区开展社会实践，进行实地调研。T大学的团队从始至终着眼于雄安新区的交通规划调研，走访了多个标志性城市规划局和雄安新区三县的政府部门，加深了对雄安交通规划以及各地交通现状的了解，同时，队员们也对其未来的规划走向进行了深入的思考。在与当地有关部门的座谈中，队员们深入了解雄安高速公路、高铁、机场等交通规划方案，也对雄安建设的一些社会热点问题，如原住民迁移、吸引人才政策等与政府工作人员进行了深入交流。调研结束后，形成了以雄安新区交通规划为主题的调研报告，意义重大。而H大学的团队则把调研范围放到了雄安新区的方方面面，既要调研雄安新区的生态环境保护，又要调研雄安新区的人才引进政策、小微企业发展、白洋淀生态旅游。在调研的数天中，前往多地及多个政府部门展开实地考察，但由于涉及面广、行程紧张，调研并未深入。在调研结束后，该团队形成了一份3万余字的题为《雄安新区发展前景概览——基于河北雄安新区的实地调研》的调研报告，表面上涵盖了雄安新区发展的方方面面。但显然，一个不到10天的调研和3万余字的调研报告根本无法全面阐述雄安新区的发展现状以及面临的机遇和挑战，更无法描绘出雄安新区的发展前景，因此报告并未产生较大的实际意义。

2018年暑假，来自H大学的该团队吸取教训，重新确定实践重点，着重调研雄安新区特色的河北省非物质文化遗产——芦苇画的发展前景，并且着眼于芦苇画为代表的当地非物质文化遗产的保护、发掘、传承上，形成了调研报告和商业策划书，获得了当地民众和艺术家的肯定，切实发挥了大学生社会实践的作用。

### 案例2：多个调研主题，需要作出取舍

云南大理地处祖国西南，自然风景优美、人文历史底蕴深厚，旅游资源丰富，是我国少数民族自治州之一，其发展较为依靠以自然风光和民族风情为特色的生态旅游，且旅游业一度成为大理的支柱产业。2018年，来自H大学的实践团队发现由于近年来当地对旅游资源不合理的开发，导致了洱海周围地带的生态遭到严重破坏；同时，在当地已经形成一定规模的传统扎染纺织工艺也需要在继承传统的基础上与时俱进、求变创新，以延续其传承、提高其商业价值。

他们认为，在新时代中国特色社会主义背景下和全面建成小康社会的决胜阶段，解决大理生态环境保护中存在的问题，合理开发乡村生态资源，以及对传统工艺在保留民族特点的前提下进行适应现代的创新，对响应十九大报告中有关生态建设方面的要求具有重要意义，就这两点进行了实地调研。在后期固化实践成果时，团队成员一致认为大理的生态保护更加契合当今时代的热点，也是当地面临的一个较大的问题，于是就以此为切入点，形成了以《区域性乡村生态资源开发与环境保护中存在的问题及对策——基于云南省大理白族自治州的实证研究》为题的调研报告，该报告被评为 H 省"三下乡"社会实践优秀论文，该团队也被评为"丝路新世界·青春中国梦"2018 年全国大学生"一带一路"暑期社会实践专项行动"全国十佳团队"。

（二）打磨提纲

提纲是调研报告的骨架，提纲是否完整充实，决定着整篇调研报告的质量。在第一环节，根据实践方案和实践内容将调研报告的主题确立后，应先构思好调研报告的整体框架，并进一步将这种框架转变为具体的写作提纲。写作提纲的主要作用是理清思路，明确调查报告内容，安排好调查报告的总体结构，为实际写作打下基础。拟定写作提纲的方法是对调查报告的主题进行分解，并将分解后的每一部分进一步具体化，再加上所有调研报告都必须撰写前言、结束语等。以"中国在马来西亚的形象研究"为例，可以细化为"中国形象的概念""中国形象的发展"（不仅局限于在马来西亚的形象）、"中国形象在马来西亚的发展背景""问卷结果分析""中国形象在马来西亚的发展特点""提升中国形象的对策"等。

**提纲范例 1：**

**H 省 2018 年"三下乡"社会实践优秀论文《区域性乡村生态资源开发与环境保护中存在的问题及对策——基于云南省大理白族自治州的实证研究》提纲**

区域性乡村生态资源开发与环境保护中存在的问题及对策
——基于云南省大理白族自治州的实证研究

【摘要】

【关键字】生态资源　环境保护　大理　美丽乡村

一、引言

（一）选题宗旨与调研意义

（二）活动背景

1. 思想背景

2. 政策背景

3. 社会背景

4. 自然背景

（三）研究方法

1. 文献研究法

2. 实地考察法

3. 问卷调查法

二、基本情况

（一）实践地简介

（二）现存生态问题

1. 过度砍伐森林、导致植被遭到了破坏

2. 过度采矿导致山体裸露

3. 洱海生态遭到破坏

（三）案例简述

1. 案例1——古生村

2. 案例2——双廊村

3. 案例3——沙溪古镇

（1）贫困及发展状况

（2）政府有关生态治理的政策

（3）具体的扶贫措施与成效

三、大理地区生态保护中出现的问题

（一）产业开发与生态保护间的矛盾难以调和

（二）生态保护的措施不具有针对性，成效差

（三）生态保护红线界定不明确

（四）生态补偿机制落后，追责力度较小

（五）生态保护工作未充分发动群众

（六）没有明确的负责部门，协调配合度不高

四、生态旅游产业发展与美丽乡村建设中出现的问题

（一）生态旅游发展现状及分析

1. 经营景区开发程度低，基础设施落后

2. 景区的开发与旅游地区生态保护结合不够，没有做到协调发展

3. 资源开发不合理，对环境保护的重视不够，使自然资源受到严重损毁

（1）以苍山矿石开采后的恢复问题为例分析自然资源的开发问题

（2）以洱海的治污策略为例分析自然环境的保护问题

### （二）美丽乡村建设中出现的问题

1. 群众积极性不高，老百姓们的环保意识还有待提高

2. 部分管理政策一刀切，后期管理体制不健全

3. 商业开发的程度和原有建筑特色的保持难以平衡

4. 经济发展与环境保护冲突，传统手工艺的继承面临挑战

## 五、生态保护与环境治理措施

### （一）保护生物多样性

1. 开展生物种类调查及编目

2. 加强生态系统多样性保护

3. 适度开发生态旅游活动

### （二）促进农业集中经营

1. 全面扶持龙头企业

2. 农村土地流转体制改革

3. 促进特色林果业发展

4. 发展高原特色生态农业

### （三）加强工业污染治理

1. 优化产业结构

2. 优化产业布局

3. 强化节能减排

### （四）强化旅游业监管 转变发展方式

1. 严格旅游餐饮业住宿行业监管

2. 旅游业创新发展

### （五）发展洱海生态修复工程

1. 河道生态修复工程

2. 农村环境改造工程

3. 流域水土保持工程

### （六）因地制宜 建立长效机制

1. 健全领导机制与运行机制

2. 全面广泛的宣传教育

3. 加强媒体督促作用

4. 加强环卫基础设施投入

### 六、实现生态旅游产业规范化的措施

#### （一）生态旅游产业发展的基本要求

1. 尊重自然可持续

2. 实现自然资源利用度效率最大化

3. 明确生态保护红线

4. 经济开发合理

#### （二）建立健全生态旅游产业管理体制

1. 坚持可持续发展的立法指导思想

2. 构建生态旅游的法律体系

3. 完善相关法律法规体系

#### （三）科技创新辅助旅游资源开发

1. 依靠科技创新旅游产品，丰富旅游市场

2. 依靠科技挖掘特色旅游，改进发展模式

3. 依靠科技保护生态环境，实现持续发展

#### （四）重视排污问题与开发后的生态恢复工作

### 七、美丽乡村建设的措施

#### （一）推进乡村生态环境整治工作

1. 减少污染的直接排放量

2. 对排入水体的污染物进行预处理

3. 治理既成水体污染，降低当前污染危害

4. 恢复洱海沙滩带 增强洱海生态自动消化能力

#### （二）发展乡村生态旅游业

1. 成立专家旅游规划团队，科学指导生态建设

2. 控制生态开发节奏，循序渐进开发旅游资源

3. 多产业综合发展，形成完整旅游产业链

#### （三）加强农村基层组织建设

1. 加强基层建设，完善决策制度

2. 广泛收集群众意见，坚持民主建设

**结语**

**参考文献**

**附件1：游客调查问卷样卷及统计结果**

**附件2：实践采访稿节选**

一、剑川沙溪访谈稿

1. 沙溪镇村民

2. 西班牙游客

二、云南大理洱海生态保护访谈录

1. 大理洱海古生村村民

2. 古生村村委会负责人

**附件3：活动剪影**

在上面这个提纲实例中，以资源开发和生态保护为两个主线，分别撰写了问题和对策，且提纲的内容较为丰满，能够涵盖实践的主题、依据以及事实材料，在这样一个完整的提纲中，只需要将内容填充进去，基本不需要再做大的改动。

（三）精选材料

材料是调研报告的血肉。上文中提到，调研报告的主题并不一定与实践的主题完全契合，所以实践所得材料与调研报告所用材料并不完全等同。因此，在撰写调研报告前，必须对选用的材料进行选择。这种选择首先应以写作提纲的范围和要求为依据，即应按照调查报告的"骨架"来进行，这样才能保证所选取的材料与调查报告的主题密切相关。其次还要坚持精练、典型、全面的原则，做到既不漏掉一些重要的材料，又使所用的材料具有最大的代表性和最强的说服力。调查报告所用的材料通常包括两方面的内容，一种是从调查中得到的各种数据、表格、事例等客观材料，另一种是在这些客观材料的基础上通过分析、综合、概括所形成的观点、认识、建议等主观材料。二者相互联系、互相依赖，共同构成填充调查报告"骨架"的"血肉"。

**精选材料范例1：**

以在云南大理乡村的一篇访谈稿为例

云南大理洱海生态保护访谈录

**一、访谈人**

H大学大理生态文化调研团

**二、访谈时间**

2018年7月16日

**三、访谈方式**

面谈

#### 四、受访人基本情况

1. 大理洱海古生村村民

**问1：您好，想向您了解一下，洱海治理近三年来，给村民生活与自然环境改善带来的变化有哪些？**

答：变化还是有的，但主要还是对大理旅游业的冲击（与以往认识的出入）。环境保护，多数客栈关停，来大理的游客少了，当地民众经济收入减少了。（观点一：洱海治理对旅游业造成冲击，对当地居民收入造成一定影响）当然，污水与环境破坏相对也少一些。但其他并没有真正得到实质性的改变。排污管道修好后会好一些，但现在排污管道也没有通，生活污水还是会排入洱海的。只是把游客量控制到一定范围，减少外部的污染，污水排放量没有原先那么多，所以表面上看，洱海的生态环境好了一些，根本上的问题还没有解决，现在大理人的生活水平已经倒退几年了。（观点二：根本问题并未得到有效解决，百姓评价负面居多）举一个最简单的例子，现在农业方面，因为政府对土地的流转，农民都没有土地了。原先可以持续创造利润的土地都抵押给政府，2000块钱一亩，并不能真正解决农民的生活温饱问题。施工建筑有关的人员全部失业；做生意，开客栈的人们，经济收入大幅度减少；特别是从事旅游业的人，基本都处于失业状态，国家也并没有给予充分的关注，予以经济援助。我这个旅馆，营业执照齐全是合法的商户，但去年就被迫关停了八个月，从2017年4月8号到12月10号，正常生产生活受到了很大的影响。我家一家六口人全靠这个生活，还要还贷。"一刀切"的政策并不能真正达到政府预期的效果。（观点三：对"一刀切"做法持保留意见）

**问2：您觉得怎么要实现洱海附近生态旅游资源开发与环境保护的协调发展？有没有一些好的建议？**

答：建议的话，我们经常跟媒体、政府部门反映。但囿于我们农民的身份，政府等机构很少听从我们的建议，就觉得我们说出来的方案治理措施和建议可行性不高。治理洱海要依照历史，恢复沙滩，实现洱海的自动净化。光靠陆地上的绿化，减少排污量的方式是无法从根本上解决洱海的污染问题的。湿地是没法真正代替沙滩的。上游的杂草、污水和垃圾储存在湿地里面，时间久了就会发臭，根本达不到污染治理的效果。洱海的沙滩在20世纪70年代末，由于调沙在下关、沙溪建设水电站和城市建设的加快推进，已全部从洱海调走了。现在留下来的已经是沙子以下的泥巴了。我们也给政府反映："你保护洱海，把原来的沙滩恢复就可以了，污染物可以埋在沙滩上，水冲过来就可以自动调节，达到恢复生态，减轻污染的效果。"有个相关人员在听到我们的建议后，却这样讲："把沙滩恢复了，就更有利于洱海周围的居民发展旅游业，破坏生态环境了。"他们意思说，沙滩恢复后，我们就会利用这些沙滩建房，发展旅游业。但并不是这个道理，不是为了私利，把沙滩恢复了，真正受益的是洱海本身。其实现在洱海边 15 米拆迁根本起不了作用，这样做只是想把洱海附近的居民赶走。洱海周边的这条路，一个民房也值 1000 万，很多大型的客栈都是无价的，但要是拆迁，得到的赔偿就少之又少。现在的洱海水已经完全不自然了，2016 和 2017 年都保持一个高水位，杂草烂渣全部腐烂在水里，污染特别严重。（观点四：恢复沙滩对洱海的保护至关重要）

**问 3：但洱海沙滩消失的问题并不是近些年造成的，它应该是发展过程中一直遗留下来的问题吧？**

答：我记得在取沙高峰期，1970 年以前沙滩是全部完整的，1977 年后洱海附近留下来的沙滩就基本没有了。近 20 年，我们第二次在这里开挖鱼塘已经基本没有沙子了，我们还要做墙体粉刷，仅存的沙子过度使用，连粉砂也没有了，只剩下泥巴了。现在没有沙滩作为天然的污水进化池，政府只能做人工的排水管道来缓解。现在建设的是三条线，海边、中间与山脚下三条。古生村处于最下部的位置，所有的污水都往这里的管道里面排，这怎么能排完？所以污染治理会越治越严重。

当然，在材料的选择上，要加入属于自己的思考，需要选择可信度较高、能够有效支撑论点的材料，真正做到为发现问题、阐述观点而服务。在遇到一些与固有观点、主流观点有出入的材料时，要注意材料所反映的内容要具有普遍性，而非一家之言、一面之词。

## （四）构思报告

撰写报告就是在前三步的基础上，将"灵魂""骨架""血肉"三者流畅、有机地结合在一起。写调研报告时通常要从头到尾一气呵成，而不要经常地在一些小的环节上停下来反复推敲修改，以免耽误过多时间。这样做的好处是便于整个调查报告紧紧围绕所确立的主题来展开，使得整篇调研报告在整体思想、体系结构、内容形式、行文风格等方面都前后一致，浑然一体。当调查报告全文写完，再反复地从头开始阅读、审查和推敲每一个部分，认真地修改好每一个细节，使调查报告不断丰富和完善。

## 二、调研报告的结构安排

传统调查研究报告的一般结构为导言、研究设计（方法）、结果、讨论、小结或摘要、参考文献、附录等几部分。而大学生社会实践调研报告的主要形式略有不同，可以分为调研背景、团队介绍、调研内容（问题）、问卷分析、对策与建议、相似案例分析、结束语等部分。

有些调研报告还有前言部分，前言部分可简要介绍研究的问题，研究报告应以所提出的问题的描述开始。并将这一问题放到一个较大的背景中，以便读者了解为什么这个问题十分重要，它为什么值得研究。尽可能用常用语言撰写，而少用专业术语。

**前言范例1：**
**引言（选题宗旨与调研意义）**

大理地处祖国西南，自然风景优美、人文底蕴深厚，旅游资源丰富，是我国少数民族自治州之一，且其发展比较依靠以自然风光和民族风情为特色的生态旅游，并使其一度成为大理的支柱产业。但是，由于近年来对旅游资源开发不够合理，导致了洱海周围地带的生态遭到严重破坏；与此同时，在当地已经形成一定规模的传统扎染纺织工艺也需要在继承传统的基础上与时俱进、求变创新，以延续其传承、提高其商业价值。在新时代中国特色社会主义的背景和全面建成小康社会的决胜阶段之下，解决大理生态环境保护中存在的问题，合理开发乡村生态资源，以及对传统工艺进行在保留民族特点的前提下适应现代生活的创新，对响应十八大报告中生态建设的要求具有重要意义。

摘自H省"三下乡"社会实践优秀论文《区域性乡村生态资源开发与环境保护中存在的问题及对策——基于云南省大理白族自治州的实证研究》

（一）调研背景

调研背景对于读者了解实践地的情况以及实践主题有着重要作用。调研背景主要分为两部分，第一部分可以介绍实践地的基本情况，使读者对实践地有基本的认知，有助于了解实践的具体内容和方向重点。第二部分可以介绍此次社会实践活动的有关背景，全方位地介绍实践有关内容，更注重实践活动本身。两个部分侧重点不同，层次深度也不相同。该部分主要通过查阅网络及纸质资料获取，需要掌握一定的材料整理汇总能力，同时部分内容也可借鉴前期撰写的实践方案。

**调研背景范例 1：**

**（一）实践地简介**

大理，冬有蓝天，夏绕云霞，春花秋月，四季如春。随着喜马拉雅山脉的移动，西部隆升成苍山，东部下陷成了洱海。洱海是一个断层湖泊，南北长约42 千米，东西最大宽度约 9 千米，最大深度约 20 米，湖面面积约 252 平方千米。它是云南省第二大高原淡水湖，素有"高原明珠"的美誉。

苍山遭受到强烈挤压隆升，冰川和流水成为一把切割地层的大锯，沿着岩层的薄弱带、断裂带向下侵蚀，形成苍山十九峰、东坡十八溪、西坡七溪的地貌景观。

距今 6500 万年以来，随着青藏高原的形成，苍山"拔地而起"，地质构造、冰川、自然风化等却也丝毫不停歇，它们裂土碎石，在洪水的助力下，移山填壑，在苍洱之间造就了一方沃土——大理坝子。

**（二）现存生态问题**

从前的洱海，四季清澈。苍山植被充裕，溪流不断，空气透明度极高，湿度适中。因此有"四季无暑寒，有雨便成冬"和"天气常如二三月，花枝不断四时春"的美誉。现如今，苍山遭到了破坏，洱海也随着经济的发展面临着一系列的危机。

1. 过度砍伐森林，导致植被遭到破坏

在 20 世纪五六十年代，苍山上大量的如柏树、杉树一类的植物被砍伐用于房屋的建设，但与此同时，却没有种植等量的植被来进行修复。有些地区的人们将大面积的山地开垦成耕地，用来种植经济作物。从前的苍山，很多地方都可以看到大片植被稀疏的区域。

20 世纪 90 年代末，大理政府响应国家号召，实行天然林保护，明令禁止人们上山乱砍伐柏树等植被。近年来，政府又拿出了大量资金引导农民退耕还林，保护山上松树、杉树、柏树等树种，苍山上的植被得以大面积修复。但要恢复已被破坏的原始森林和生态系统，不是短时间内的退耕还林所能做到的，需要投入大量资金，还需要群众的积极配合。

2. 过度采矿导致山体裸露

苍山大理石，因纹路如古典水墨画而闻名天下。近些年来，随着大理石市场需求量的增加，开采量也在不断地增加。但当人们上到苍山上大理石原有矿洞时，就会发现那里没有大理石本身的美，只剩下一片狼藉。那一座座山峰上藏着无数宝藏，同时也有许多伤疤。开采后的碎石从山腰一直到达山底，苍山已伤痕累累。

多少年来，无尽的大理石开采者靠大理石发家致富，沾着大理石的光，现如今给苍山遗留下的却是一片开采过后的狼藉。2002年，苍山的大理石已经停止开采，但苍山的伤口还在那里。要修复苍山上大理石开采后所破坏的生态环境，任重而道远，只有更多的人关注大理石，关注这个苍山"剖腹产"所生的美丽孩子，为苍山的修复工作尽一把力，通过不懈的努力，苍山才能回归到原本的模样。

3. 洱海生态遭到破坏

改革开放以后，随着大理地区经济社会的快速发展，城镇化进程的不断加快，洱海流域内人口不断地增长，洱海污染负荷也在不断增加。长期以来，洱海周边的湿地遭到了当地居民不同程度的侵占，一些湖湾和滩涂被蚕食用于房屋的建设。从洱海20世纪30年代与20世纪60年代地形图对比可以看出，海域面积有一定的变化，洱海也存在退缩的现象。

大理地势西高东低，从南至北，从阳南溪到霞移溪，苍山十八溪的溪水大都是先流经大理居民的聚居地，再汇集到洱海。东坡十八溪、西坡七溪溪水旁还有洱海源头附近村落、城镇所产生的未经处理的生活污水、垃圾废弃物不可避免的随溪流流入洱海中。生活污水直接排入洱海，对洱海的湖滨生态环境造成了破坏，导致洱海曾在1996年、2003年和2013年分别出现蓝藻大面积爆发和聚集。

十年前，洱海边很少有客栈。随着近些年来大理加速与外界的联通，经济得到了高速发展，洱海流域内生产生活方式得到了改变。自2012年起，随着大理旅游业的快速发展与电影《心花路放》的热映，各式的客栈、海景房在海边繁衍蔓延，随之而来的洱海污染负荷也在不断增加。长期以来，在洱海周边"无序增长"的客栈成为环境治理的难题。因为缺乏专业的管道和设施，客栈偷排严重，大量的生活污水直接排入洱海对水质造成了极大的伤害。

洱海周围农田的耕作，农药、化肥的不合理使用，导致了大量的农药、化肥残留物随溪流流入洱海中，对海水造成了污染。洱海上游大量种植的"十倍增收十倍污染"的大蒜也给洱海带来了很多的污染。

自1996年起，大理就开始投入人力、物力对洱海进行保护，但保护的速度始终跟不上经济发展的速度。2016年11月，政府对洱海的保护治理提出了新要求，开启了抢救洱海新模式。2017年初，大理开启洱海抢救模式，出台洱海保护"七大行动"，内容包括流内域"两违"整治、村镇"两污"治理、面源污染减量、节水治水生态修复、截污治污工程提速、流域执法监管、全民保护洱海。2017年3月31日，大理市发布了《关于开展洱海流域水生态保护区核心区餐饮客栈服务业专项整治的通告》，政府责令洱海周边和入湖河道沿岸餐馆和客栈从 4 月 10 日起暂停营业、接受核查，目的在于"切实减轻洱海入湖污染负荷、促进洱海水质稳定改善"。政府也表示，在大理市环湖截污工程投入使用后，证照齐全、排污达标的商户可以恢复营业。

现如今，洱海边少部分客栈、餐饮恢复了营业，随着整个大理片区污水处理设施的逐步完善，洱海的生态环境也有了很大的好转，但是部分区域的洱海水质还是不太理想。如今，尽管附近的这些客栈都已经停业超过一年，但在洱海东岸的双廊古镇岸边，仍然能看到被客栈环抱的地区几乎被水生植物完全覆盖。洱海西边的才村、喜洲，客栈门前的湖水也依然遍布藻华。

洱海保护"七大行动"虽然初步遏制了洱海水质下降的趋势，湖内水生态也因此有了积极的变化。但洱海湖滨生态系统仍然没有得到明显的恢复和改善，湖滨生态退化趋势仍在加剧，人们高强度的活动对湖泊，尤其是对湖滨区域的影响还在日益加剧。现在洱海的水质仍然在Ⅱ类与Ⅲ类之间徘徊，洱海水稳定向好的趋势尚未形成，蓝藻水华的风险依然存在。

近期，大理划定了洱海保护"红绿蓝三线"。为了恢复洱海的水质，把原来被人们占据的湖湾，重新还给湖泊。在三线范围内建立湿地和生态系统，恢复湖泊的生态，发挥湖泊生态系统的巨大自我调节能力。只有恢复良性的生态系统，湖泊富营养化才能真正得到控制。洱海水质已处于富营养化的初期，如果不抓住时机治理保护，再过几年，洱海进入富营养化，保护所需的资金、时间将比现在多得多。

### （三）活动背景

1. 思想背景

党的十九大报告指出，要坚决打好防范污染防治、化解重大风险和精准脱贫的攻坚战，使全面建成小康社会得到人民认可、经得起历史检验。报告还对生态建设作出要求，坚持人与自然和谐共生，坚持建设生态文明是中华民族永续发展的千年大计，必须树立绿水青山就是金山银山的理念并坚持践行，坚持节约资源和保护环境的基本国策，实行最严格的生态环境保护制度，要像对待生命一样对待生态环境，通过对不同的自然环境进行因地制宜的治理，形成绿色发展方式和生活方式。我们国家建设的现代化，主旨是人与自然和谐共生，既要创造更多物质财富和精神财富，以适应和满足人民日益增长的美好生活需要，也要打造良好的生态环境、生产更多优质生态产品以满足人民日益增长的美丽生态环境需要，同时必须坚持节约优先、保护优先和自然恢复为主的方针，形成节约资源和保护环境的生产方式、生活方式、空间格局、产业结构，还自然以宁静、和谐、美丽。大理拥有良好的生态环境，理应响应十九大报告的要求，依照报告指示，完成美丽乡村的建设，保护好当地优美的自然环境。

2. 政策背景

党的十九大报告中指出，要按照产业兴旺、生态宜居、乡风文明、治理有效、生活富裕的总要求，要坚持乡村振兴和农村建设，实施区域协调发展战略，加大力度支持革命老区、民族地区、边疆地区、贫困地区加快发展，强化举措推进西部大开发形成新格局。大理是我国西南地区典型的少数民族聚居地区之一，属于国家政策惠及范围，拥有新时代中国特色社会主义时期新的发展机遇。而对于生态环境的开发和对污染的治理，我国一贯的政策是预防为主，防治结合，通过各种方式，把环境污染控制在一定范围，从而达到有效率的污染防治。因此，解决洱海环境问题的最有效率的办法，是要采取预先措施，避免或者减少对环境的污染和破坏。大理洱海沿岸的旅游区，由于当地旅游部门开发管理不善，已经出现了一系列的生态问题。因此，政府以管制者和监督者的角色，必须介入到环境保护中来，和企业一起治理环境，强化政府和企业的环境治理责任，从而控制和减少因管理不善带来的环境污染和破坏，才能在旅游资源开发的过程中减少和防止环境污染的产生和蔓延。为此国家先后出台一系列法律法规，意在扶持我国的生态旅游产业。当地政府也把生态旅游业作为支柱型产业培养，使其成为云南旅游业的重要发展方向，制定了一系列加快生态旅游发展的政策措施，为加快云南生态旅游业的发展提供更好的平台，增加其相关产业的经济活力。

3. 社会背景

大理白族自治州地处云南省中部偏西，分布着汉、白、彝、回、傈僳、苗、纳西、壮、藏、布朗、拉祜、阿昌、傣等13个世居民族，地理位置重要，聚居着众多少数民族。云南地区文化源远流长、古老神秘，是多民族聚居地区，民风淳朴热情，民族风情绚丽多姿，各个民族都保留了自己古老的原生态民族的宝贵文化遗产。世界旅游业发展的热点之一是生态旅游，它也是21世纪一个极为重要的旅游经济增长点。因此，发展健康的生态旅游，有利于促进各民族之间的交流，有利于维护民族团结，有利于提升生态文明理念、加快促进社会主义新农村建设，也是旅游和环境友好型社会建设的重要结合。

4. 自然背景

大理的旅游资源丰富，种类多样，品质优秀，特色鲜明。云南众多的生态资源至今仍处于原生的未开发状态，是极其宝贵的资源财富。其境内的蝴蝶泉、苍山、洱海等自然景观具有代表性，千姿百态的地貌景观，名山大川气势磅礴，既有宏伟壮丽的自然景观，又有知名的历史名胜古迹，人文和生态旅游资源，历史底蕴深厚。同时，大理气候适宜，四季如春，满足开展各项户外项目的条件，适宜发展自然旅游衍生出的户外体验项目。

摘自 H 省"三下乡"社会实践优秀论文《区域性乡村生态资源开发与环境保护中存在的问题及对策——基于云南省大理白族自治州的实证研究》

（二）团队介绍

该部分的内容在实践方案撰写章节已有说明，若团队构成、人员组成方面没有变动，可参照撰写，若有变动即做相应修改，此处不再详细说明。

（三）内容细化

调研内容也可称调研问题，意在阐述此次社会实践活动的主要内容和发现，以及对发现的有关问题的阐述。第一，需要对实践前已经发现的既有问题进行阐述，在实践过程中发现有出入的可以着重撰写，并进行对比，使问题展示更加全面。第二，此处撰写的主要内容应建立在实践过程中的所闻所感所思的基础上，以正式的语言和系统的概括来描述实践的过程，可以以案例的形式呈现，与后文的分析与对策（措施）形成有机结合。

**调研内容范例节选**①
**三、大理地区生态保护中出现的问题**
**（一）产业开发与生态保护间的矛盾难以调和**

大理白族自治州地处云贵高原和横断山脉结合部位，依山傍水，以"下关风、上关花、苍山雪、洱海月"闻名于世。旅游业是当地的支柱性产业，但近些年，随着苍山洱海旅游度假项目日益火热，大理地区产业开发与生态保护间的矛盾逐渐突出。部分地区存在盲目追求经济效益，过度开发而忽视环境保护工作，造成众多自然资源的破坏问题。大理地区的发展面临着转变产业发展模式与暂时放慢经济发展速度，着力于生态保护工作的两难选择。

显然上述问题的矛盾点在于经济发展过度依赖资源开发，特别是在以大理为代表的将旅游业作为核心产业的地区，一旦减少或是停止对自然资源的开发，经济总量势必会大幅度下降，居民正常生活也会受到不同程度的影响。经调研

---

① 原文中对实践中发现的问题分两部分撰写，第一部分为大理地区生态保护中出现的问题，第二部分为生态旅游产业发展与美丽乡村建设中出现的问题，现仅使用第一部分进行举例，下文对策与建议方面与此相同。

发现，大理地区近三分之二的客栈和店铺现已关停，经济发展水平已经倒退到21 世纪初，旅游业发展也回刚起步的阶段。原先从事旅游业、建筑制造及服务行业的人们全部失业，村民生活困难。特别是洱海周围 15 米拆迁的保护措施更引起了全民的不满。另一方面，暂停旅游业发展会导致投入生态保护工程的资金不足，国家本身补助不够，政府又没有多余的资金投入，很难打赢环境保护这场攻坚战。建设生态保护区需要以旅游业为主的产业开发来创收，适度开采自然资源，实现经营方式的多样化。但一旦开发，便免不了对自然生态的破坏，如洱海地区的水质污染问题、苍山矿石过度开采后造成的大量山体裸露问题及不合理的经济林木种植造成自然水源林破坏的问题等。

……

## （二）生态保护的措施不具有针对性，成效差

根据不同地区的生态环境现状及环境破坏状况，政府应采取不同的治理措施。好的保护措施会起到事半功倍的效果，相反不贴合实际的措施不仅难以达到治理的效果，反而会对原环境造成二次伤害，并造成长时间内难以恢复的毁灭性影响。以 2015 年开展的洱海生态保护工作为例，三年来的治理并没有达到预期的成效，实际上部分地区的生态不仅没有出现好转的趋势，反而越治理越差。一方面是本身的治理措施并不具有针对性，建设排污管道，通过关停客栈及店铺的方式都是治标不治本的。此类措施只能单纯控制排入洱海的污染物总量，并不能根本上解决旅游业发展造成的污染量过大的问题。从表面上看洱海的水域环境相对好了一些，但污染物依旧在人工湿地处堆积难以分解。短期内，污染物可以在湿地内实现自动降解，实现自动净化，但毕竟人工建设的投入有限，长期以来，未分解完全的污染物会继续沉淀，跟新污染物汇集在一起，在人工湿地处变烂，发臭，脏水随着溪流继续流入洱海，对水质造成二次破坏。

……

## （三）生态保护红线界定不明确

生态保护红线是我国环境保护工作中一项重要的制度创新，实质是生态环境安全的底线。坚持系统完整性、强制约束性、动态平衡性与操作可达性的特征，并将边界管理的思维运用到生态保护工作中。要求自然资源的开发，经济建设对生态环境的污染度不能超过一个限定的范围。一旦超过便预示着产业开发已经突破了环境承载的限度，民众的正常生产生活都会受到不同程度的影响。若这种超负荷的开发工作长期持续下去的话，将会对自然环境造成难以修复的破坏。

而大理州生态保护红线的划定工作仍处于起步阶段，对自然资源利用、生

态环境维护方面的监管都没有一个明确的依据。特别是"七大行动"开展前，民众为了自身经济收入水平的提高，无节制地开发自然资源，据《人民日报》2016 年 8 月份报道，洱海周边仅一个村落一年间客栈数量就从 40 家猛增到 170 多家，游客量也是呈几何倍地增长。大多数客栈为了方便，直接将未经处理过的污水、生活垃圾排入洱海。此外，苍山东坡非法无序的采矿现象也较为严重。采矿工人环境保护意识薄弱，开采方式不合理，原生植被破坏后再生恢复难度较大。同时开采废石及表土在上游堆积，下游地区存在发生泥石流的隐患，暴雨季节雨水对山体冲刷力度较大，雨水夹杂着淤泥与石块一起流入洱海，加重了洱海的泥沙淤积问题。著名的苍山十八溪沿岸更是建有 180 多个无序的取水点，近年间已用掉近 90% 的清水，苍山一半以上的溪流常年处于断流的状态。

......

### （四）生态补偿机制落后，追责力度较小

造成大理州环境污染严重的另一主因是生态补偿机制的发展较为落后。受监管制度及自身思想观念的影响，当地大多开发商并未自觉承担起开发后的自然生态修复的责任。只把自身当作自然资源的受益者，忽视了破坏者的这一身份，苍山矿石开采后，便对破坏的表土及植被不管不顾，更过分者直接将废弃的矿场当成垃圾中转站，工业垃圾和生活垃圾全部在这里堆积，苍山的后山地区已是连年恶臭不断。

建立生态补偿机制是响应中央号召，贯彻落实科学发展观的重要举措。通过行政、法律、经济手段相结合的方式，将环境受益者与破坏者统一起来。既然从自然资源中受益，就要相应地承担起恢复自然生态的责任。这种方式不仅减小了生态恢复的难度，也节约了生态保护的成本。很多受益者本身就是大企业，有资金与能力去投入到生态恢复项目中去。但实现区域生态的协调发展，光靠企业的力量是不够的，还要依靠广大民众。政府承诺给洱海附近关停商铺的农户经济补助，每户修建排污管道，实现统一规范的污水管网的建设。但经走访得知，目前此类补偿项目的开展进度依然十分缓慢。农户牺牲原有的经济利益来保护生态环境后，政府承诺的补助却跟不上，造成了民众的不满。这也是当前大理州生态保护工作中的一大难题，农户太多，政府无力给予同等的帮助，但保护工作还要继续。未得到充分补偿的民众会变本加厉地开发自然资源或是任意排放污染物以满足正常生活的需要。这在为生态保护工作带来了难以解决的难题的同时，也加深了社会矛盾，不利于政府威信的树立维护与对民众的统一管理。

同时，现阶段对生态破坏的追责力度小也是一个重要原因。破坏自然生态

的成本较低，处罚力度也不大，导致部分民众直接忽视已有的生态保护条例，冒险进行资源开发以获取可观的经济效益。毕竟生态效益"公益性"的特制预示着其会成为追求经济发展过程中的牺牲品。特别是当地生态补偿机制相关法律法规的不健全及适用性差，普及度低的问题突出，更为保护工作增加了难度。没有一部统一的相关生态环境保护的法律，类似的补偿规定只能从有关的自然资源与环境保护的法律文献中寻找。补偿工作推进过程中，依据欠缺，标准不定，对象模糊，导致工作难以合理而有效地开展。近年来，虽然生态环境保护的相关法律法规逐渐完善，但民众对应的法制意识并没有提高。立法与普法工作间断层现象明显，政府呼吁力度大，但群众并不是真正了解生态补偿的含义，甚至是自然资源保护的重要意义。推进工作自然进度缓慢，成效差。

……

### （五）生态保护工作未充分发动群众

群众是生态保护工作的主体，也是推动环境整治行动持续进行的中坚力量。人民是最直接的作用人和受益者。生态整治工作的开展不能脱离群众，要充分调动人民群众的积极性，群策群力，实现合理高效的治理。

当前大理州生态整治工作的一个突出问题便是群众积极性的调动不够。特别是洱海沿岸村落，政府强制关停客栈的措施及补偿款又迟迟难以落实的行为，直接让民众或多或少地对生态保护工作产生了一定的抵触情绪。政府这样做的初衷是希望能把生态环境恢复好，实现经济的可持续发展，但民众错误地认为这种做法断了自己的经济来源，这便导致群众获得感差，工作的配合度较低。该矛盾的主因其实是在生态保护工作前期，宣传工作没有做到位，部分群众本身受教育程度低，知识水平达不到，认识不到环境保护的重要性，这便需要政府合理的引导。但前期工作开展过快，忽视了思想教育工作，导致群众对政府强制关停原有合法商铺行为的不理解，从而不配合工作。更为严重的是，控制旅游业发展只是环境保护工作中的一项，商铺关停后，农业生产废弃物的排放量会相对增大。由于缺乏生态保护知识，会有更多的农药、化肥等化学污染物流入洱海，水体富营养化的现象会愈发严重。这便很好地解释了为什么生态环境整治会导致环境问题愈发严重。

……

### （六）没有明确的负责部门，协调配合度不高

经调研发现，大理州的环境保护工作由政府主抓，具体任务分散到各个行政部门分管。环境保护部门负责环境监察与执法、发展改革部门负责建立相关收费制度及项目审批、财政部门负责资金拨款及生态补偿机制建设、农业水务

及林业部门负责相关资源的利用与污染治理、城建规划部门负责设施规划与建设工作、其他部门根据职能做好分内工作，协助环境保护工作开展。这样的任务分工看似合理，但实则没有一个主要的负责部门，平常各部门间的联系不及时，资源共享度低。一旦出了问题，村民也不清楚具体该找哪个部门反映。很多生态治理任务一拖再拖，迟迟不解决。据古生村村长反映，很多地方的环境治理工作基本是村委会自发投票开展的，小村镇太多了，政府工作难以做到面面俱到。但自发开展就会延伸出另一个问题，人才的缺乏导致的措施规划不合理，成效差与发展后期产业开发速度放缓导致的投入环境保护的资金不足。很多村子都是治理工作开展了一段，便慢慢地又恢复了原状。不是不想改变生态环境的状况，而是真的无力再去投入了。

......

——摘自 H 省"三下乡"社会实践优秀论文《区域性乡村生态资源开发与环境保护中存在的问题及对策——基于云南省大理白族自治州的实证研究》

（四）问卷分析

问卷分析主要对调研所设置的问卷结果进行分析，最常用也是最简单的方法就是简单汇总结果，进行逐项分析。在汇总的过程中需要注意图表制作要简洁明了，依据汇总结果进行分析，同时需要结合实践的内容，对其中需要注明的地方进行特别说明。如条件允许，可使用 SPSS 等软件进行分析。

**问卷分析示例 1：**
**对马来西亚当地学生《中国大学生一带一路协同发展中心"一带一路"与中国符号调查问卷》的调研结果分析**

问题 1：您对中国以下哪些方面有所了解？（可多选）

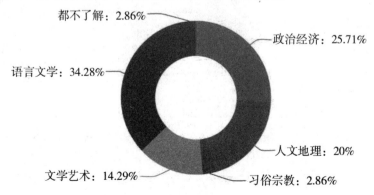

都不了解：2.86%  政治经济：25.71%  语言文学：34.28%  人文地理：20%  习俗宗教：2.86%  文学艺术：14.29%

该图显示，语言文学受选次数最多，体现出马来西亚华人比重相较其他国家较多，同时华文教育的开展也起到了一定的作用。由于相邻较近，马来西亚人民对中国的政治经济、人文地理等的了解也较多。

**问题 2：请在下列 5 组不同类别词语中，各自选出一个您认为最能代表中国的词语。**

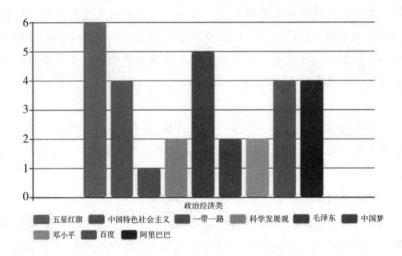

在政治经济类中，五星红旗作为中华人民共和国的象征，毛泽东作为中国的领袖人物，受选次数较多。"一带一路"受选次数较少，一定程度上反映出我国对于"一带一路"的宣传还需加强。

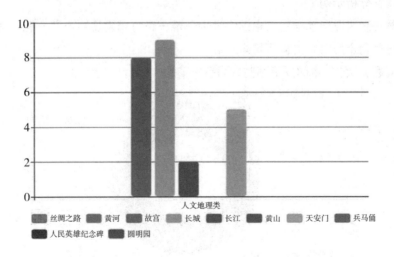

　　人文地理类中，故宫、长城作为中国的传统象征和主要旅游目的地，受选次数较多，而其他诸如黄山、兵马俑等选项则无人选择，说明宣传还有待加强。

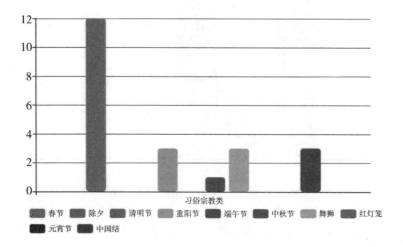

　　在习俗宗教类中，春节依赖其在中国的传统地位和在国外广受欢迎的程度，得到了最多受访者的选择，同时也说明了马来西亚华人、华侨对中华文化传播的推动作用。

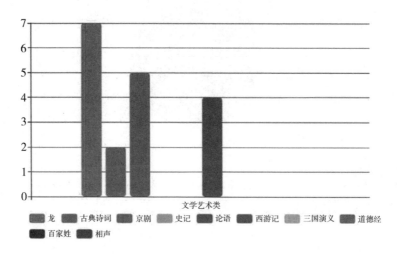

　　文学艺术类中，受选较多的是龙、京剧等非实体类的符号，相比较而言，道德经、史记等实体符号由于语言、文化上的沟通问题，还难以被外国人所熟知。

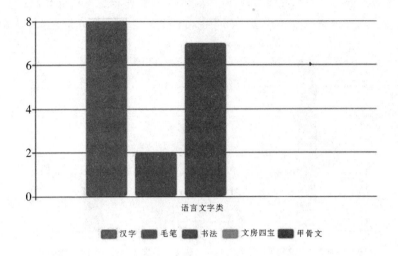

语言文学类中，汉字、书法的较高选择率也体现出了汉字在马来西亚文化中的地位。

**问题3：您是否了解或者接触过您所选择的中国符号？**

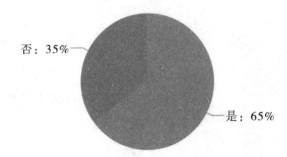

较多的受访者表示对中国符号有一定的了解，这说明马来西亚受中华文化的影响还是较为显著的。

**问题 4：您认为目前代表中国形象的中国符号有哪些含义？（可多选）**

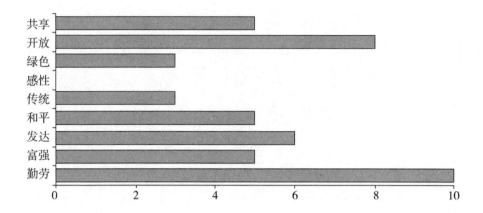

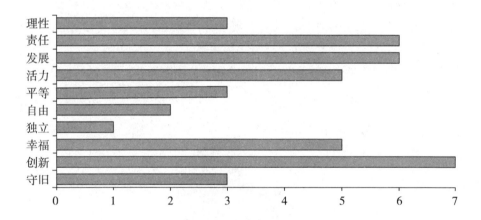

　　勤劳、责任、发展开放、创新等词受选次数较高，其中"勤劳"与下南洋时期众多华人华侨奋力拼搏是分不开的。1978 年改革开放以来，我国也逐渐树立起了开放的形象，同时众多新兴品牌的崛起，也为我国打上了创新的烙印。

**问题5：您期待的未来中国符号的形式应是？**

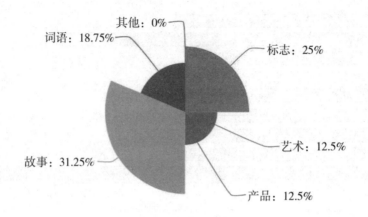

从上图分析中可以看出，该题目中标志、故事受选次数最多。我们应将更多的中国符号具体化、标志化，这将更利于宣传，同时，故事简洁易懂，具有吸引力，也要着力开发中国故事，讲好中国故事。

**问题6：您期待的未来中国符号可以从哪些方面创新？（可多选）**

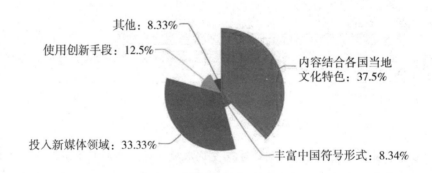

在日后的传播中要注重结合当地的文化特色，发挥中华文化兼容并包、兼收并蓄的特点，同时也应注重新媒体的作用。

**问题7：您认为宣传中国符号可以采取以下哪些媒介？（可多选）**

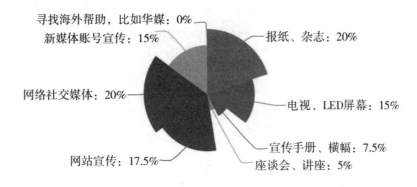

要利用好报纸、杂志及新媒体的作用，讲好中国故事、塑造中国形象。

**问题8：如果条件允许的情况下，您认为以下哪些网络社交平台适合宣传中国符号？（可多选）**

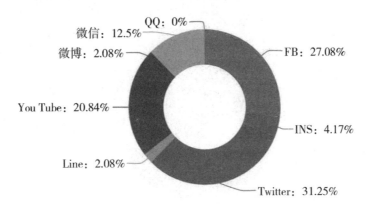

该题目体现出了中国和其他国家在社交领域的差距，外国人更青睐于Facebook、Twitter等进行交流宣传，我国在此也做出了一些努力，在这些社交平台上的官方账号起到了一定的作用，但仍需扩大公众在其中发挥的作用。同时，微信在马来西亚也拥有一些使用者，可以以此为突破，把微信作为连接中国与马来西亚的一个桥梁和纽带。

**问题9：您认为哪些年龄段人群应该是宣传的目标人群？（可多选）**

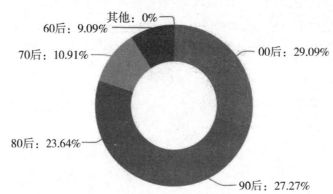

依图可见，越年轻化的群体接受度越高，越能成为我们传播中华文化的接受者。

**问题10：您认为应该向哪些人群宣传中国符号？（可多选）**

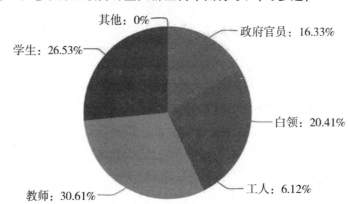

学生和教师占了较大比重，这也说明校际间的交往能够为中国与马来西亚交流提供一个很好的途径。

**（五）案例分析**

相似案例分析主要是搜集与实践内容类似的案例进行分析，对实践地点的现实情况提供有效参考，这种参考既包括问题的对比，也包括对策和经验教训的学习与参考。当然，案例的筛选并不仅限于成功的案例，也可以选取失败的案例，分析其失败原因时，要重点放在其参考意义上。

**相似案例分析节选：**

**国外案例分析——互联网助力奥巴马访华**

1. 案例概况

（1）博客吹风会

2009 年 11 月 12 日，下午 2 点钟的美国驻华大使馆，8 名中国博主，与 9 名美国使馆官员、白宫专员对面相坐，他们背后的大屏幕，连线广州、上海的几位博主，一起组织了这场"博客吹风会"。受邀的全部是知名博主，讨论的主题是奥巴马访华。没有邀请记者参加，反而要求博主以网民身份参加，打破大使馆的以往禁忌，允许博主带手机，上网设备进入使馆，这是这场吹风会的创新之处。美国大使馆工作人员表示："有时候跟网民的这种沟通，比通过媒体还要直接。"

（2）微博直播

没有记者参与这场吹风会的内容和图片照样在第一时间传播开来。只是这一次传播的途径是微博客。以下是受邀博主们通过手机短信在博客上的直播，用简短的话语直击了现场的全过程。安替解释这次吹风会的奥巴马网络外交政策时说："中美之间有太多的问题了，他可能觉得有些问题不能通过在峰会中说，所以他把这种关于民间的问题作为网友提问的一个补偿。"另一为博主则认为这次吹风会，是美国公共外交政策的新延伸。

（3）网络问题通道

奥巴马在当天回答网友的问题中谈道："我还是希望信息不是那么自由的流通，因为这样我就不需要听到人们在批评我，我认为那是自然的。"但他话又一转，"但我还是认为，这样才能使我们民主制度更强，使我变成一个更好的领导人，因为它迫使我听到一些我不愿意听到的意见，也迫使我审查我正在做的事情。"奥巴马对网民的回应是否能讨得网民的欢心？在安替看来，中国网民对奥巴马的期待绝对不会超过欧洲青年，我们不需要他改变什么，奥巴马在上海与青年的对话中对网友的回应基本能满足网友对他的期待。

（4）白宫中文博客

"博客吹风会"加上网络问题通道，奥巴马竭力通过各种渠道打起了他的网络外交牌，不仅如此，奥巴马访华期间，美国白宫首页也首次出现了白宫博客中的中文标题《奥巴马总统在上海与青年面对面》。

2. 案例分析

本次案例中奥巴马访华期间在美国驻华使馆召开没有媒体参与的"博客吹风会"，受邀者均为中国网络知名人士或意见领袖。这场由网民通过自己的微博直播的吹风会，由奥巴马政府主导，目的在于提升中国网民对美国的印象，改善舆论环境，可以视为奥巴马政府美式公共外交的代表。本案例中体现公共外交不同于传统外交，以双方的政府为工作对象。公共外交可以以一国政府对另一国民众的形式展开。这也体现作为一国的普通民众，在公共外交中也发挥着重要的作用。

3. 经验分析

（1）利用互联网进行公共外交，塑造国家形象

互联网的迅猛发展催生了以它为平台的公共外交，作为一种新的外交形式他并非完全区别于传统的公共外交，而是在其基础上的发展。作为平台的互联网为公共外交的开展开拓了新的模式，以其便捷性、灵感性和敏感性等特质有力地推动着公共外交的蓬勃发展。

网络具有容易组织，即时性好，交流范围广等特点，可以作为一个舆论宣传阵地。随着中国信息化的发展，网络对公共外交的贡献也会越来越大。因此我国在以后的公共外交发展或研究中，应该重视网络的作用，充分利用网络，并加强对网络向国外输出信息的监管和引导，让公共外交通过网络平台进一步发展，通过网络平台进一步输出中国好形象，发出中国好声音。

（2）重视民众在公共外交，塑造国家形象中的作用

案例中美国驻华大使馆通过邀请中国网络知名博主参加吹风会的形式，为美国总统访华做好铺垫，这里美国政府的公共外交对象是中国的网民，通过对中国网民的舆论影响，改善中国人心目中的美国国家形象。

一个社会构成的基础单元正是一个个体的人。实际上，自从有国家以来，民众就一直是国家关系的主要行为体之一，而且可以不通过任何媒介（政府、非政府组织、政治实体、公司等）在国家关系中发挥重要作用。美国为改善国家形象对网民进行相关的交流，这一系列针对我国民众为舆论造势的措施，是我们在公共外交中可以借鉴的典范行为。我国在以后的公共外交中可以针对当地国家民众进行中国国际上形象的讲解，让当地民众理解中国的国家行为，从而通过公共外交的顺利开展树立良好的国家形象。

摘自全国大学生"一带一路"专项社会实践优秀团队海南大学"一带一路"公共外交调研团调研报告《聚焦"一带一路"，开展公共外交，打造中国形象——基于"一带一路"沿线国家越南、马来西亚的调查研究》

（六）对策建议

对策和建议是建立在对上文所述调研内容的讨论和分析上撰写的，在提出

对策和建议时，需要注意针对性、科学性和可行性。针对性即对策要切实对应相应问题，是针对个别问题提出的个别建议，不一定是普适性的建议，但有助于当地对该问题的解决；科学性即对策既要有现实依据也要有理论依据，可以借鉴实践当地的有效做法，同时要有理论作为有力支撑；可行性即充分考虑当地实际情况，提出切实可行的建议，这就要求在提出对策建议时不能空喊口号或者提出根本无法施行的对策。

**对策与建议范例节选：**
**五、生态保护与环境治理措施**
**（一）保护生物多样性**
1. 开展生物种类调查及编目

大理苍山具备丰富动植物种类、植物区系历史悠久，地理地形复杂、特有种众多的特征。因近年来不合理的人类活动，生物多样性大大减少。当地群众采石挖沙占用林地，非法挖掘当地珍贵的药材、花种、根雕，牲畜野外放养、过度放牧，且放牧区域未明确划分，导致大部分林地被破坏。许多动物及植被现已经灭绝或濒临灭绝，生物多样性保护受到前所未有的关注。而生物种类调查及编目作为其中的基础与先导更应得到优先考虑。大理苍山生物多样性保护措施的设立应立足于建立苍山生态定位观测站和完善珍稀物种资源数据库，开展生物多样性的调查和编目，明确保护重点。查清苍山生物种类、数目、分布范围及繁殖能力，综合多种因素来考虑制定物种优先保护措施。

2. 加强生态系统多样性保护

放眼全国，物种多样性一直以来都是备受人们关注的问题，然而生态系统多样性确往往被忽略，但实际上，生态系统多样性是生物多样性的基础和重要支撑。以苍山为例，苍山现在面临的不仅仅是生物物种濒危的境地，某些生态系统也到了濒危的程度。为了合理保护生物多样性，应在核心区域停止所有对生物多样性有害的活动，经营活动应该有严格审批。

3. 适度开发生态旅游活动

苍山人文气息浓重，可参观游玩性高，众多名胜古迹、冰川遗迹、文化遗址。由于旅游法规制定不够完善、管理方法不妥当、宣传方式不到位，游客肆意践踏林草地，破坏当地植被与遗迹，随意丢弃废弃物，造成了严重的环境污染和噪音污染。其中噪音污染严重威胁到了苍山野生动物的正常活动，这些行为均不利于生物多样性保护。当地旅游局应当加强生态旅游法制法规与观念宣传，严格管理监督，控制游客游览数量，规划制定固定旅游线路。同时坚决树立环境保护优先，以保护促进开发，以开发促进保护的理念，发展低碳旅游和低碳经济。

### （二）促进农业集中经营

#### 1. 全面扶持龙头企业

全面落实扶持龙头企业发展，要从扶持企业税收、保险补贴等方向入手。大力扶持当地本土的农副产品加工企业与生物医药企业的发展，例如，当地的欧亚乳业、大理药业等。不断加强农副产品深加工与生物医药产业链延伸，培育一批龙头企业的自主研发能力，以此带动其他中小型企业发展。

#### 2. 农村土地流转体制改革

探索农村土地流转体制改革，提高农户集约经营水平，扶持联户经营、专业大户、家庭农场，大力发展农民专业合作社，鼓励农民建立专业合作社、股份合作制、股份合作制等多元化合作组织。鼓励支持农民以转包、互换、出租、转让、股份合作等形式流转土地承包经营权，将土地集中起来发展规模、生态、高效农业，逐渐开展规模化生经营，使有限的土地资源实现效益最大化，推进高原生态农业高效发展

#### 3. 促进特色林果业发展

大理因其特色的气候条件，林果业发展是一大优势。大理许多县都在努力提高种植水平和深加工能力，将林果资源优势转化为经济优势，远销国外。在此基础上，建议当地政府大力推广经济林种植面积，例如，杨桃、茶叶、核桃的种植，来实现林地流转和退耕还林，促进特色林果业与林下经济发展。

### （三）加强工业污染治理

#### 1. 优化产业结构

将产业结构优化作为新目标，应坚定不移走新型工业化发展道路。加快规划重点企业发展方向，引进当地的创新型企业与国外高新技术，重点发展医药生物行业、装备机械制造这两大龙头企业，提升当地饮料食品、建筑材料、能源电力等重点企业的品牌效应，形成协同发展、定位明确、优劣互补、范围全面的产业格局。

#### 2. 优化产业布局

优化当地产业园布局，促进经济园区集聚。建设当地创新工业园区，在政策、贷款、审批方面给予优先支持，引导新型产业集聚发展。加快推进高排污、高耗能产业异地搬迁或整改，支持当地上市企业融资，扶持创新型的第三产业发展壮大，引进配套产业，延长产业链，形成以生物制药、食品加工、材料制造为龙头的制造产业集群。

### 3. 强化节能减排

强化节能减排，严控工业点源污染。首先在防污减排和重度污染源限制治理工作中，强化建设项目的环境管理，严格执行环境影响评价体系和环境保护措施体系，同时实施项目的设计、施工和运行体系，在洱海周围不准新建任何有污染的项目，通过严把审批关和严格管理、严格执法，从源头上杜绝新污染源的产生。加快污水收集工程，加强污水处理厂的升级换代，加强重点水污染企业"中水"回用工程，实施了大理市化工厂搬迁项目污水改造和污水处理项目、取缔苍山保护区内非法开采行为等工作，重点污染源限期治理项目。除了工业污染以外，当地的生活污水排放也不容小觑，洱海的富营养化以控制磷、氮为主。因此，针对家庭污水处理工艺必须具备脱氮除磷的效果。

### (四) 强化旅游业监管 转变发展方式

#### 1. 严格旅游餐饮业住宿行业监管

旅游业对洱海流域污染的核心在于周边餐饮、住宿业的污染排放。首先，应当系统统计排查流域附近各片区的污水排放量，与污染成分。对排放量大，污染成分占比多的门店或聚集区进行整治或停业整改。其次，建设旅游服务场所排污管道建设，酒店与客栈集聚区系统排污管道网建设。不在管道网附近的分散旅游设施应当制定规定的污水排放点，完善污水排放规定，严格按照规定整改门店。

#### 2. 旅游业创新发展

大理地处高原地区，得天独厚的地理优势，可以率先构建高原湖生态旅游城市。一方面，抓住旅游业新业态变化趋势与旅游需求，转变传统观光游的发展模式，形成体验、度假、会议、疗养、科考、运动等一系列综合旅游功能；另一方面，要综合考虑旅游产业发展，以提升当地居住环境与游客的城市融入感为出发点，提高景区特色互补性、融入当地特色的少数民族文化、旅游体验方式多样性，优化旅游服务空间与功能。

### (五) 发展洱海生态修复工程

#### 1. 河道生态修复工程

入湖河道污染是洱海污染物的主要来源之一，因此，河道的生态修复工程是洱海保护的基本保障。通过河道进入湖体的氮、磷分别占总入湖量的73.4%和81.2%.该工程主要包括密州河、永安河、罗氏河、波罗河、十八号苍山河的河岸植被缓冲区、河道生态恢复与化学工程、污水闸和河口湿地的建设。

#### 2. 农村环境改造工程

首先，我们应当明确洱海污染的首要原因是当地不合理的农业污染，为此，政府应大力推进氮、磷减排，优化平衡施肥技术。同时，增强基础设施建设，在建立无公害农产品的基础上推动经济增长，建设村垃圾收集系统，开展牲畜粪便无害化处理，建立分散式污水收集系统控制流域内大量非点源污染。

### 3. 流域水土保持工程

洱海流域农业污染严重，在流域周围应建立一道天然屏障。通过实施植树造林、退耕还林、封山育林、小流域水土流失治理等措施，改善流域林地覆盖率，改善丘陵山区脆弱生态环境。减少泥沙入湖量和氮、磷污染负荷。在湖滨一带建立水源保护区，针对一些濒危鱼种建立土著鱼类研究保护基地。

## （六）因地制宜 建立长效机制

### 1. 健全领导机制与运行机制

近年来，生态保护成为政府工作的重点，虽然政府建立了长效机制，但不够健全和完善。因此，组织全州工作人员开展各类业务培训，提高业务素质成为当务之急。以"门前四包，日产日清，垃圾费，巡逻检查，网格管理、钩包，联合执法"等七个长效机制为基础，结合各乡镇、各村委因地制宜建立起一套完善的机制。将垃圾清运、污水处理作为考评各乡镇村委的工作指标和考核基准，对一些不积极参与的单位严格督促，帮助各机关加快落实生态治理工作。

### 2. 全面广泛的宣传教育

生态文明建设的核心思想是人与自然的和谐，构建良好的精神文明同样也是为了更好的建设生态文明。全面广泛的宣传教育，引导人们自觉形成生态文明意识，是大理生态文明建设的一大重要途径。而生态保护的关键是人们环保意识的觉醒，生态文明宣传教育应通过网络、电视和广播等多方面新媒体，在全民中展开并发扬。针对不同年龄、不同文化水平、不同职业的民众区分行之有效的教育措施，环保教育从娃娃抓起，深入开展"小手拉大手"活动，提高全民环保意识。

### 3. 加强媒体督促作用

市级媒体记者要联系全国文明城市创建工作的要求，深入至各城市街道、各村居小组，田间地头，下关、大理两城区以及各乡镇环境卫生进行明察暗访，针对个别不文明、不爱护公共环境行为和对洱海河道乱堆垃圾的现象，可在电视台进行多次曝光，进一步督促涉及乡镇及挂钩单位采取措施及时整改。在督促活动中，不仅要在城市高楼 LED 大型显示屏上进行宣传，还要加强对城市各乡各镇各角落的宣传栏、橱窗、大字报等地方的宣传，采取社区居委会形式的座谈会、广播通知和宣传活动月等方式进行宣传和教育活动。

4. 加强环卫基础设施投入

针对环境破坏严重、居民商铺集中地区应加大环卫的基础设施投入，不仅要增设垃圾场、处理站，还要增加固定的相关专业人员进行垃圾回收、处理、设施维护。洱海沿线虽垃圾站、垃圾箱众多，但因清运不及时导致垃圾箱变废品站，将环保的设施变为了污染源。在此类清洁项目上，大理乡镇府要加紧购置一批城乡环卫清运车辆，每天在固定的多时间段清理，时间段不易间隔过长。除此以外，政府还应对不同环节进行不同标准的补贴，鼓励焚烧发电厂和垃圾处理场为生态保护做出贡献。

——摘自 H 省"三下乡"社会实践优秀论文《区域性乡村生态资源开发与环境保护中存在的问题及对策——基于云南省大理白族自治州的实证研究》


（七）结束语

结束语部分主要对此次实践的概况、发现的问题、提出的建议进行汇总，对实践过程做出较为全面的总结，同时也应指出此次实践活动所存在的不足和改进措施以及对未来的展望。必要时候，也可在此对在实践过程中提供帮助的党政机关、政府部门、企事业单位、基层干部群众以及老师和同学表达感谢。综上，调研报告的撰写工作量较大，团队在进行此项工作时，应注意合理的分工及任务完成的督促，在语言风格方面也注意做到尽量统一，这样有助于提高文章的连贯性与整体性。


**三、调研报告的凝练整合**

（一）合成专著

社会实践的著作成果多以论文（调研报告）汇编的形式出现。众多论文之间会有主题、地域等的一致性，有一定的内在关联。在编写著作时，需要注意与其他实践团队的密切配合，同时需要拓宽思路，在跨学校、跨省份展开写作时，各团队应该在实践前期就多方联系，就实践预期产生的著作成果进行商议，有针对性地开展社会实践。

（二）相关提案

此处的提案是一种将实践过程中发现的问题、提出的建议上交给有关部门，并产生较大社会影响力的形式。由于提案、议案等具有特殊性，大学生若不具备人大代表、政协委员的身份，则很难参与到提案、议案的撰写中来。此处的提案，主要是指人民网近年来开展的全国大学生模拟 E 提案征集活动中提交的提案。为帮助青年大学生深入了解全国两会，提升参政议政意识，正确理解国家大政方针，提高"三个自信"，锻炼大学生发现、探索、解决问题的能力，团中央学校部、人民网、中国青年网在全国"两会"即将召开之际，将开展"参政议政我先行"全国大学生模拟 E 提案征集活动。

征集活动主要分为"我的调研日记"创作大赛和"模拟 E 提案"征集活动，其目的是让青年学子了解两会的基本内容和运作过程，提升对国家政治的关注程度，增强社会责任心及历史使命感，锻炼对民生政治问题的分析、思考、调研及表达能力。在创作日记方面，参赛者可自由组队或以个人名义参加。根据一年内的调研资料在线制作发布"我的调研日记"图文作品。调研日记受支持数将作为评比标准之一。在模拟提案方面，每个团队针对时政类、经济类、科教类、民生类、综合类等任一选题，在活动专题提交至少一个提案。团队须选择一指定界别角色进行扮演，每队选题不受界别角色限制，可与界别相符，也可跨界提案。指定界分别为文化艺术界、科学技术界、社会科学界、经济界、农业界、教育界、体育界、新闻出版界、医药卫生界、对外友好界、社会福利和社会保障界、少数民族界、宗教界、中国共产党、民主党派及无党派、工青妇人民团体、港澳台及归国华侨等。

在评审阶段，专家评委按立意、行文、科学性、可行性等指标为提案打分，同时参考调研日记支持率，综合选取较优秀的提案。成果汇报阶段，主办方会将优秀提案汇编成册，提交至全国政协提案委员会。部分学生代表将有机会与代表委员面对面交流。

**模拟 E 提案摘编 1：**

1. H 大学"河西走廊生态旅游"调查团：关于"一带一路"背景下发展西北地区生态旅游的 E 提案

团队关注到西北地区生态环境脆弱、经济基础薄弱、旅游项目单一等问题，经过实地调研，他们对西北地区生态旅游业的发展提出了建议：借"一带一路"春风，成立旅游发展联盟；推进基础设施建设，增强西北竞争优势；以多元化产品为载体，深度体验自然生态；深挖地方文化内涵，发展地方特色旅游；大力发展乡村旅游，将社区纳入参与主体。

2. 西北政法大学"西法大"小分队：关于我国"十三五"时期创意文化升级发展的 E 提案

十八大以来，创意文化产业迎来新机遇，但团队认为我国创意文化发展还面临着诸多问题。为此团队建议：鼓励社会资本投入，解决融资问题；国家可积极培育消费热点，深化供给侧改革；促进产业融合；产业园区建设注重后期管理等。

3. 河北工业大学"网益农"队：关于利用互联网促进农业销售模式改革的E提案

该团队认为，"互联网＋"代表着一种新型经济形态，将农业产业链的诸多环节与互联网提供的技术和平台紧密结合，能让传统农业创造出新的发展际遇。经过多途径调研，团队提出"互联网＋农业"模式建议：加强农村网络基础设施与专业人才建设，加强与第三方合作；提升农产品物流产业的层次；培养新型的"定制化"农产品关联群体等。

4. 电子科技大学学生会：关于加强高校教师队伍廉洁性建设的E提案

团队针对近年来频繁曝出的高校部分教师学术造假、职务腐败等现象开展网络及线下调研，对高校教师队伍廉洁性建设提出了建议：加强高校教师队伍反腐力度，重视不定期对高校进行纪检巡查；完善高校教师薪酬制度，建立有效的工资增长机制；完善教师从业规章制度和职称评定机制；实行廉洁性教育，定期学习、定期考核。

5. 北京化工大学北化小郭同学团队：关于解决我国儿科医生护士紧缺问题的E提案

国家卫计委数据显示，我国儿科一线医生护士紧缺，引起团队极大关注，调研后发现主要原是因为儿科医生护士工作累、压力大、纠纷多、地位差、收入低。团队认为随着"二孩"政策的实行，解决我国儿科医生护士紧缺问题已迫在眉睫。因此建议：提高儿科医护人员薪酬；确立新的职称评定和职务晋升制度；加强职业宣传教育，增进医患沟通，给予儿科医护人员较高职业评价；为儿科医生护士的再学习提供便利条件等。

6. 广西师范大学"益"团队：关于农村小规模学校发展的E提案

在连续几年的下乡支教调研后，团队发现乡下小学缺老师或是缺年轻老师，是乡村小学普遍存在的一个现象。提高农村教育质量，有必要发展农村小规模学校，为此团队建议：鼓励老师积极到农村开展教学，形成教师流动机制；切实做好对困难生的补助和支持；科学规划办学点的分布，支持部分合理的小规模办学；完善农村小规模学校的教学设施，增强乡村文化与学校的结合。

**模拟 E 提案摘编 2：**
**H 大学"精准扶贫"社会实践调研服务团关于精准扶贫困难及对策的提案**

"精准扶贫"是"粗放扶贫"的对称，是党中央、国务院根据扶贫工作中的新情况、新问题，对扶贫工作提出的新要求，指针对不同贫困区域环境、不同贫困农户状况，运用科学有效程序对扶贫对象实施精准识别、精准帮扶、精准管理的扶贫方式。

2013 年 11 月 3 日，习近平总书记在湘西调研扶贫工作时，首次明确指出扶贫工作"要科学规划、因地制宜、抓住重点，不断提高精准性、有效性和持续性""要精准扶贫，切忌喊大口号，也不要定好高骛远的目标""新时期扶贫开发，贵在精准，重在精准，成败之举在于精准"。

我国扶贫工作已经取得了令人瞩目的成就，整体贫困、集中连片贫困的问题已经基本得到解决。但是在部分偏远地区，还是有很多困难严重限制了扶贫工作的开展。经过调研，我们认为当前贫困地区普遍存在下述困难。

1. 自然条件差，产业单一

大部分贫困地区位于山区或半山区。地理位置的偏远，水土流失、荒漠化、旱涝灾害多发，土壤贫瘠，地形崎岖。第二、三产业落后，就业机会少，许多人靠天吃饭。

2. 基础设施薄弱，闭塞落后

交通运输线路闭塞，思想理念、生产技术落后，产品结构和产品开发的概念无从谈起。交通运输成本过高，产品出不去，资源进不来。通讯条件差，生产信息更新不及时，产品不合市场需求。受制于地形和经济，贫困地区的通水、通电工程一直存在困难，严重制约了生产的发展。

3. 人口外出，缺乏劳动力

年轻人纷纷外出务工，出现大量留守儿童和留守老人，导致农村空心化。另外，医疗水平低和保健意识差，重大疾病得不到及时发现和有效处理，且贫困人口难以承担医疗费用。

4. 教育落后、文化程度低，人才流失严重

农村教育普遍落后，师资水平低、教学硬件缺乏、生源质量差。农村学生较城镇学生失学率偏高、学业水平较低和综合素质偏低。基础教育落后造成了这些地区居民素质长期偏低，形成"经济落后——教育落后——经济更落后"的恶性循环。还导致了高素质人才稀缺，外地的不来，本地的不留。

5. 精神贫困

农村基本没有定期的成规模的文化活动。文化建设队伍本身素质也较为低下，从业人员专业素养普遍偏低。文化产品内容陈旧，形式落伍。文化产业的基础薄弱，整体发展水平低下，文化产业开发思想落后。

6. 缺乏科技支持

贫困地区居民由于文化素养限制，多数只能务农。由于缺乏科技的支持，贫困农民们只能用传统的方法从事生产，无力抵抗天灾。农业产出销售也多为低级产品。

为此，我们有如下几点建议。

1. 提供资金帮扶

（1）发放由政府贴息的小额贷款。政府牵线、对接当地农村信用社等，结合当地实际情况，发放有针对性的小额贴息贷款以促进村民发展生产。

（2）招商引资。可以根据当地实际，吸引外来资金投资发展特色产业。

（3）以工代赈。以工代赈可以与当地基础设施建设相结合，提供就业岗位，提高农村劳动力本地就业率，优化基础设施。

2. 强化基础设施建设

从区域整体上科学地规划和改善水利设施，增加灌溉田面积；还要围绕衣食住行等方面开展基础设施建设和维护工作。

3. 加强技术、信息支持

（1）政府部门完善当地通信设施、促进网络的普及，为当地农产品进入市场扩宽渠道。

（2）联系用人单位，发布就业指导信息，提高外出务工人员收入和待遇；联系高校企业，发布产业技术和产品信息。

（3）统一治理污染等，加强生态建设、水源涵养。

（4）研究科学的土地改良方法，吸引更多人才，政府可与当地高校合作。

4. 普及保险、降低风险

农业生产风险高，应联合保险公司，推出优惠的农业生产保险，保护脆弱的农业家庭。

5. 教育支持

（1）以新农村建设为契机，加大教育资源的配置。加大农村教育的各种资源配置，改善农村教育条件促进教育发展，使得农村教育工作推动新农村的建设和发展。

（2）加大教师培训力度，提高教师质量：农村学校教师的培训要加大力度，实现教师培训由重点提高向整体提高的培训转变，通过培训切实提高教师的能力。

（3）大力发展职业技术教育：加大农业职业技术教育，解决农村劳动力转移及在非农产业的劳动力需求，努力培养用得着、留得住、输得出的农村实用人才。

（4）提高农村教师待遇，提高其工作积极性：通过制定优惠政策，提高农村教师的物质保障，把现在的教师留住，把优秀的人才吸引到农村教师队伍中去。

6. 精神领域扶贫

（1）观念纠正。精准扶贫必须重视和加强精神文化扶贫，促进扶贫对象"富脑袋"，贫困人口"富口袋"。解决部分扶贫对象"穷自在、等靠要""安贫乐道、怨天尤人、不知感恩"的思想状况。

（2）授人以渔。扶贫先扶志，致富先治心。引导困难群众正确看待贫困，摈弃"等靠要"和消极思想，树立战胜困难的信心和斗志，学技术、找门路，用自己的双手摘掉贫困帽。

（3）促进文化产业发展。应当推进文化产业队伍专业化，促进文化产业发展，提高文化产业从业人员收入，发掘特色文化。

7. 医疗卫生扶贫

（1）增强基础医疗投入。增加贫困乡镇的卫生基础设施补助，提供专项经费，医疗网络覆盖到村。

（2）加强疾病预防工作，做好公共卫生。预防是改善贫困人口健康问题最根本、成本最低、最有效的方法。

（3）继续推进合作医疗与医保制度，让医疗保险办理普及。

（三）公开信件

此处的公开信是将实践过程中发现的问题、提出的建议上交给有关部门，产生较大社会影响力的一种形式。公开信是将内容公布于众的信件。公开信可以笔写，也可以印刷、张贴、刊登和广播。其对象一般比较广泛，如"三八"妇女节写给全国妇女的公开信；"五四"青年节写给全体青年的公开信；也可单单写给某一人。不论是写给社会中的某一部分人还是写给个人，从写信者的角度看，都希望有更多人去阅读和了解，甚至会欣喜于大众去讨论信中的问题。公开信的内容一般具有普遍的指导作用、教育作用和宣传作用。

**案例1:**

### 大学生上书总理反禁摩170个城市如何走出怪圈①

在石油资源日趋紧张的形势下,摩托车的优势更加明显。大学生上书总理的背景是,在今天建设节约型社会的目标下,如何才能更有效地使用和节约资源,成为权衡利弊的新的重要参考。

核心提示:9月10日,湖南师范大学的陈树等三位学生在暑假调研的基础上,完成了一篇关于城市"禁摩""禁微"诸种不合理之处的报告,并将报告寄给了国务院总理温家宝。10月26日,国家发改委给予正式书面回复,其调查行为受到肯定,回复称,目前部分城市"禁摩""禁微"的一些做法与现行的有关法律法规和国家建设节约型社会的精神相悖。

此事迅速引起媒体与公众的广泛关注。与此相关的一个背景是,从1985年北京市开始"禁摩"以来,全国已有170个城市加入禁止阵营,但质疑的声音一直未停。2004年下半年以来长沙、南宁等地"摩民"甚至以行政诉讼的方式质疑"禁摩令",结果虽均告败诉,政府"禁令"与现状相持不下的胶着状态却成为公认的事实。大学生上书总理并得到有关部门的积极回复,使"禁摩"话题再度升温,对问题的最终解决或许也将有着特别的推动意义。

"我跟这件事牵扯起来其实是个偶然。"10月27日,正在准备毕业事宜的湖南师范大学文学院学生陈树向《郑州晚报》独家责任记者谈起"禁摩",这样回忆道。

2004年7月5日,陈树骑摩托车准备通过长沙市湘江一桥时,被交警拦住了。交警告诉他,此桥摩托禁行,随后开具了一张200元罚单。陈树的目的地就在桥对岸商业区,他非常不解,如在这里禁摩很多行人都要绕很远的路,而对处罚所依据的法律,陈树也没有从交警那里得到明确的说法。这位交警告诉陈树,如有不同意见,可以申请行政复议。

7月12日,陈树根据有关程序去交警支队提起行政复议。在结果出来之前,另一位同样因驾车闯"禁区"的长沙市民刘铁山听说了他的"遭遇",专门赶来交流看法。两人一致认定,城市"禁摩令"在法律依据和执行效果上均存有疑问,于是约定"谁的复议结果先下来,谁就提起行政诉讼"。结果,刘铁山最终于8月10日正式向长沙市岳麓区人民法院递交了对岳麓区交警大队的起诉书。

---

① 游晓鹏. 大学生上书总理反禁摩170个城市如何走出怪圈 [N]. 郑州晚报, 2005 – 11 – 04.

刘铁山的诉讼一审、二审均告败诉。但陈树、戴彬等同学意识到，事情并未平息，刘铁山的败诉反而进一步促成了他们进一步了解城市禁摩的现状与症结所在的决心。"我们决定利用暑假，以实地调查、电话采访、查阅资料、网络交流等方式，进行深入调查。开学后，用了 5 天时间写出了两万字的报告。"执笔者陈树回忆说，由于是他自己曾经直接接触过"禁摩令"，这篇报告几乎是"一气呵成"。

在调查过程中，三位学生进行了分工，戴彬负责从法律法规上对禁摩令进行"推敲"，另一位文学院学生陈杏负责数据统计，陈树则做报告执笔。9 月 10 日，他们将完成的《建设节约型社会应取消部分城市对摩托车、小排量汽车的歧视性措施》以书面形式寄给国务院总理温家宝，同时在网络上发表。令他们意想不到的是，10 月 26 日收到了国家发改委产业政策司的正式书面答复。

在答复中发改委认为，目前，部分城市"禁摩""禁微"的一些做法与现行的有关法律法规和国家建设节约型社会的精神是相悖的，这一问题已引起了国务院的重视，有关部门正在研究解决措施。回信也对戴彬等人"作为大学生有这种社会责任感，利用暑期对这一涉及国计民生的重大问题进行调查、研究、分析的精神"表示了钦佩。

"这封回信给我们很大的鼓励，我认为这篇报告不同于普通的大学生调查，因为它是跟社会热点问题紧密相连的。能够引起社会关注，最终促成问题的解决，我也寄予了比较大的希望。"陈树现在已经不再以摩托为代步工具，但他表示，发改委的回复并不代表他们努力的终点，今后将继续关注禁摩问题的进展。

**附：湖南大学生就禁摩问题至温家宝总理的公开信（节选）**

敬爱的温家宝总理：

您好！

我们是湖南师范大学的学生，在这次暑假，我们写了一份暑期社会调查，敬请您过目并给予指正。

顺祝您身体健康，心想事成！

此致

敬礼！

湖南师范大学学生：戴彬

### 暑期调查：建设节约型社会应取消部分城市对摩托车、小排量汽车的歧视性措施

前言：

近期，中央提出了建设节约型社会的理念，我们理解，节约的思想与行动应当贯彻到社会经济生活的每一个方面，包括"衣、食、住、行"等。目前，国际原油的价格节节攀升，因此，怎样节约能源，特别是怎样有效地节约出行时所消耗的燃料成为大家关注的一个热点，这使我们想起了上个学期在湖南师大法学院组织的一次与公民出行方式选择权有关的模拟法庭——"市民质疑禁摩令案"。记得在当时查阅模拟法庭的相关资料时，我们发现，市民反对"禁摩令""禁微令（小排量汽车)"的理由之一就是摩托车和小排量汽车的能源消耗远低于大排量的小汽车；但同时，各地的"禁摩令""禁微令"却使得他们驾驶以上交通工具出门时常常要绕道而行，油耗大幅度增加。因此，我们决定利用假期的时间对城市是否应当禁摩、禁微；各地的禁摩、禁微措施的初衷及实际效果；禁摩、禁微措施对建设节约型社会、和谐社会有何负面影响进行综合的社会调研。

今年7月至9月暑假期间，我们就以上选题以实地考察、电话采访、向有关人士借阅相关材料、通过书籍、网络进行查询等多种方式进行了社会调查，希望我们的努力能有所得，也衷心希望我们这篇不成熟的文章能对您有所参考。需要说明的是：

一、尽管我们的选题需要论证的是各地禁摩、禁微措施对建设节约型社会的影响，但在我们的文章里，主要讨论的是各城市禁止摩托车行驶的问题。这是因为：首先，我们所在的城市长沙目前尚没有禁微，同时，在长沙，从去年《行政许可法》实施起，由于"禁摩令"及停止发放摩托车牌照已引发了三起"民告官"的官司；其次，我国各城市的禁摩措施无论从实行的时间到范围，到波及的消费人群（市民）、商家和产业工人，以及由此所引起的异议都远远超过了禁微措施（2004年，我国摩托车总产量达1700万辆，城市禁摩1985年始于北京，随后在各地流行，至今已有170个城市禁摩，而同年，我国小排量汽车的产量为91.4万辆，城市禁微始于1999年，目前有84个城市实行了该措施）。据悉，甚至有些城市因为"禁摩"引发了群体性的流血事件，对当地党和政府的形象产生了负面影响。

二、作为学生，虽然我们缺乏社会经验，缺乏经济实力，但在调查中，我们采取的是认真的态度与原则。就在我们考虑城市禁摩、禁微问题的选题时，从媒体上我们得知，您在不久前关于节约型社会建设的公开讲话中强调，要

"取消一切不合理的限制低油耗、小排量、低排放汽车使用和运营的规定"。您为小排量车鸣不平，是对一些地方公共政策走向的否定，同时，也增强了我们对城市禁摩、禁微问题进行深入探讨的信心。尽管人微言轻，但是我们不缺乏社会参与意识，希望我们的努力能对政府部门提出有效的建议，对社会产生益处。当然，由于自身水平、客观条件的限制，我们的这份暑期调查肯定有很多不足之处，希望您能不辞拨冗加以指正。

第十章

# "三下乡"社会实践奖励谋划申报

## 一、"三下乡"传统奖项构成

（一）各级"三下乡"奖项

1. 整体介绍

"三下乡"奖项主要分四级：国家级、省（区、市）级、校级、院系级。

（1）国家级：团中央学校部、全国学联秘书处每年9—10月都会对在全国大中专学生志愿者暑期"三下乡"社会实践活动中表现突出的集体和个人开展总结通报工作。该项工作会经过基层申报、省级团委审核推荐、专家评审等环节，奖项有三项：优秀单位、优秀团队、优秀个人。

（2）省（区、市）级、校级、院系级：与国家级评选类似，省（区、市）、校、院系等各级团组织每年9—10月都会对在大中专学生志愿者暑期"三下乡"社会实践活动中表现突出的集体和个人进行表彰。在奖项设置方面会略有不同，最基础的有三类：

优秀单位类：优秀单位奖、先进单位奖、先进组织奖等；

优秀团队类：优秀团队奖、先进团队奖等；

优秀个人类：优秀个人奖、先进个人奖、社会实践学生积极分子奖等；

除此之外，还会设置其他类奖项：

优秀作品类：优秀作品奖、优秀报道奖、优秀论文（调研报告）奖等；

优秀教师类：优秀教师奖、先进指导教师奖等。

2. 申报条件

各级团组织对申报条件表述不尽相同，但中心思想一致，下面列出个别奖项的申报条件可作为参考。

（1）先进团队评选条件：活动计划周密，主题鲜明，重点工作突出，活动形式内容丰富多样，能够认真按照各级团委的统一部署开展工作。

（2）优秀指导教师评选条件：从实际出发，对本实践队的活动内容、形式等做出精心设计和安排，制定切实可行的活动方案，落实具体措施，能够通过宣传发动工作充分调动学生参与活动的积极性和创造性。指导有方，安全、圆满地完成实践活动。

（3）优秀学生评选条件：在活动中严于律己，遵规守纪，积极参加实践活动，团结同学，服从实践队的工作安排，努力为群众解决实际问题，注重为群众办实事、办好事，各方面表现突出。

3. 申报流程

"三下乡"体系的奖项申报为逐级申报，即由院系团组织推荐至学校团组织，学校团组织再推荐至省级团组织，然后再由省级团组织推荐到团中央。申报流程是一个逐级申报、优中选优的过程。

4. 申报材料

因为"三下乡"体系的奖项是逐项申报的模式，所以各级奖项的申报材料大体上相同，主要有以下几种。

（1）国家级奖项申报材料（例）

①优秀单位申报表示例：

| 单位名称 | | | |
|---|---|---|---|
| 单位负责人 | | 联系电话 | |
| 主要事迹（500字以内）： | | | |

②优秀团队申报表示例：

| 所在高校 | | 团队名称 | | |
|---|---|---|---|---|
| 团队类别 | （如理论普及宣讲团、中职学生"彩虹人生"实践服务团等） | | | |
| 团队成员 | | | | |
| 团队负责人 | | 联系电话 | | 指导老师 |
| 主要事迹（可包括创新做法、主要成果、宣传成果等，500 字以内）： | | | | |

③优秀个人申报表示例：

| 姓名 | | 所在单位 | | |
|---|---|---|---|---|
| 担任职务 | | | 联系电话 | |
| 主要事迹（500 字以内）： | | | | |

（2）省级及以下申报材料（例）：

先进实践团队申报材料包括：活动总结一篇（要求简明扼要、条理清晰），并附活动期间新闻宣传的链接，在新闻媒体等传统媒体上发表的活动报道的图文材料和在微博、微信、中青校园等新媒体上发布的相关信息。其中，总结中需包括特色活动、做法和案例，以及工作思考和建议等。

先进实践团队申报表示例：

| 所在学院 | | 团队名称 | |
|---|---|---|---|
| 团队类别 | （如国情社情观察团、理论普及宣讲团等） | | |
| 团队成员 | | | |
| 团队负责人 | | 联系电话 | 指导老师 |
| 主要事迹（可包括创新做法、主要成果、宣传成果等，不少于1000字）： | | | |
| | | | |

先进个人（优秀指导教师、学生积极分子）申报材料包括：个人实践事迹及相关图文材料。

①优秀指导教师申报表示例：

| 姓名 | | 性别 | | 所在学院 | |
|---|---|---|---|---|---|
| 职务 | | | | 联系电话 | |
| 指导团队名称 | | | | 指导团队实践地点 | |
| 主要事迹（不少于1000字）： | | | | | |
| | | | | | |

②学生积极分子申报表示例：

| 姓名 | | 性别 | | 所在学院、班级 | |
|---|---|---|---|---|---|
| 担任职务 | | | | 联系电话 | |
| 所属团队 | | | | | |
| 主要事迹（不少于1000字）： | | | | | |

③优秀调查报告（实践论文）申报表示例：

| 论文名称 | | | 作者 | |
|---|---|---|---|---|
| 作者所在学院、班级 | | | 作者联系方式 | |
| 论文内容： | | | | |

（二）专项实践活动奖项

以 2018 年为例，随机排序如下：

1. "中国大学生保险责任行"暑期社会实践活动社会调查竞赛奖

竞赛将设评审委员会，邀请国内外知名研究机构、咨询机构、高校及相关保险机构专家组成，对调查报告进行专业评审，并结合调查问卷、宣传报道及团队组织情况，进行综合评比并表彰。竞赛表彰设一、二、三等奖及优秀参与奖，对获奖团队将给予相应赴外参访、资金奖励及荣誉授予等表彰。

2. "弘扬右玉精神 争做时代新人"百所高校右玉行暑期实践活动

9月底前，集中举办文艺汇演、摄影展、绘画展、文学作品展，开展实践团队和课题成果评审工作，遴选出优秀实践团队、优秀课题成果。

3. 中国大学生社会实践知行促进计划

阿克苏诺贝尔中国大学生社会公益奖：该项目设立近80余个资助名额，其中65名额持续助力大学生开展教育实践。具体如表1。

表1　阿克苏诺贝尔中国大学生社会公益奖奖项设置

| 奖项名称 | 奖金 | 数量 |
|---|---|---|
| 金奖 | ¥10,000 | 2 |
| 特别奖 | ¥8,000 | 待定 |
| 银奖 | ¥4,000 | 20 |
| 铜奖 | ¥2,000 | 43 |

索尼梦想教室：共设立23个奖项来支持完成项目的大学生团队。典范奖、视听表现奖、公益传播奖将从20支团队中遴选。具体如表2。

表2　"索尼梦想教室"奖项设置

| 奖项名称 | 奖金 | 数量 |
|---|---|---|
| 典范奖 | ¥3,000 | 1 |
| 视听表现奖 | ¥2,000 | 1 |
| 公益传播奖 | ¥2,000 | 1 |
| 优秀团队奖 | ¥2,000 | 20 |

"绿色征程"索尼大学生环保训练营：共设立12个奖项，其中优秀传播奖可与其他奖项重复获得。具体如表3。

表3　"绿色征程"——索尼大学生环保训练营奖项设置

| 奖项名称 | 奖金 | 数量 |
|---|---|---|
| 最佳项目奖 | ¥3,000 | 2名 |
| 优秀传播奖 | ¥1,000 | 2名 |
| 优秀项目奖 | ¥1,000 | 8名 |

远洋"探海者"全国大学生社会实践奖：共设立48个奖项。具体如表4。

表4 远洋"探海者"全国大学生社会实践奖奖项设置

| 奖项名称 | 奖金 | 数量 |
| --- | --- | --- |
| 优秀团队支持基金 | ¥3,000 | 33 |
| 特别项目团队支持基金 | 根据实际调研人数确定，详询组委会 | 11 |
| 最佳传播奖 | ¥3,000 | 2 |
| 最佳视频奖 | ¥3,000 | 2 |

"生物催化生活之美"诺维信中国可持续发展教育计划：共设立35个奖项。具体如表5。

表5 "生物催化生活之美"诺维信中国可持续发展教育计划奖项设置

| 奖项名称 | 奖金 | 数量 |
| --- | --- | --- |
| 一等奖 | ¥10,000 | 1 |
| 二等奖 | ¥5,000 | 4 |
| 三等奖 | ¥3,000 | 30 |

立邦"为爱上色"中国大学生农村支教奖：共设立108个奖项，最佳传播奖、最佳视频奖将从所有参与团队中选拔，可与其他奖项重复获得。具体如表6。

表6 立邦"为爱上色"中国大学生农村支教奖奖项设置

| 奖项名称 | 奖金 | 数量 |
| --- | --- | --- |
| 「为爱上色」全国金奖 | ¥10,000 | 2 |
| 「为爱上色」全国银奖 | ¥8,000 | 8 |
| 「为爱上色」全国铜奖 | ¥6,000 | 40 |
| 「为爱上色」校级优秀奖 | ¥3,000 | 50 |
| 「为爱上色」最佳传播奖 | ¥3,000 | 4 |
| 「为爱上色」最佳视频奖 | ¥3,000 | 4 |

"西门子爱绿教育计划"之中国大学生社会实践项目：共设置12个奖项，4

个最佳类奖项将从所有团队中选拔，可与"优秀团队基金"重复获得。具体如表7。

表7　"西门子爱绿教育计划"之中国大学生社会实践项目奖项设置

| 奖项名称 | 奖金 | 数量 |
|---|---|---|
| 优秀团队基金 | ￥3,000 | 8 |
| 最佳课程奖 | ￥2,000 | 1 |
| 最佳视频奖 | ￥2,000 | 1 |
| 最佳视频和图片奖 | ￥2,000 | 1 |
| 最佳应用奖 | ￥2,000 | 1 |

4. "丝路新世界·青春中国梦"全国大学生暑期社会实践专项行动

各实践团队和实践个人按各分项方案要求提交最终实践成果到中心网站。中心将组织专家对实践团队或个人和实践成果进行评审，按照限定类项目评选名额占总获奖比例的70%，非限定型项目占总获奖比例的20%，单列型项目占总获奖比例的5%，自主申报型项目占总获奖比例的5%，遴选出优秀实践团队/个人和优秀实践成果奖。具体评选标准要求另行通知。

5. "井冈情·中国梦"全国大学生暑期实践季专项行动

主办单位组织有关专家对实践团队和课题成果进行评审，遴选出优秀实践团队和优秀课题成果，并给予通报表彰。

6. "追寻青春足迹·红色筑梦之旅"全国大学生延安实践专项行动

主办单位将组织有关专家对实践团队和课题成果进行评审，遴选出30项优秀实践团队、发布优秀课题成果。

7. 青少年禁毒防艾宣传暑期志愿服务活动

主办单位将对实践团队活动开展情况进行评审，遴选出优秀实践团队和优秀调研成果，并给予通报表扬。

8. "健康扶贫青春行"全国大学生暑期社会实践专项活动

组织方将根据团队的实践情况和活动总结，评选优秀团队及个人，邀请优秀团队代表集中召开实践成果交流展示会，并对获奖团队给予一定物质奖励。

9. "印象长白山·筑梦新时代"百所高校进白山暑期实践活动

主办单位将组织有关专家对实践团队和课题成果进行评审，遴选出优秀实践团队、优秀课题成果。

10. "乡村稼穑情·振兴中国梦"全国农科学子聚力乡村振兴暑期实践专项

行动

组织方将对优秀暑期社会实践团队及成果进行评奖评优，优秀实践成果将有机会进行相关展示。

11. 农村土地利用规划编制志愿服务活动

中国土地学会将组织专家对实践团队实践成果进行评审，遴选出优秀实践团队和优秀实践成果奖。

## 二、其他类重要奖项设置

（一）"千校千项"遴选

"千校千项"遴选是由团中央学校部、人民网、中国青年报社共同主办的一项评选活动，具体奖项名称每年都会发生变化，但都主要分为案例、个人、视频作品、摄影作品四类。

**示例1：**

### 关于开展2018年全国大中专学生志愿者暑期"三下乡"
### 社会实践"千校千项"成果遴选活动的通知

**各省级团委学校部、高校团委：**

2018年6月，中宣部、中央文明办、教育部、共青团中央、全国学联等联合下发《关于开展2018年全国大中专学生志愿者暑期文化科技卫生"三下乡"社会实践活动的通知》（中青明电【2018】15号），组织开展2018年"三下乡"活动。为进一步总结实践成果，扩大活动影响，引领广大青年学生建功新时代，团中央学校部、中国青年报社、人民网联合开展2018年大中专学生志愿者暑期"三下乡"社会实践"千校千项"成果遴选活动。有关通知如下。

一、活动主题

青春大学习 奋斗新时代

二、举办单位

主办单位：团中央学校部、人民网、中国青年报社

承办单位：人民网强国论坛、中青在线

三、活动时间

报名及展示阶段：2018年7月15日至9月15日

网络投票阶段：2018年9月中旬至9月下旬

评比及审核阶段：2018年9月下旬至10月中旬

结果公示及发布：2018年10月底

四、参与对象

2018 年暑期"三下乡"社会实践活动的实践团队和个人。

五、活动内容及要求

根据《关于开展 2018 年全国大中专学生志愿者暑期文化科技卫生"三下乡"社会实践活动的通知》，面向实践活动中涌现出来的优秀项目、个人事迹及作品成果进行遴选，共计 1000 项。具体内容如下：

（一）最具影响好项目（300 个优秀实践案例）

以项目为单位进行申报，通过网络投票、专家评审等环节，依据 2018 年"三下乡"活动的国情观察、法治宣讲、教育关爱等 9 类重点项目遴选 300 个案例。

1. 申报：http：//iqingyun. cyol. com

2. 申报内容：申报项目需提交 1 份项目报告材料，主要阐述项目实施情况、主要成果、社会价值等。文字材料不超过 3000 字，上传图片不超过 5 张，单张图片文件小于 1MB。

3. 申报方式：团队申报和高校团委推荐两种申报方式。其中高校团委推荐数量不超过 5 个。推荐表下载：http：//iqingyun. cyol. com

4. 遴选规则：申报材料将在"团中央学校部"（tzyxxb）微信公众号和人民网强国论坛展示和投票，获得投票数超过 100 票进入专家评审环节。综合公众投票和专家评审，评选出 300 个优秀实践项目。

（二）强国一代新青年（300 个先进事迹个人）

以个人为单位进行申报，申报对象为参与 2018 年"三下乡"活动队伍中涌现出的优秀青年学生，通过网络投票、专家评审等环节遴选 300 人。

1. 申报：http：//iqingyun. cyol. com

2. 申报内容：申报个人需要提交 1 份个人事迹材料，主要阐述个人在实践过程中的心得、体会、感想、收获，对社会的贡献等。文字材料不超过 800 字，附个人图片，宽度不大于 500px。

3. 遴选规则：所有事迹材料将统一在"团中央学校部"（tzyxxb）微信公众号和中青在线"青年观察家"微信号上展示、投票。个人投票数超过 100 票进入专家评审环节，最终结合投票排名和专家评审，选出 300 位优秀事迹个人。

（三）百佳创意短视频（200 个优秀视频作品）

以短视频为单位进行申报，征集创意性表现各地改革开放成就的视频，通过网络投票、专家评审等环节遴选 200 个作品。

1. 申报：http：//iqingyun. cyol. com

2. 申报要求：申报短视频需要上传微视频。微视频时长不超过5分钟，内容聚焦与改革开放相关的地点、事件、人物，用个人经历、新老照片对比、家庭条件变化、舞蹈等有创意或故事性强的短视频反映改革开放带来的巨大变化或人物故事亮点。

3. 遴选规则：短视频将通过"团中央学校部"（tzyxxb）微信公众号和人民网强国论坛集中展示和投票，获得投票数超过100票进入专家评审环节。综合公众投票和专家评审，评选出200个创意短视频。

（四）匠心传播好作品（200个优秀摄影作品）

以摄影作品为单位进行申报，通过网络投票、专家评审等环节遴选200个摄影作品。

1. 申报：http：//iqingyun. cyol. com

2. 申报内容：申报个人需要提交一张或一组摄影作品，并阐述照片拍摄的内容或故事。摄影作品鼓励创新，反映实践的进取精神和积极向上的创新实践，宽度不大于500px，配文不超过300字。

3. 遴选规则：所有申报材料将统一在"团中央学校部"（tzyxxb）微信公众号和中青在线"青年观察家"微信号上展示、投票。作品票数超过100票进入专家评审环节，最终选出200个优秀团队。

团中央学校部

2018年7月19日

（二）"镜头中的三下乡"

"千校千项"遴选是由团中央学校部、团中央网络影视中心共同主办的一项评选活动，共设置优秀报道奖、优秀摄影奖、优秀视频奖、优秀通讯员、优秀指导教师等奖项。

示例1：

**关于开展2018年全国大中专学生志愿者暑期"三下乡"社会实践
"镜头中的三下乡"活动的通知**

**各省级团委学校部、高校团委：**

2018年6月，中宣部、中央文明办、教育部、共青团中央、全国学联等联合下发《关于开展2018年全国大中专学生志愿者暑期文化科技卫生"三下乡"

社会实践活动的通知》（中青明电【2018】15号），组织开展2018年"三下乡"活动。为进一步总结实践成果，挖掘一批优秀的实践影像作品和感人事迹，展示青年学生投身精准扶贫、服务乡村振兴战略和奋斗新时代的生动实践风采，团中央学校部、团中央网络影视中心将联合开展2018年"镜头中的三下乡"活动。有关通知如下。

一、活动主题

青春奋斗新时代·镜头记录新征程

二、组织单位

主办单位：团中央学校部、团中央网络影视中心

承办单位：中国青年网、三下乡官网

三、活动对象

全国大中专学生暑期"三下乡"社会实践团队（须已在"三下乡"官网报备，报备请参考"三下乡"官网团队报备流程说明参见 http：//iqingyun.cyol.com 网。）

四、活动时间

团队报名：2018年7月15日至8月31日

作品征集：2018年7月15日至9月20日

作品评选：2018年10月中旬

结果公布：2018年10月下旬

五、活动组织与进度

1. 活动报名

实践团队登录"三下乡"官网报备系统，点击2018年"镜头中的三下乡"报名页面，选择报名团队，提交报名信息。

2. 作品征集

参赛作品分文字、组图和视频，题材须是"三下乡"实践活动。参赛团队根据《2018年"三下乡"官网投稿指南》，上传作品至"三下乡"官网，由工作人员审核后在"三下乡"官网刊发。所有参赛作品须在"三下乡"官网刊发后，方可进行评选。

3. 奖项设置

主办方将综合网络投票和专家评审，评选出以下奖项：

（1）优秀报道奖（200个），对参赛团队的文字报道作品进行评选。

（2）优秀摄影奖（200个），对参赛团队的组图报道作品进行评选。

（3）优秀视频奖（200个），对参赛团队的视频报道作品进行评选。

（4）优秀通讯员（200名），对服务"三下乡"官网和优秀报道作品的学生通讯员进行评选。

（5）优秀指导教师（200名），根据参赛团队获奖和学校参与本活动的情况，对指导教师进行评选。

以上奖项由团中央学校部、团中央网络影视中心联合颁发荣誉证书。

4. 作品评选

设网络评选和专家评审两个环节。主办方将根据团队作品在"三下乡"官网上的传播情况，初步筛选出入围的团队作品名单，进入到网络评选阶段。所有入围参赛的文字、组图和视频作品，将在"团中央学校部"（tzyxxb）微信公众号和"中青网教育"（zqwjypd）微信公众号上进行投票和展示。具体投票事宜将在"三下乡"官网上另发通知。

5. 总结表彰

主办方将举办总结大会，总结活动成果，表彰优秀的团队和个人，具体时间与事项将另行通知。

6. 有关说明

评选结果将于10月下旬在"三下乡"官网公示，公示期为三天，公示期间获奖团队与个人须对获奖信息进行自我核准，如有疑问可联系"三下乡"官网相关负责人，公示期过后将不再修改。获奖团队的团队名称、指导教师、队长和队员信息，以团队网上报备信息数据为准。

团中央学校部
2018年7月19日

（三）"寻找全国百强实践团队"

"寻找全国大学生百强暑期实践团队"活动是由中国青年报社主办的一项社会实践评选活动，参与人数众多。

示例1：

### 2018寻找全国大学生百强暑期实践团队活动通知

为了深入挖掘和展示大学生暑期实践中的优秀成果，充分发挥优秀团队的示范引领作用，进一步激发大学生了解国情、服务社会的主动性，培养创新精神，提升责任感和使命感，引导大学生不断探求社会主义核心价值观的深刻内涵，聚集践行社会主义核心价值观的强大力量，中国青年报社特组织了2018寻找全国大学生百强暑期实践团队活动。现将有关事项通知如下：

一、活动主题

2018 寻找全国大学生百强暑期实践团队

二、活动目的

寻找最优秀暑期实践团队，展示大学生实践活动的优秀成果和青春活力，激发大学生参与社会实践活动的积极性和创造性。

三、实践时间和实践团队界定

（一）实践时间：2018 年 6 月 1 日至 2018 年 8 月 31 日

（二）团队成员：四人及以上

（三）实践类型：政策宣讲类，公益服务类，社会调查类，体验教育类等（各类岗位实习，如假期专业实习、勤工俭学等暑期兼职工作等，不符合本次活动要求）

四、活动流程

1. 阶段一

校方筛选推荐报名（即日起—9 月 1 日）

团队自荐（9 月 3 日—九月底）

2. 阶段二

展示及评审（9 月初—11 月）

3. 阶段三

公布结果并发放奖金和证书（12 月）

五、报名方式

各实践团队只能选择一种报名方式。

1. 校方筛选推荐报名方式（即日起—9 月 1 日）

2. 团队自荐报名方式（9 月 3 日—9 月底）

报名过程：

（1）未经校方推荐的实践团队，可在 9 月 3 日后，自荐报名此次活动。具体方式为：团队负责人将报名表发至邮箱 tdzj2018@163.com （"团队自荐"四个字的拼音首字母 + 2018）。

（2）经主办方按一定比例筛选后，每所高校将有 3 支左右的自荐团队进入下一阶段（具体数量可能根据报名情况进行调整）。

邮件格式：

（1）主题：团队自荐 + 校名全称 + 实践团队队名（非实践主题），例如：团队自荐 + ＊＊大学 + 11 ＊＊大 1 调研团。

234

（2）正文：自荐团队与主办方对接联系人的姓名、职务、微信号、手机号码。

（3）附件：报名表名称团队自荐＋校名全称＋实践团队队名（非实践主题）

例：团队自荐＋＊＊大学＋11＊＊11调研团。

注意事项：

（1）9月3日前不接受自荐报名。

（2）报名后无法更改报名表；报名越早的团队，可能越早进入展示及投票阶段，请尽早报名。

六、评审流程

主办方将组织评审团，对实践团队报名材料进行评审。专家评审打分占比60％，网络展示投票得分占比40％，两者相加确定最后的100强名单。

1. 网络投票阶段（8月初—10月中旬）

因报名时间不同，主办方将联系通知每个团队网络投票的具体时间。一经发现强制投票、违规刷票，主办方会直接减去无效票数，并在评审阶段酌情减分；情况严重的将直接取消入围资格并通报校方。

2. 材料评审阶段（10月中旬—11月）

专家评审团会对实践团队报名表进行评审。主办方或将在活动最终评审阶段要求更详细的实践活动资料。弄虚作假者一律取消入选资格。

七、奖励设置

百强获奖名单将在中国青年报刊发，奖励具体设置如下：

全国最佳实践团队10支：

奖金（每支团队税前2000元）

成员每人一份"最佳实践团队"证书

带队教师（限两名）将获得"最佳实践带队教师"证书

全国优秀实践团队30支：

成员每人一份"优秀实践团队"证书

带队教师（限两名）获得"优秀实践带队教师"证书

全国百强实践团队60支：

成员每人一份"优秀实践团队"证书

全国最佳暑期实践大学10所

"全国最佳暑期实践大学"证书或奖杯

中国青年报社

# 第十一章

# "三下乡"社会实践的保障体系

## 一、实践前期"体验—场域"选题模式的设计

面对"三下乡"社会实践活动的复杂性和选题的多样性，高校欲从中选出一个既能发挥学校学科优势、又能吸引大学生参与的社会实践选题，需要一个选题模式提供参考。目前，学界对大学生社会选题模式的研究显有不足，导入"体验—场域"重要范畴，从教育体验与理论场域、服务体验与认知场域、收获体验与评价场域三个维度出发，整体构建大学生"三下乡"社会实践的选题模式。

### （一）"体验—场域"选题模式的相关学理

"场域"一词原本是个社会学概念，是由国际知名的法国社会学家皮埃尔·布迪厄（Pierre Bourdieu）在社会实践中创造性提出并进行了系统解释。在布迪厄的研究中，对于场域（field）这一概念，并没有给出明确的定义，他说："诸如惯习、场域、资本这些概念，我们可以给它们下这样或那样的定义，但要想这样做，只能在这些概念所构成的理论系统中，而绝不能孤立地界定它们。"① 但从分析的角度来看，"一个场域可以被定义为在各种位置之间存在的客观关系的一个网络（network），或一个构型（configuration）。"② 传统大学生社会实践选题研究，大多数采取的都是实体性思维方式，布迪厄的"场域"理论为我们提供了一个独特的观察视角——基于关系性思维方式，即依据"场域"的概念来展开思考，从"场域"中相互关系角度进行系统建构。根据布迪厄的论述，结合大学生实践选题的相关机理，可以归纳出场域的三个特点。

---

① 布迪厄，华康德. 实践与反思：反思社会学导引［M］. 李猛，李康，译. 北京：中央编译出版社，2004：132.
② 布迪厄，华康德. 实践与反思：反思社会学导引［M］. 李猛，李康，译. 北京：中央编译出版社，2004：133.

第一，场域是一个"网络"空间。布迪厄的"网络"指的是一种多元的社会关系网络，大学生社会实践选题场域为我们提供了一个多元层次的阐释框架，形成一个独特的"网络"空间，该场域所要表达的就是在选题过程中，由实践主体基于选题理念、原则与路径相互关系网络所表现出来的多因素综合体。

第二，场域是一个"权力"空间。贯穿于社会场域和行动者的动力学原则，就是行动者个人和群体之间的权力关系。在社会实践的选题场域中，该场域空间由具有相对独立性的理论场域、认知场域与评价场域构成，每个场域都遵循着自身特有的逻辑性和必然性，制约着与实践选题场域之间的权力关系，并通过实践主体各个场域中的主观能动的权力关系表现出来。在研究实践选题场域时，应着力探寻理论场域、认知场域与评价场域的运作逻辑，并对各个场域中的选题机理进行动态和静态分析，注意实践主体在各个场域中的结构，特别是贯穿于其中的权力关系及其变化。

第三，场域是一个"关系"空间。布迪厄的场域理论强调场域空间行动者之间的位置和他们之间的关系，认为场域的实质是一个关系空间。在大学生社会实践选题的场域中，实践主体围绕实践目的、实践场域的分类、实践选题的理念、原则与路径等，组成一个复杂又相互对应的关系空间。实践主体处在一个或者多个场域之中，占据着一定的位置，并对应其实践效果。

（二）"体验—场域"选题模式的内蕴解读

1. 社会实践选题场域的构成因子

场域是一种具有相对独立性的社会空间，是一个客观关系构成的空间系统。相对独立性，既是不同场域相互区别的标志，也是不同场域得以存在的依据。我们将大学生社会实践选题场域分为理论场域、认知场域与评价场域。三者之间既相对独立，又互相作用，对大学生社会实践选题的场域产生重要作用。

（1）理论场域是指实践主体用"概念"组织起来的关于社会实践选题知识的理解和论述的信息体系，也是由社会实践团队通力合作，在一定时间内所形成的具有一定专业知识的智力成果体系。此处的"智力成果"，表现为思想政治理论课的重难点问题，表达在思想政治理论课教材和专用书籍、网络媒体等载体里，存在于人们的大脑里。在社会实践的选题中具有普遍适用性，对大学生社会实践的选题具有指导作用。理论场域可以被用来解释大学生社会实践选题的现象和规律，并且可以通过理论"曲线"描述和预言实践选题将产生的实践效果，最终得出结论，帮助大学生驾驭实践选题。

（2）认知场域是实践主体通过对选题感知、思维等认识过程，获得信息体系，也是接受实践选题输入的信息，经过大脑的加工处理，转化为内在的心理活动，进而支配人的选择的分析成果体系。此处的"分析成果"指团中央每年拟定的重点实践选题。实践主体按照一定策略，在年度选题中合理选择，筛选出能够提升个体价值、增强个人能力的实践选题。

在认知场域中，大学生的认知能力与对实践选题的研究透彻程度密切相关。"认知"包括感觉、知觉、记忆、思维、想像和语言等：实践主体分析、研究实践选题的过程始于感觉与知觉；实践主体将感觉、知觉所获得的知识经验保存为个体经验过程属于记忆过程；实践主体根据自身知识经验去分析、研究实践选题的内容、方向，形成对选题成果的预期估判过程是思维；实践主体与团队成员相互探讨、交流其思维活动过程与认识活动的成果。在此，实践主体的理论功底与自身经历十分重要。

（3）评价场域即实践主体在参与社会实践活动后，根据活动效果及实践报告的质量水平，对实践选题进行态度确立和判断价值，并依据评价结果做出反馈的成果体系。此处的"结论成果"，主要指实践选题是否契合学生关注的热点问题。评价场域的效果评价与反馈，包括设定评价范围、评价标准及评价结果，进而建立有效的教育正反馈或负反馈机制：评价范围涵括实践主体、次主体、实践环境、实践内容以及实践方式评价等；评价标准包括实践主体的认知标准、态度标准、行为标准和选题价值标准四个维度；在评价场域的反馈上，一个能促进实践活动效果提升、提高社会实践成果质量的选题，即为优化选题的正反馈，而一个降低实践活动效果、失去实践活动意义的选题，则成为限制选题的负反馈。评价场域是根据实践效果做出的一种主观的反映，具有一定的导向性，指引着实践选题的方向。

2. 体验与场域的关系

"体验"是人类的基本生存方式，是一种图景思维活动，也是一种震撼心灵、感动生命的魅力化育模式。经过反复的实践检验，体验已经被作为当代一种有魅力的教育理念和德育模式。在大学生"三下乡"社会实践选题场域中，所谓的"体验"就是亲身体验的简称，是实践主体在参与实践活动的过程中，用行动和思想验证实践事实，探析实践意义，感悟生命真谛，锻炼意志品质，最终增强综合能力的历程。从社会实践活动前期的目标制定、中期的实践过程、后期的成果总结三个阶段的体验来看，"体验"与"场域"表现为相互影响、相互制约的关系。如图1所示。

从前期目标制定的体验来看，体验影响场域，场域反作用于体验。实践前期重视材料准备和目标确定等环节，使实践者对即将开展的社会实践活动持有良好的预期。在实践的过程中，为了达到既定的目标体验，要对众多场域进行

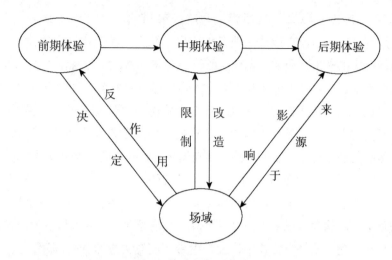

**图1　体验与场域的关系**

筛选，并最终锁定在一个与既定目标契合的场域，因而体验决定场域；此外，一个正确的场域的选择会有助于既定目标的实现，一个错误的场域只能将目标和体验逐渐剥离开来，因此，场域反作用于体验。

从中期实践过程的体验来看，体验改造场域，场域限制体验。实践中期重视实践过程的体验，要求实践者全身心投入社会实践。社会实践是大学生改造客观世界的物质性活动，大学生在实践过程中的体验也能起到改造场域的作用，对场域的改造产生积极的影响；场域为体验创造了环境，场域不同，体验亦不同，因此体验受到场域的限制。

从后期成果总结的体验来看，场域影响体验，体验来源于场域。实践后期重视实践成果的整理与反思，从而实现实践成果的影响最大化。一方面，实践主体必须通过与场域中的基本要素的接触来获得感官及心理上的体验，而实践主体通过实践所获得的体验也可以看作是一种认识，该认识也正是反映了该场域不同于其他场域的固有特点。不同场域影响着主体体验的结果，体验自身的深度和广度也受场域本身框架的制约和限制。另一方面，体验结果的正确与错误、深度和广度反作用于场域的发展，正确的体验（认识）能够促进场域的发展，错误的体验认识则会阻碍场域的发展。因此，场域影响体验，体验来源于场域，并反映场域。

综上，大学生通过对实践过程和实践成果的整体感悟会影响其今后的行为选择，在潜移默化中实践队员会收获相关的知识与技能，得到体验和反思。因此，体验与场域是相互影响，相互制约的关系。

### （三）"体验—场域"选题模式的路径架构

布迪厄把实践当成直接被先前条件确定，并完全被简化为事先建立的组装的机械性反应的理论，所谓事先建立的组装是指"模式""标准"或"角色"。基于社会实践选题场域下的体验内涵、体验与场域的关系以及实践选题的机理，超越了以往对社会实践选题的研究。社会实践选题"体验—场域"模式，是在理念、原则与方法指导下，建构较为稳定的选题规范化程序和操作体系，具体由教育体验与理论场域、服务体验与认知场域、收获体验与评价场域构成。

1. 教育体验与理论场域实践选题的构建理路

基于问题解决中的亲身经历与实践参与引发的自身体验，并以思想政治理论课的重难点问题为知识工具，以问题指向为选题理念，以可行性为选题原则，并结合自身兴趣、爱好与特长。让大学生带着问题去思考如何利用自身所拥有的知识经验与个人能力在社会中接受教化培育，进而通过实践主体学习体验的运行与生成来内化教育内容。

第一，教育体验与理论场域的理念基础是问题指向。问题是实践的起点、创新的起点。读懂一个时代，需要读懂这个时代的问题，改变一个时代，需要解决这个时代的问题。[①] 同样地，在教育体验与理论场域中，需要确定该场域所要坚持的问题指向，以确立该场域的总体理路。坚持问题指向不仅能够牵住统筹社会实践选题的"牛鼻子"，帮助实践主体获得自我同一性，还能创设社会实践选题的情境环境，即运用理论解决现实问题，实现解决思想问题和满足实际需要、理论认同与行为践履的有机统一。

第二，教育体验与理论场域构建的原则基础是确保可行性。可行性是社会实践选题要考虑和分析社会的各种主客观条件，比如，人力、物力、财力等方面资源的支持。[②] 即实践主体在教育体验与理论场域中，从实践选题的难易程度、安全程度及自身状况来分析主客观条件，进而开展社会实践活动。从可行性原则出发，如果要完成一篇内容充实、角度新颖、价值较高的实践报告，选题宜小不宜大，宜窄不宜宽。

第三，教育体验与理论场域的路径基础是结合思想政治理论课的重点难点问题及实践主体的兴趣特长。社会实践选题需要结合思想政治理论课实践教学的重难点问题，这不仅有利于帮助学生理解思想政治理论课学习中遇到的困惑

---

① 习近平在省部级主要领导干部研讨班开班式上的讲话 ［N］. 人民日报，2017 – 07 – 28 （1）.

② 冯艾，范冰. 大学生实践导读 ［M］. 北京：社会科学文献出版社，2015.

与瓶颈，指导实践的选题方向，更有利于提升思想政治理论课的实践效果。结合思想政治理论课实践教学的重难点问题，让实践选题既可以在思想政治理论课的重难点问题中找到依据，更能为佐证思想政治理论课堂教学内容提供现实素材和生动案例，深刻体会蕴含在课程中揭示事物本质规律的哲理，借以养成创新精神和实践能力。另一方面，结合实践主体的兴趣特长，兴趣是提高实践主体参与实践的热情保障，特长是帮助实践主体完成实践的质量保证。选择能够发挥自己特长、学有所思、学有所感的选题，才能让实践主体获得能量、投入激情，进而保证实践活动效果，提升实践报告质量。如图 2 所示。

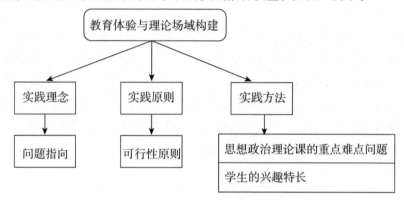

**图 2  教育体验与理论场域构建基础与途径**

### 2. 服务体验与认知场域实践选题的构建理路

大学生社会实践选题"体验—场域"模式中的服务体验与认知场域构建路径，是通过实践主体根据团中央每年拟定的重点实践选题，并选择能够提升个体价值部分的内容，以价值指向为选题理念，以创新性为选题原则，以达到为社会服务、做贡献的效果。服务体验与认知场域的构建基础有三个方面。

第一，服务体验与认知场域构建的理念基础是价值指向。价值指向是大学生社会实践选题的逻辑起点和目标归宿。著名教育家陶行知说："不运用社会的力量，便是无能的教育。不了解社会的需要，便是盲目教育。"① 不运用社会实践选题的力量，便是无效果的实践教育；不明晰社会实践选题的价值，便是盲目的实践教育。当代大学生由于社会阅历较浅、社会经验不足，对问题的观察与分析往往流于表面化，缺乏全面而深刻的分析能力。因此，社会实践选题要有一定的理论基础，要基于正确的价值判断体系，帮助大学生获取生活世界的意义，

---

① 刘晓东. 大学生社会实践理论与实务［M］. 北京：高等教育出版社，2014：70.

培育社会主义核心价值体系和社会主义核心价值观。

第二，服务体验与认知场域构建的原则基础是彰显创新性。实践选题的创新性原则要求实践主体必须随着时代的发展而不断更新，打破现有的思维模式；必须提出某种新的思路，研究某种新的见解，利用有限的课堂理论知识，在特定的实践环境中改进或创造新的理论、方法以及路径。为了使大学生充分体验"服务"以获得正确的"认知"，在选题时，切忌盲目赶"热门"和"一窝蜂"，切忌盲目"照搬"和"追捧"。而应该用有限的课堂理论知识，在特定的实践环境中改进或创造新的理论、方法以及路径，进而在实践中了解社会，学习新经验，研究新问题。

第三，服务体验与认知场域构建的路径基础是结合团中央的年度实践选题与实践主体的价值提升。每年六月，全国大学生"三下乡"暑期社会实践活动都会确定一个实践主题，总体呈现多样化的特点，涵盖国情理论、教育服务、科教支农、爱心医疗、扶贫攻坚等多个层面，内容多，涉及面广。实践主体应从团中央年度主题中遴选出能够提升个人价值的选题，既能加深对中国特色社会主义理论体系的理解与认同，更能促进个体成长成才。如图3所示。

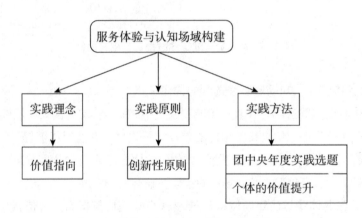

**图3 服务体验与认知场域构建基础与途径**

3. 收获体验与评价场域实践选题的构建理路

实践主体通过社会实践，以人本指向为选题理念，以现实性为选题原则，结合学校的学科优势及个人专业特点，解惑生活中关注的热点、焦点问题，进而取得心理的或精神的成果。

第一，收获体验与认知场域构建的理念基础是人本指向。人本指向是马克思主义理论诉求在理论课中的逻辑展开和生动体现。既需要充分发挥学生的主体性，更需要着力提高学生的趣味参与性，必须把握大学生的思想特点和成长规律，充分发挥大学生的主体性，以满足大学生的成长需要为目的。选题过程就是在帮助实践主体反思自己想要分析、研究的热点、焦点问题，激发自身的主观能动性，实现个性成长与全面发展的有机统一。

第二，收获体验与认知场域构建的原则基础是秉持现实性。选择能够将理论与实际紧密结合、具有实用价值，要注重其实际用途和使用价值，借以锻炼学生分析现实问题的能力。"收获"是大学生的收获，"评价"也是大学生的评价。因此，选题时要考虑实践主体的知识背景和理论能力，抓住实践主体的特点，以打造锻炼培养的优势；实践主体通过结合自身的专业特长与兴趣爱好，将其与实践选题相挂钩，有利于发挥特长优势，形成团队成员的优势互补；实践主体找准自身的薄弱环节，在实践中重点锻炼，全面增长才干，提高综合素质。

第三，收获体验与认知场域构建的路径基础是结合大学生关注的热点、焦点问题与学科专业优势。国家关注的热点、焦点问题也是当代大学生关注的重点。社会实践的选题必须抓住大学生关注的"热点"，并结合学校的学科优势与专业特色，塑造大学生社会实践团队的"独一无二"性，进而形成"品牌效应"，更能调动学生专业学习兴趣，形成灵活多变的选题，把专业知识实践化，把书本知识社会化，全面提高大学生的综合素质。如图4所示。

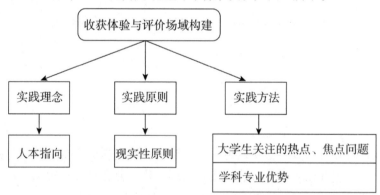

**图4　收获体验与评价场域构建基础与途径**

综上，大学生社会实践选题"体验—场域"模式的构建，是"教育体验与理论场域""服务体验与认知场域""收获体验与评价场域"等三个"选题指导员"按照特定的逻辑要求，共同建设的一个关系理论体，是实践主体参与社会实践活动选题的主要场所。立足于"受教育、长才干、做贡献"的目标立意，从社会实践选题的理念、原则与路径出发，从问题指向、价值指向到人本指向，彰显可行性、创新性和现实性原则，既契合体现思想政治理论课的重难点，又结合团中央年度实践选题和大学生关注的热点、焦点问题，融合学生兴趣特长、主体价值提升和学科专业优势，综合形成最优化选题，完善总体架构，并着力在全国梯次推广应用。如图5所示。

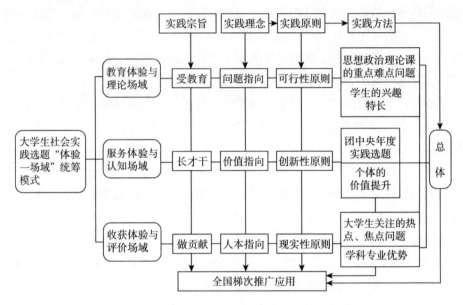

**图5　大学生社会实践选题"体验—场域"模式总体构架**

### 二、实践中期"寒暑联动"模式的运作

大学生"三下乡"社会实践包括实践前期、中期和后期三大环节。实践前期涵盖了从实践目标的确定到实践团队的组建等一系列准备工作；实践中期则主要是实践计划的具体实施及宣传，贯穿整个实践过程；实践后期则包括从总结实践成果到实践论文的撰写等一系列收尾工作。而在这些过程里，社会实践的评价体系和思想引领功能都不容忽视，这也是社会实践的重要内容。

（一）"三下乡"社会实践运作模式概述

大学生"三下乡"社会实践活动主要集中于寒暑假时间，通过采取"前期多领域专题授课＋中期一对一专职指导＋后期全方位固化成果"的方式，即"前期＋中期＋后期"实践模式，指导大学生在实践中受教育、长才干、做贡献。

前期多领域专题授课是指在社会实践开展前，各级团组织有针对性地对实践活动所涉及的领域进行授课。一般包括以下三项：第一，社会实践选题领域授课。即对社会热点、国家大政方针政策等进行讲述，剖析社会发展的重点、难点问题，结合专业知识和青年学生的使命担当进行选题上的培训；第二，社会实践实操领域授课。即对社会实践中具体施行的各个方面进行专业技能上的教授，如访谈技巧、宣传稿撰写技巧、摄影技巧等，同时教授实践过程中可能会遇到的各种突发情况的应对措施；第三，社会实践总结领域授课。即对社会实践结束后所面临的工作进行技能讲授，如整理汇总材料、分析数据、撰写调研报告等。

中期一对一专职指导是指在社会实践过程中指导教师充分发挥作用，对实践队员进行"一对一"地指导。优秀且负责任的指导教师会使社会实践的进行得到强有力的保障，对于执行计划、维护纪律等具有重要意义。

后期全方位固化成果是指社会实践结束时，指导教师和实践团队全方位、多层次地对实践成果进行固化，即除了传统意义上的实践成果——调研报告外，对其他成果——如影像材料、问卷结果、附加成果等进行整理固化，以提高社会实践的价值。

（二）"寒暑联动"实践运作模式的架构路径

大学生"三下乡"社会实践活动大多是在暑期进行，但寒假时间也可以作为社会实践的活跃时间。由于寒假期间寒冷的天气，加之恰逢新春佳节，时间相对零散，因此寒假社会实践活动相较于暑期社会实践活动而言，应予以简化，可设置社会公益、感恩关怀和素质拓展三大类，下设多个分项，着眼于"小"点，做好暑期社会实践的预热工作，形成"寒暑联动"实践模式，提升大学生"三下乡"社会实践活动的质量与效果。如图6所示。

1. "寒暑联动"实践模式的含义

所谓的寒暑联动，顾名思义，是指大学生将寒假社会实践和暑假社会实践活动相结合，形成整体的联动效果，促进社会实践活动的整体性，以达到扩大社会实践的活动范围和提升实践成果质量的活动效果。

在传统的"三下乡"社会实践活动中，我们往往默认能汇聚时间、人才与协调实践地点的时间一般都在暑假，暑假因其晴朗的天气和适宜的温度，适合实践团队到实践地点考察，而寒假因其寒冷的天气带来了出行的不便。如果遭遇暴风雪天气，将在交通出行、安全出行等方面造成一定的阻碍，同时对实践任务的整体完成效果将造成一定的挑战。此外，寒假期间有一个重要的节日节点，即春节。每年春节，家家户户团圆之际，中华民族历来喜庆佳节，串亲朋、走好友，因此时间相对零散，很难进行长时间的、连贯性的社会实践。尽管在

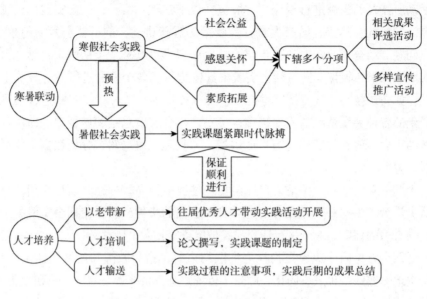

**图6　"寒暑联动"实践模式的总体构架**

寒假期间进行社会实践有以上缺陷，但我们仍然不能忽略甚至省略寒假的社会实践活动。一方面，天气寒冷，为减少出行危险，我们可以在室内进行"感恩关怀"实践，在校内进行"素质拓展"实践。另一方面，时间零散，我们可以进行短期的"社会公益"社会实践，一次社区宣讲、一次敬老院看望、一次厨房实践等，都可以是寒假社会实践的活动缩影，不是经多方媒体宣传报道，看似具有超强影响力的社会实践才叫社会实践。只要能在实践中增长才干、在实践中服务社会、在实践中获得启发，都可以算作社会实践。寒假社会实践是暑假社会实践活动的预热和储备，实践课题也要紧跟时代脉搏。具体可以在社会公益、感恩关怀和素质拓展这三大类别中，下设多个具体可行的实践小点，进行相关成果评选和多样宣传推广活动。

社会公益，是指寒假期间，实践团队或实践个体走进社会、为社会服务的一些力所能及的项目，贡献一份微薄却重要的青春力量。诸如可以走进社区进行社区宣讲，走进敬老院给留守老人和儿童送温暖等，只要是走进社会、为社会服务的公益项目都是一种社会实践。感恩关怀，是指寒假期间，实践个体在家里所要完成的实践作业项目，让家人感受到一种亲情关怀。诸如为父母洗脚，实践传统"孝心"的举动；再如走进厨房，为父母做一次爱心晚餐等。素质拓展，是指在寒假期间，一些留校学生或是回乡学生，在学校或回母校所做的一次实践项目。例如，回母校教室内的一次教育宣讲，在学校操场内的一次身体素质锻炼，或是走进课堂、走上讲台，传播课堂知识、传播校园文化的一次亲身实践。

2. "人才培养"与"寒暑联动"模式的关系

社会实践中期的模式是以贯彻落实"厚基础、宽口径、高素质、创新型"的人才培养战略为前提开展社会实践活动，"人才培养"和"寒暑联动"实践模式相互作用，相互促进。

一方面，"人才培养"是"寒暑联动"实践模式的目标体现。2018 年 9 月 10 日，习近平总书记在全国教育大会上强调："培养什么人，是教育的首要问题。我国是中国共产党领导的社会主义国家，这就决定了我们的教育必须把培养社会主义建设者和接班人作为根本任务，培养一代又一代拥护中国共产党领导和我国社会主义制度、立志为中国特色社会主义奋斗终身的有用人才。"① 习近平总书记在十九大报告中也提出要培养担当民族复兴大任的时代新人。大学生"三下乡"社会实践的最终目的是让大学生在实践中受教育、长才干、做贡献，以培养新时代全面发展的新人才。"寒暑联动"实践模式，就是将大学生的寒假和暑假生活联合利用，目的是让大学生在社会实践中锻炼自我、锤炼自我，最终达到新时代的人才标准，成为能够担当民族复兴大任的时代新人。

另一方面，"人才培养"还是"寒暑联动"实践模式顺利运行的有力保证。选题方向确定了之后，就需要选拔合适的"人才"去实施。一是要坚持"以老带新"，通过往届实践优秀人才来带动实践活动的开展，凭借其丰富的实践经验来帮助实践主体迅速融入社会实践，保障实践过程的顺畅进行与成果的高质量，促进社会实践的效果最优化。二是坚持"人才培训"，为了实践活动的有序开展，要举办丰富的人才培训工作。从论文撰写的培训到实践课题的制定；从实践过程的注意事项到实践后期的成果总结。要将培训细化至实践的方方面面以保证实践过程的有序顺畅开展。三是"人才输送"，也就是通过上文提到的"寒暑联动"模式对暑期"三下乡"社会实践人才进行选拔培育。

### 三、实践后期"内外结合"保障机制的探索

所谓社会实践后期的"保障机制"，即对社会实践成果的保护，使其组织或部分之间相互作用并不受侵犯和破坏的过程和方式。大学生"三下乡"社会实践的保障机制主要依赖于实践项目"双答辩"模式、外部资源支持和内部纪律

---

① 习近平在全国教育大会上强调：坚持中国特色社会主义教育发展道路 培养德智体美劳全面发展的社会主义建设者和接班人［N］．光明日报，2018－09－11（1）．

保证这三方面的内容。

（一）实践项目的"双答辩"模式

实践项目中的"双答辩"指的是社会实践的立项答辩与结项答辩，它是对实践内容及质量的一个有效保障。在项目立项阶段，选取合适的答辩形式能够使立项者对项目有更加深入的思考和更加全方位的考量。团组织在社会实践的立项答辩中发挥着重要作用，团组织既可以在立项答辩阶段对实践选题提出建议、划分等级，对选题提供不同程度的指导和支持，也可以对实践意义较差、可行性较弱的项目予以否决，不予立项。这样的做法能够在一定程度上保证立项项目的质量和公平。同时，要注重在项目结项阶段所采取的答辩形式，一个好的答辩形式能够更加直观地审核项目的完成质量和成果质量，要把答辩情况作为对实践团队奖项的确立和资金的支持等方面的依据。实践项目的"双答辩"模式能够更加凸显公平，对实践团队的实践开展起到一定的激励作用。

（二）实践团队的外部资源支持

外部资源支持中的"外部"是相对于实践团队的内部而言的，这里的"外部"既包括社会，也包括学校、院系等各级团组织。争取外部资源支持也要"分步走"，充分利用实践地点和高校团组织的地缘、人脉和环境资源，促进社会实践的成果更加丰富化、成熟化。争取外部资源支持的第一步是就是要争取到实践当地的最大支持。什么是最大支持？即发挥"天时地利人和"的最大优势，利用好当地的天然环境、地理优势及人脉资源，尤其是那些与高校建立长效合作机制的社会实践基地，更应争取到多方支持，这将为社会实践的顺利进行提供有力保障。争取外部资源支持的第二步则是在整个大学生"三下乡"社会实践过程中，要争取到高校团组织的资源支持。实践团队是在团委的指导下走出校园、走进社会，团组织有责任要给予实践团队全方位的指导、管理和帮助，并监管实践全过程，从多方面、多角度帮助社会实践做出成效。这也是后期社会实践活动得以有效运行和长远发展的重要保障。

（三）实践团队的内部纪律保证

实践团队内部的纪律严明是社会实践得以顺利进行的最重要保障。就如同精准扶贫的政策施行，它的重点在于培育贫困农户的内生动力，只有农民有创造财富的内生动力和看家本领，才能被"扶"起来。在"三下乡"社会实践活动中，大学生作为实践主体，应该时刻严守实践团队的内部纪律。只有坚持严明实践团队的内部纪律，才能在最大程度上确保团队的人身安全；只有坚持严明实践团队的内部纪律，才能按照实践方案有效切实执行；只有坚持严明实践团队的内部纪律，才能够高效、高质量地完成实践后期的固化成果任务，为社会实践的高效开展提供有力保障。没有规矩，不成方圆。社会实践不是一个人的社会实践，是整个团队团结合作的结果，纪律就像是一股绳，将实践团队紧紧捆绑在一起。实践团队的每一个人的一言一行，都代表着实践团队的形象，人人都是实践团队的"代言人"。因此，不允许任何人破坏和违背团队纪律，在遵守实践团队内部纪律的基础上，团结一致，分工协作，共同完善社会实践成果的保障工作。

综上，大学生"三下乡"社会实践活动，其实质是实践主体、次主体、其他相关主体及资源的相互作用，形成具有包容性、全面性、可持续空间的一种实践活动。

第一，从社会实践前期"体验—场域"选题模式的构建来看，一方面，"体验—场域"模式完善了社会实践的选题体系，将思想政治理论课的重难点问题、大学生关注的热点、焦点问题以及团中央的年度实践选题，放置在"体验—场域"选题空间内，三者彼此相对独立且不能取代，同时三者又相互融合筛选出最优质、最具价值的实践选题。另一方面，"体验—场域"模式规范了实践选题的过程。遵循确定社会实践选题意向及形式、确定实践选题的内容类型、制定实践选题的执行方案的三个步骤，让实践主体能在众多的实践选题中快速、准确寻找到适合自己的实践选题。

第二，从社会实践中期的"寒暑联动"实践模式来看，它提升了社会实践的活动质量。当下有部分大学生为了完成实践任务而去参加社会实践，为了参与"三下乡"而等到暑假才去行动，"寒暑联动"有效地扩大了社会实践的时间范围，打破了学生被动实践、被动暑期实践的局面，给每个组织、参与社会实践活动的教师及学生都创造了在社会、高校和家庭全方位的社会实践的体会和体验，有效地发挥大学生的主动性、能动性、创造性、自主性和独立性，增强参与热情，从而提升实践活动质量。

第三，从社会实践后期的"保障机制"的探索来看，它保障了社会实践的活动效果。通过实践项目的"双答辩"模式、"外部"资源的支持以及内部纪律的保障机制探索，在社会实践过程中，通过教师和学生主体间的多重互动，能够更加凸显教育者的主体作用，实践者的主观能动性。通过保障机制的探索，不仅有利于学生获得自尊、自信的情感体验，不断进行自我教育和提高自身实践能力，还有利于社会实践活动成果质量的提升和活动效果的最优化，形成大学生在实践中塑造完美人格、促进社会发展的和谐画面。

# 主要参考文献

**著作**

[1] 王通讯. 人才潜能开发学 [M]. 北京：中国社会科学出版社，2011.

[2] W. I. B. 贝弗里奇. 科学研究的艺术 [M]. 北京：科学出版社，1979.

[3] 马克思，恩格斯. 马克思恩格斯选集（第1卷）[M]. 北京：人民出版社，2012.

[4] 列宁，黑格尔. 列宁全集（第55卷）[M]. 北京：人民出版社，1990.

[5] 教育部高等学校社会科学发展研究中心. 大学生思想政治教育前沿问题研究 [M]. 北京：高等教育出版社，2012.

[6] 杜威. 我的教育信条 [M] //吕达，刘立德，邹海燕. 杜威教育文集（第1卷）. 北京：人民教育出版社，2008.

[7] 刘煜. 大学生社会实践导论 [M]. 杭州：浙江大学出版社，2017.

[8] 许建钺. 高等教育与社会实践——大学生参加社会实践的研究 [M]. 北京：教育科学出版社，1993.

[9] 李锐. 毛泽东的早期革命活动 [M]. 长沙：湖南人民出版社，1980.

[10] 教育部，中央文献研究室. 毛泽东，邓小平，江泽民论教育 [M]. 北京：中央文献出版社，2002.

[11] 张子睿. 大学生社会实践 [M]. 北京：中国林业出版社，2017.

[12] 马列原著选读编委会. 马列原著选读 [M]. 苏州：苏州大出版社，2004.

[13] 邱伟光，张耀山. 思想政治教育学原理（2006重印）[M]. 北京：高等教育出版社，1999.

[14] 汉娜·阿伦特. 人的境况 [M]. 王寅丽，译. 上海：上海人民出版社，2005.

[15] 实践论. 毛泽东同志论教育工作 [M]. 北京：人民教育出版社，

1992.

[16] 邓小平. 邓小平文选（第二卷）［M］. 北京：人民出版社，2008.

[17] 中国社会科学院语言研究所词典编辑室. 现代汉语词典［M］. 5 版. 北京：商务印书馆，2005.

[18] 徐国峰，于兴业. 大学生社会实践理论与应用［M］. 北京：中国农业出版社，2014.

[19] 冯艾，范冰. 大学生实践导读［M］. 北京：社会科学文献出版社，2005.

[20] 刘晓东. 大学生社会实践理论与实务［M］. 北京：高等教育出版社，2014.

[21] 布迪厄，华康德. 实践与反思：反思社会学导引［M］. 李猛，李康，译. 北京：中央编译出版社，2004.


**论文**

[1] 张宏亮，柯柏玲. 大学生社会实践存在的主要问题及对策分析［J］. 思想政治教育研究，2014（1）.

[2] 胡树祥，吴满意. 关于大学生社会实践活动内涵的新界定［J］. 中国高等教育，2009（2）.

[3] 陈君，李壮. "思想道德修养与法律基础"课主题实践教学模式的探索［J］. 学校党建与思想教育，2015（506）.

[4] 卢黎歌. 试论高校思想政治理论课教材体系的转化［J］. 教学与研究，2009（11）.

[5] 杨艳春，卞桂平. 思想政治理论课实践教学理路探析［J］. 思想理论教育导刊，2015（1）.

[6] 李俊杰，方鹏飞，王雷. 大学生社会实践可持续发展的长效机制研究［J］. 思想教育研究，2013（3）.

[7] 陈爱民. 论大学生社会实践激励机制的构建［J］. 广西社会科学，2012（3）.

[8] 李俊杰，方鹏飞，王雷. 大学生社会实践可持续发展的长效机制研究［J］. 思想教育研究，2013（3）.

[9] 陈爱民. 论大学生社会实践激励机制的构建［J］. 广西社会科学，2012（3）.

[10] 葛士新. 大学生社会实践选题的统筹研究［D］. 合肥：合肥工业大

学，2018.

**报纸、网站**

[1] 习近平在全国高校思想政治工作会议上的讲话 [N]. 人民日报，2016 - 12 - 9 (1).

[2] 习近平在省部级主要领导干部"学习习近平总书记重要讲话精神，迎接党的十九大"专题研讨班开班式上发表重要讲话强调 - 高举中国特色社会主义伟大旗帜，为决胜全面小康社会实现中国梦而奋斗 [N]. 人民日报，2017 - 07 - 28 (1).

[3] 习近平. 在庆祝中国共产党成立95周年大会上的讲话 [N]. 光明日报，2016 - 07 - 02 (2).

[4] 习近平在省部级主要领导干部研讨班开班式上的讲话 [N]. 人民日报，2017 - 07 - 28 (1).

[5] 习近平在全国教育大会上强调：坚持中国特色社会主义教育发展道路 培养德智体美劳全面发展的社会主义建设者和接班人 [N]. 光明日报，2018 - 09 - 11 (1).

[6] 习近平主持十八届中共中央政治局第二十次集体学习 [EB/OL]. 新华网，2015 - 01 - 24.

[7] 习近平在全国教育大会上强调 坚持中国特色社会主义教育发展道路 培养德智体美劳全面发展的社会主义建设者和接班人 [EB/OL]. 央视网，2018 - 09 - 10.

[8] 中共中央国务院. 关于进一步加强和改进大学生思想政治教育的意见 [N]. 光明日报，2004 - 10 - 15.

[9] 习近平在欧美同学会成立100周年庆祝大会上的讲话 [EB/OL]. 中国共产党新闻网，2013 - 10 - 21.

[10] 中共教育部党组. 关于印发高校思想政治教育工作质量提升工程实施纲要的通知 [N]. 教党 [2017] 62 号. 2017.

[11] 习近平在欧美同学会成立100周年庆祝大会上的讲话 [EB/OL]. 中国共产党新闻网，2013 - 10 - 21.

[12] 习近平在全国高校思想政治工作会议上的讲话 [EB/OL]. 新华社，2016 - 12 - 08.

# 后 记

习近平总书记多次强调，社会实践是青年学生练就过硬本领的"大熔炉"。青年要成长为国家栋梁之材，要读万卷书、行万里路，既多读有字之书，也多读无字之书，注重学习人生经验和社会知识，注重在实践中加强磨练、增长本领。因而要坚持教育同社会实践相结合，广泛开展各类社会实践，让学生在亲身参与中认识国情、了解社会，受教育、长才干。这些重要论述，为当代青年成长成才道路标注了鲜明的时代坐标和基层导向。发挥社会实践的育人功能，就是要不断拓展学生社会实践的平台和路径，为学生参与社会实践创造更多的机会，提供更好的条件。

大学生社会实践是高等教育实践教学的重要组成部分，是大学生思想政治教育的有效形式和途径。"三下乡"社会实践活动是共青团为党育人、为国育才的重要阵地，对于服务高校立德树人根本任务，培养社会主义事业建设者和接班人具有不可替代的重要作用。"三下乡"社会实践活动是大学生健康成长的必由之路，通过深入基层和深入群众，通过社会实践和生产劳动，大学生不仅能涵养优秀品格、提高实践能力、历练强大心智，更能坚定理想信念、厚植家国情怀，培养实践能力、奉献精神和社会责任感。

中华人民共和国成立70周年以来，大学生社会实践伴随着高等教育的发展不断丰富完善，取得了一定成绩，积累了宝贵经验。随着时代对大学生社会实践要求的不断提高，全社会特别是菁菁校园的青年学子和高校教师对于形成一部基础、系统、科学的社会实践指南的需求也日益强烈。为了更好的加强对大学生社会实践的指导，更加充分发挥社会实践在思想政治教育、大学生成长成才中的作用，我们集合多方力量，在全国诸多高校社会实践工作实践的基础上，深入研究共青团中央和教育部的相关文献，潜心挖掘大量参考资料，集合教师、博士、硕士研究生、本科生等多层次实践主体，凝心聚力组织编写了这部著作。站在总结经验、推动工作、服务学生的角度，我们力图使此书成为一本能够较为全面和系统地介绍大学生"三下乡"社会实践的图书，本着科学性、实用性、育人性的原则，使此书呈现出思想性与可读性并存、理论性与实用性互融、原创性与规范性兼具的特点，以期为大学生社会实践教育贡献绵薄之力。

本书得到了全国学校共青团研究中心秦涛常务副主任的亲切关怀和热情鼓励，我在研究中心挂职期间所学到的社会实践领域的知识，为本书的撰写奠定了坚实的基础，秦涛老师还为本书撰写了序言。海南大学党委宣传部、团委、学生工作部、外国语学院、国际旅游学院等相关单位对本书的编创高度重视，提出了很多宝贵的指导意见和建议，给予了大力支持。光明日报出版社的编辑为本书的出版提供了重要帮助和大量建设性意见。在此，我们要衷心感谢中宣部、中央文明办、教育部、共青团中央、全国学联长期以来对大学生社会实践工作的正确指导，衷心感谢所有对本书的编辑和出版提供帮助和支持的专家、领导和学者。同时，在编写过程中，我们参考了大量的文献，借鉴并吸收了不少观点和材料，受篇幅所限未能一一列举，谨向有关文献的作者表示诚挚的感谢。

本书付梓之际，饱含感激之情，内心激动澎湃。我还要感谢所有为本书出版而付出心血的家人和同事，正是你们对本书的投入与付出，才能将此著作呈现于世。王一钦、葛士新为主编，各自承担十二万字的著作撰写，负责整本书的内容设计、目录拟定、文字修改以及后续的统稿、编稿。葛士华、陈鎏端、檀明为副主编，统筹协调编委工作，协助完成整本书的文字和图片的编辑处理。此外，云大越、张旭、吴淞、郭亚宁、魏春阳、黄露、赵怡夫为本书的编委，为本书的资料搜集和文字编辑贡献出重要力量。

从"三下乡"社会实践活动的参与者、获奖者到组织者和策划者的角色转换，为深入研究社会实践领域，懂得理论，懂得学生，我们将社会实践团队获得的40余项国家级荣誉同全国各高校的优秀实践范例总结归纳，通过一年多的努力，从提纲确立到章节撰写，一字一句，都饱含着对社会实践的一份热爱与深情。本书是一本集理论探索、实践经验和工作思考于一体的抛砖引玉之作。由于编者水平有限，编写时间仓促，书中瑕疵不当和疏漏之处难免。恳请专家学者与读者不吝批评，并对其中的谬误给予斧正。

王一钦

2019 年 10 月于海南大学东坡湖畔

# 行者的絮语

1=A 6/8

作词：田芳妮 王一钦
作曲：李文勇
演唱：葛士新

♩=84

千山万里其中几夕　遥观朝颜色
寻路刻画青葱岁月　书外有书山

也见日落与夜雨相依　近触缤纷彩虹　歌行
存于野湖与山水之间　融云中化雾里　问道

葱岭松嫩　诗遍
茶马之间　探求

吴侬滇黔　山
两河之上　血

河所在处无论东西　笔绘群岚窈窕
脉相通地无处不栖　已及旧时模样

影及孤岛丰腴乡音所出时　何谈故里
将行天下所有少年鸿鹄时　未有归期

255

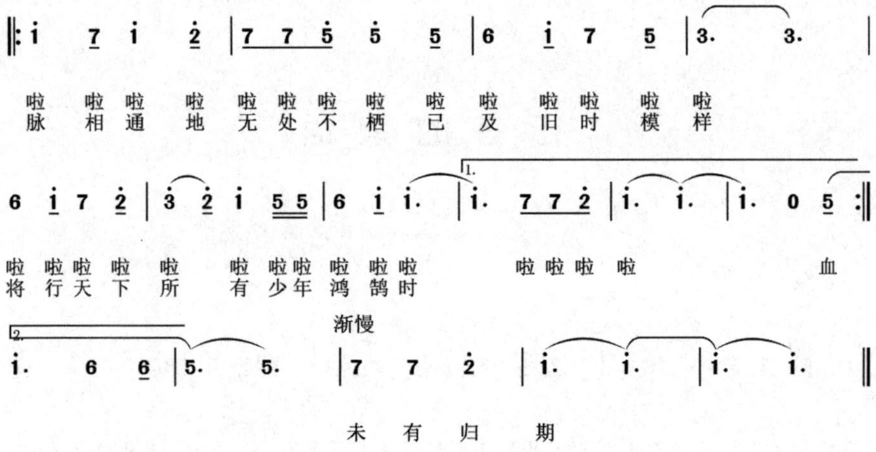
啦 啦啦 啦 啦啦啦 啦 啦 啦 啦啦 啦 啦
脉 相通 地 无处不 栖 已 及 旧时 模 样
啦啦啦啦 啦 啦啦啦 啦 啦啦 啦啦啦啦 血
将行天下 所 有少年 鸿 鹄时
渐慢
未 有 归 期